冰封的記憶

尋找西伯利亞戰俘營的臺籍日本兵

許明淳——著

Memories
Frozen in Time

| 推薦序 |

重建臺籍日本兵的多元戰爭經驗

何義麟
**國立臺北教育大學
臺灣文化研究所教授**

　　近年來，有關臺籍日本兵西伯利亞戰俘經驗的追尋，逐漸受到各界關注。最初只有片斷的口述訪談紀錄，直到陳力航出版《零下六十八度》（前衛，2021），聚焦單一人物故事，才有首部專書著作，而許明淳這本《冰封的記憶：尋找西伯利亞戰俘營的臺籍日本兵》，則是全面探索相關史實，並深刻描繪出從西伯利亞戰俘營歸來的臺籍日本兵的困境。

　　這本書不僅統整前人的研究成果，同時也對戰俘營「思想教育」進行深入探討，釐清臺籍日本兵離開戰俘營之後為何持續受到壓迫，以及這段經驗如何被迫成為其記憶中失落的一角。能夠重建這段特殊的歷史經驗，最關鍵的原因在於本書作者有高度的求知慾，發揮其長期史料蒐集的經驗，以及做為影像工作者必須具備的快速且有效率之行動力，才能有此佳作。

　　許明淳導演的大名，透過觀賞其《阿罩霧風雲》、《尋找1920》等作品，早已耳聞。沒想到，他竟然為了拍一部新的

紀錄片而進入臺北教育大學臺灣文化研究所就讀，才得以在課堂上與其相識，並討論共同關心的史實人物。當他提出要拍攝臺籍日本兵西伯利亞戰俘經驗紀錄片，並準備採訪吳正男先生時，著實讓我嚇了一跳。因為個人為了研究「在日臺灣人」，2018 年 7 月 26 日就曾拜訪過吳正男前輩。吳前輩戰後在日本成家立業，經過一番努力後，他成為橫濱臺灣同鄉會的會長，並擔任信用組合橫濱華銀理事長，是一位極具代表性的在日臺灣人。我原本預定要再次拜訪並展開進一步研究，無奈 2020 年初疫情爆發，出國訪談與相關的研究計畫，都必須重新調整。2023 年，得知明淳導演不僅聯絡上吳前輩，並確定疫情解封後，就飛往日本採訪，同時還要拜訪其他有戰俘營經驗的臺籍日本兵家屬。因此，我將蒐集到的「吳正男文書」，全部提供給他，因為我相信以其研究功力與拚勁，必定可以將「臺籍日本兵戰俘營經驗」全面釐清，同時也能讓吳前輩這樣的在日臺灣人的奮鬥歷程廣為人知。果然，2025 年初，明淳就完成論文。

　　看著明淳導演順利展開採訪活動，並規劃前往西伯利亞境內拍攝行程之後，我就沒有再過問其工作進度，默默期待他提出研究成果的日子到來。2024 年 6 月，我到早稻田大學進行三個月訪問研究時，很偶然地透過好友淺野豐美教授的介紹，認識了有光健先生。有光先生長期負責「西伯利亞抑留者支援記錄中心」，並推動每年舉辦的「西伯利亞、蒙古抑留犧牲者追悼集會」的行動，讓我對這件事有全新的感受。1945 年 8 月 23 日，史達林發布秘密命令將日本俘虜送往西伯利亞，這批被強制在酷寒之地勞動的俘虜，總人數超過六十萬人，死亡

人數超過六萬人。為了追悼這批死難者,抑留者支援記錄中心每年 8 月 23 日在「國立千鳥淵戰歿者墓苑」舉辦追悼會。而且,23 日當天起,也舉辦朗讀已確認 46,305 名抑留死亡者名單,因半夜休息之故,總共約需花費 46 個小時,要到 26 日中午才結束。這樣的活動已經舉辦多年,如此素樸虔誠的追悼活動,令人動容。

接到追悼集會的通知後,腦海中浮現的第一個問題是,所謂抑留死亡名單中,是否有臺灣人?明淳的論文是從 21 名可能名單中,確認共 19 名臺籍日本兵是抑留者,展開其生命故事的探究,同時進行紀錄片的拍攝,但其手上卻無臺籍日本兵在西伯利亞死亡者名單。因此,我建議明淳導演,最好來拍攝追悼會活動,藉此也可展開臺灣人犧牲者的調查。8 月 23 日下午 1 點,有光健先生主持的追悼會準時開始,儀式莊嚴隆重,吳正男先生以貴賓身分參加,前輩高齡 96 歲依然健朗,明淳導演前來全程拍攝。見到這一幕令人感慨,為何西伯利亞戰俘營臺籍日本兵的犧牲者人數依然不明?如此一來,今年(2025)迎接戰後八十年之際,預定 8 月 23 日舉辦的抑留犧牲者追悼會,也很難獲得臺灣人的共鳴。西伯利亞抑留犧牲者追悼會,至今都是由抑留者支援記錄中心這個民間組織主辦,該團體很早就提出希望改為國家負責主辦,但這似乎很難實現。日本政府的冷漠與不負責,也是西伯利亞臺灣人犧牲者不明的主因。

這本書是明淳導演傾其全力之作,成功補白臺籍日本兵過去鮮為人知的史實,後續將公開發行的紀錄片也值得期待。個人相信,只要大家閱讀這本書並觀賞紀錄片,必定可以讓大家

在終戰八十年之後，持續關心臺籍日本兵的故事。此外，定期舉辦莊嚴肅穆的追悼儀式也非常重要。若能訂立國定紀念日，舉辦全國性臺籍日本兵的追悼儀式，必定能讓大家更深刻了解這段長期被掩蓋的歷史。個人做為相關領域的研究者，同時也擔任明淳的論文指導工作，有幸參與部分研究歷程，我確信這是一本有關臺籍日本兵研究的開創性著作，謹此推薦本書給所有關心臺灣史的各界人士。

| 推薦序 |

祝賀許明淳氏著
《冰封的記憶》新書出版[*]

有光 健
西伯利亞抑留者支援
記錄中心代表世話人

　　許明淳導演以影像記錄臺灣籍日本兵的蘇聯抑留體驗，在製作紀錄片的同時，深入探究並完成本書，對此謹表衷心的敬意與感謝。

　　關於臺灣籍日本兵抑留體驗的記錄，在日本僅有林えいだい氏所著《臺灣的大和魂》（東方出版，2000 年）一書。該書介紹了陳以文、葉海森、唐中山三位先生。筆者長期以來支援由日本抑留體驗者組成的全國抑留者補償協議會（全抑協），展開向日本政府要求國家補償的運動。韓國與蘇聯建交後不久的 1990 年，由抑留體驗者組成的「韓國西伯利亞朔風會」成立，並與日本的「全抑協」持續交流。因此，我們曾邀請「朔風會」代表訪日，或從日本前往首爾拜訪，彼此加深友誼。此外，出身中國朝鮮族居住於河北省保定市的吳雄根氏，也在進

---

[*] 陳力航譯，何義麟校

行向日本政府要求補償的法律訴訟，我們與該氏亦有交往。2005 年，「全抑協」會長、「朔風會」會長與吳雄根氏等，日韓中抑留體驗者共同拜訪外務省，與當時的外務大臣町村信孝會面。然而，令人遺憾的是，我們與臺灣籍抑留體驗者並無接觸機會。

能有接觸的契機，源於專攻中國史的東京大學名譽教授小島晉治（1928 年～2017 年）的請託，他說：「出身高校獨協學園的同窗會中，有臺灣的陳以文氏，他曾在西伯利亞經歷抑留體驗，希望能聽取其談話。」因此，我於 2007 年前往臺灣，在宜蘭與陳以文氏會面，開始了交往。其後，透過居住橫須賀的抑留體驗者豬熊得郎氏，得知橫濱有吳正男氏，因此我自 2010 年左右開始與其密切交往，並經由吳正男氏介紹，認識了鄭慕鐘氏及陳旺氏。

日本在戰後 65 年後，終於制定「戰後強制抑留者相關問題特別措施法」（西伯利亞特措法），這已經是 2010 年了。然而，臺灣籍抑留體驗者未能參與此西伯利亞特措法的制定過程。我們與韓國「朔風會」則持續共同進行運動直至最後，在民主黨政權誕生後不久的 2009 年 12 月，「朔風會」與「全抑協」會長等一同訪問首相官邸，與首相補佐官進行會談。

臺灣抑留體驗者未能參與特措法制定的立法過程雖為事實，但基於與韓國抑留體驗者的聯合行動經驗，當時推動議員立法的民主黨議員們，都持續要求刪除國籍條項，為韓國、朝鮮、臺灣的抑留被害體驗者尋求同等措施。然而，主管特別給付金支給事業的總務省卻強烈抵制，以致國籍條項刪除未能實現。未能實現的原因之一，在於當時對臺灣及韓國抑留體驗者

的實際狀況了解不足。

　　日本抑留體驗者的人數大致可以預測，但臺灣與韓國究竟有多少生存者，政府應準備何種規模的預算？這些問題並不明確。因此，替代刪除國籍條項，企圖先進行實態解明作業，為下一步措施做準備，故提出法案的參議院總務委員長在參議院本會議的法案趣旨說明中表示：「抑留中的死亡者數目尚未確定，遺骨及相關資料的收集亦未完成。<u>包括臺灣、朝鮮半島出身的強制抑留者在內</u>，應進行西伯利亞抑留整體實態的解明、真相的究明，同時將遭受抑留者本人及其家屬、遺族的辛勞，確實地向後世傳承。」（2010 年 5 月 21 日，底線為筆者所加）

　　但是，負責查明真相的厚生勞動省，15 年來卻未進行任何調查。正如許明淳導演憤慨指出的問題點，他們以個人資訊為由，不公開資料。事實上，長年以來已公布的「蘇聯和蒙古抑留者總數 57.5 萬人，死亡人數 5.5 萬人」的數據，也是令人懷疑。其中有多少是女性？有多少是平民？有多少是外國人？至今仍未透露任何資訊。今年（2025 年）6 月，在眾議院舉行的紀念「西伯利亞特措法」頒布 15 週年集會上，許多人批評厚生勞動省的不作為。

　　本書中許明淳導演所探討的 19 名臺灣籍抑留體驗者，占臺灣籍抑留體驗者總數的幾分之一？是否有臺灣人在蘇聯當地死亡？諸如此類，向臺灣當局及臺灣人抑留體驗者等相關人士提供正確資訊，乃是將臺灣青年動員至戰爭的日本國之責任義務。抑留國蘇聯的繼承國俄羅斯，以及當時占領日本的美國也都有責任，亦應受到追究。最重要的是，我們強烈期望能全面公開正確資訊。

針對外國籍抑留體驗者措施的法案原則，已於 2013 年以私案形式發表了。雖然耗時良久，但認為對外國籍抑留體驗者給予給付金乃理所當然的聲音，正在不斷擴大。除了金額之外，以法律正式承認臺灣籍抑留被害者之存在，更具重要意義。然而，戰後 80 年開始漂流的日本政治是否仍有此餘裕，亦令人憂慮。

近年臺灣對於臺灣大空襲及臺灣籍 BC 級戰犯者的關注提升，據聞還有透過戲劇、紀錄片、遊戲軟體等方式，試著喚起年輕世代的興趣。如今歷史洪流中，當事者孫輩世代的記錄者與研究者，不僅止於感傷或情感抒發，更能納入世界史觀點，客觀地述說歷史，許明淳導演想必也是其中一位。繼陳力航氏等人之後，正面處理臺灣籍人士抑留問題，收集資料與證言，透過影像與出版向世間提出問題的記錄者、創作者相繼登場，實為可喜之事。

然而，眾多抑留體驗者已逝世，能直接聽取證言的在世抑留體驗者幾乎不復存在。正如許明淳導演所感嘆，時機已晚。但我們只能從此刻開始。今後，希望能建立多國籍共同進行調查、研究、記錄的機制。

吳正男氏透過呼籲及募款的方式，於橫濱市真照寺建立了宿願的「臺灣出身戰沒者慰靈碑」。他遭受抑留的地點並非西伯利亞，而是哈薩克，數日前他還與駐日哈薩克大使會談，年近 98 歲，身體雖有不便，仍積極活動。衷心期望在被稱為最後生存者的吳正男氏在世期間，能有某種進展。

2025 年 7 月 15 日

許明淳氏著『氷封された記憶：シベリア戦俘収容所の台籍日本兵を探して』の刊行を祝う

有光 健

シベリア抑留者支援・記録センター代表世話人

　許明淳監督が台湾籍日本兵のソ連抑留体験を映像で記録し、ドキュメンタリーを製作しながら、考察を深め、本書をまとめられたことに心より敬意を表し、感謝したい。

　台湾籍日本兵の記録は、日本では林えいだい氏が著した『台湾の大和魂』(東方出版、2000年)しかなかった。同書は、陳以文、葉海森、唐中山の三氏を紹介していた。筆者は、長らく日本の抑留体験者らで組織する全国抑留者補償協議会(全抑協)が日本政府に国家補償を求める運動を支援してきたが、韓国では韓国とソ連が国交を樹立した直後の1990年に抑留体験者らで組織された「韓国シベリア朔風会」が設立され、日本の「全抑協」と交流を重ねてきていたので、「朔風会」の代表を日本に迎えたり、日本からソウルを訪問するなどして互いに親交を深めていた。また、中国・朝鮮族の出身で河北省保定市に住んでいた呉雄根氏も日本政府に補償を求める裁判を闘っておられ、同氏とも親交があった。2005年には「全抑協」の会長と「朔風会」会長と呉雄根氏の日韓中の抑留体験者がそろって外務省を訪ねて当時

の町村信孝外務大臣と面談したこともあった。しかし、台湾籍の抑留体験者との接点は、残念ながら、なかった。

　きっかけは、中国史が専門の小島晋治東京大学名誉教授(1928年～2017年)から、「出身高校の独協学園の同窓会に台湾の陳以文氏がおられ、シベリアで抑留を体験しておられるので、ぜひ話を聞いてほしい」との依頼があったことだった。そこで、2007年に台湾を訪れて宜蘭で陳以文氏にお会いし、お付き合いが始まり、その後横浜に呉正男氏がおられることを横須賀在住の抑留体験者の猪熊得郎氏から教えられ、2010年頃から親しくさせていただいている。呉正男氏から鄭慕鐘氏や陳旺氏も紹介いただいた。

　日本で戦後65年経ってようやく「戦後強制抑留者の問題に係る特別措置法」(シベリア特措法)が制定されたのは2010年だったが、このシベリア特措法の制定過程に台湾籍の抑留体験者は参与できていなかった。韓国「朔風会」とは最後まで一緒に運動を行い、民主党政権が誕生した直後の2009年12月には「全抑協」会長らと一緒に首相官邸を訪れ、首相補佐官と面談していた。

　台湾の抑留体験者が特措法制定の立法過程に関与できていなかったことは事実だが、韓国の抑留体験者らとの連帯の実績もあり、議員立法を推進した当時の民主党議員らは最後まで国籍条項を削除し、韓国・朝鮮・台湾の抑留被害体験者らにも同等の措置を求め続けた。しかし、特別給付金支給事業を所管する総務省が強く抵抗し、国籍条項削除は実現できなかった。実現できなかったことの理由の一つに、台湾や韓国の抑留体験者の実態が当時よく分からなかったという問題があった。日本の抑留体験

者の数はおおよそ予測できたが、いったい台湾と韓国には何人の生存者がいて、政府はどの程度の規模の予算を準備すればよいのか？ 明確ではなかった。それで、国籍条項削除を見送る代わりに、実態解明作業を先行させて、次の措置の準備を行うことを想定して、法案を提出した参議院総務委員長は参議院本会議での法案の趣旨説明の中で「抑留中の死亡者数はいまだ確定されておらず、遺骨も関係資料も収集が終わっておりません。<u>台湾、朝鮮半島出身の強制抑留者の存在も含め</u>、シベリア抑留全体の実態の解明、真相の究明を行うとともに、抑留された方々はもとより、御家族、御遺族の御苦労を、後の世にしっかりと語り継ぐべきである」と述べていた (2010年5月21日、傍線筆者)。

　しかるに、実態解明を担当する厚生労働省は、この15年間何の調査もしていない。許明淳監督も憤りをこめて指摘するとおり、個人情報を理由に情報を開示しない。実は「ソ連・モンゴル抑留者総数57万5千人、死亡者5万5千人」という長年発表されてきた数字も疑わしい。その中に女性は何人いたのか？ 民間人は何人いたのか？ 外国籍は何人いたのか？ など何も明らかにされていない。シベリア特措法制定15年を記念して今年6月に衆議院議員会館で行われた集会でも、この厚生労働省の不作為を批判する声が多く出された。

　本書で許明淳監督が取り上げた19名の台湾籍抑留体験者は台湾籍抑留体験者総数の何分の一なのか？ ソ連現地で亡くなった台湾人はいないのか？ など、正確に情報を台湾当局と台湾人抑留体験者ら関係者らに提供することは、台湾の青年たちを戦争に動員した日本国の責務である。抑留国ソ連を引き継ぐロシア、

当時日本を占領していた米国の責任も追究されなければならない。なによりも、正確な情報が全面的に開示されることが強く望まれる。

外国籍抑留体験者への措置を行う法案の骨子は2013年に私案として発表している。時間はかかってはいるが、外国籍抑留体験者の支給措置は当然だの声は広がりつつあると思う。金額の多寡もさることながら、台湾籍抑留被害者の存在を法律で公式に認知することに意味がある。ただし、戦後80年に漂流し始めている日本の政治にいまその余裕があるかどうかは懸念されるところでもある。

近年台湾で、台湾大空襲や台湾籍BC級戦犯者らへの関心が高まり、ドラマ、ドキュメンタリー、ゲームソフトなどを通して若い世代の興味を喚起してきていると聞く。歴史に翻弄されてきた当事者の孫の世代の記録者や研究者らは、感傷や感情だけに流されず、世界史的な視点も取り込んで、客観的に歴史を語れる。許明淳監督もそうした一人であろう。陳力航氏らに続いて、台湾籍抑留問題と正面から取り組み、資料や証言を集め、映像や出版で問題を世に問う記録者・表現者が登場してきたことを喜びたい。

しかし、すでに多くの抑留体験者が他界し、直接証言を聞ける生存する抑留体験者はほとんどいない。許明淳監督が慨嘆するように、遅きに失している。が、私たちはここから始めるしかない。今後、多国籍で調査・研究・記録を共同で行える仕組みもできれば、つくっていきたいと考える。

呉正男氏は、募金を呼びかけてこのほど横浜市の真照寺に宿

願の「台湾出身戦没者慰霊碑」を建立された。同氏が抑留されていた場所は、シベリアではなくカザフスタンだったが、数日前には駐日カザフスタン大使と面談するなど、齢98歳を前に、不自由な体をおして、なお活発に動いておられる。最後の生存者といわれる呉正男氏の存命中に何らかの進展があることを心より願う。

2025年7月15日

自序

　　我是個紀錄片工作者，習慣用影像對觀眾傳達想法，歷史研究與論文撰寫，實非我所擅長，所以本書的出版對我而言，完全是個意外，之所以會有這個意外，必須從我在2022年報考臺北教育大學臺灣文化研究所（以下簡稱北教臺文）談起。其實到現在，我還是搞不清楚自己哪裡來的勇氣，在大學畢業（1992年）30年後，以54歲的「高齡」報考研究所，並在錄取後，毅然決然辭去在玄奘大學的教職，去當專職的研究生。所以我感謝北教臺文，招生沒有設定年齡上限，同時也要感謝玄奘大學，提供我人生第一份教職，並在我就讀研究所期間，給予許多支持與體諒，甚至在畢業後，還重新聘我回校任教。

　　之所以報考北教臺文的原因，其一是該所接受以紀錄片代替論文，其二是該所的師資吸引了我。從2011年開始，我陸續拍攝幾部取材自臺灣史的紀錄片，過程中「被迫」閱讀不少專書論文，其中有多位作者任教於北教臺文，如李筱峰老師，是我在2003年參與的公共電視系列紀錄片《打拚——臺灣人民的歷史》的製作委員之一。不過我最後並不是以紀錄片替代論文的方式畢業，主要原因是紀錄片製作時程過長，不知道要幾年才能畢業，經指導教授何義麟老師的建議，決定撰寫論文，所以才有將論文改寫成專書出版的「意外」。當然，這必

須感謝前衛出版社的支持,讓這個「意外」真的發生。

　　1945年8月15日,日本宣布無條件投降,約60萬名日軍被蘇聯軍隊解除武裝後,被送往蘇聯和其加盟共和國以及蒙古的戰俘營,由於戰俘營大部分位在西伯利亞,所以這60萬名日本戰俘,也被稱為西伯利亞戰俘,其中包括了人數不明的臺籍日本兵。本書的主題,就是在談臺籍日本兵西伯利亞戰俘經驗中的思想教育,會以此為研究題目,與陳力航的專書《零下六十八度:二戰後臺灣人的西伯利亞戰俘經驗》有很大的關係。會與陳力航結識,是因為這幾年在拍攝歷史紀錄片過程中,在史觀建立及文獻研究方面,必須仰賴臺灣史研究者的協助,陳力航就是其中一位。2022年我進入北教臺文就讀後,在與他討論紀錄片的選材時,他建議我以臺籍日本兵的西伯利亞戰俘經驗為紀錄片主題,起初我有些遲疑,因為《零下》的主角陳以文先生,也就是陳力航的祖父,已在2012年過世,我也無法掌握其他具有西伯利亞戰俘經驗的臺籍日本兵,直到陳力航告訴我,曾與他祖父見面的吳正男先生還健在,我與吳先生聯繫上後,他表示同意接受拍攝,我才確定以此為主題。開始蒐集文獻檔案後,也漸漸發現與此主題相關的先行研究與資料很少,原因之一是從「蘇聯地區」遣返的臺籍日本兵,被當時堅決反共的中華民國政府認為,已經受到共產主義思想的洗腦,使得他們在遣返過程中被拘留,返家之後受到警察長期追蹤,心中的恐懼以及為了保護自己及家人,可能因此使他們鮮少對外提起這段經歷,造成他們在臺籍日本兵的先行研究中,成為被忽略的一部分,這也顯示有必要探究蘇聯對西伯利亞戰俘實行思想教育的目的及方式,以及對臺籍日本兵所造成

的影響。

　　從紀錄片拍攝「斜槓」到歷史研究，對我而言是吃足苦頭，雖然先前製作過幾部歷史紀錄片，對閱讀文獻、檔案並非完全陌生，但影像敘事與歷史敘事，如同感性與理性的兩端，尤其是要在符合學術要求的條件下，將腦中想法全部轉換爲嚴謹文字，經常是反覆敲打鍵盤，寫了又刪，半天寫不出幾行字。不過，可能也因爲製作歷史紀錄片的經驗，我養成了找出史料的強烈企圖心，那種找到新史料的興奮，與拍片時捕捉到偶發事件的感覺，極爲類似，彷彿是在層層濃霧中，看到一絲微光，指引出方向，尤其是西伯利亞戰俘的相關文獻，不管是蘇聯或日本檔案，幾乎都是隱藏在日本人資料之中，加上自己在語言上受到的限制，必須仰賴大量翻譯後，再仔細閱讀，過程中經常是一無所獲。但我想，也正因爲如此，只要能多找到一條線索，將那些先行研究中的零碎記憶拼湊出整體概況的機會也就越大，臺籍日本兵的西伯利亞戰俘經驗就能更加具體，這正是支持我完成研究的主要動力。

　　在此，我要特別列出本書提及的二十一位臺籍日本兵的姓名，正是因爲他們在極爲有限的文獻檔案中「被」留下記錄，才讓這本書得以完成：

吳正男	吳龍山	阮彰和	邱華忠	南善盛	唐中山
許敏信	陳以文	陳忠華	陳　旺	陳越峰	彭武進
湯守仁	葉海森	鄭慕鐘	蕭　冬	蕭瑞郎	賴英書
賴興煬	羅阿貴	龔新登

特別是如果沒有吳正男先生，我應該不會有這般勇氣去撰寫以臺籍日本兵的西伯利亞戰俘經驗為主題的論文，更遑論同步進行紀錄片的製作。經由陳力航的牽線，我才得以與吳正男先生取得聯繫，完成他與家人的訪談，這彷彿是他和陳以文先生與曾被拘留在西伯利亞的臺灣人之間，彼此建立情感後所留下的契機，因此讓後人在多年後，還有機會探究他們深藏內心的經歷與苦悶，我才能接觸許敏信、陳旺、湯守仁的家屬，除了訪談，也取得許多未公開資料，在此要特別感謝吳正男先生、陳明亮先生、陳力航先生、許瑞洋女士、許瑛子女士、林瑛理加女士、許嘉宏先生、陳淑娃女士、湯進賢先生，如果沒有他們，我極有可能在寫作過程中「半途而廢」。接著要感謝我的論文指導教授何義麟老師，他是我在撰寫論文的漫漫長路上，一盞最亮明燈。另外，李筱峰老師、蘇瑞鏘老師的建議與提點，以及在北教臺文就讀期間所有老師的指導，給予我這個紀錄片出身、沒有受過歷史學訓練的影像工作者，太多太多的養分。感謝協助蒐集、翻譯日文及俄文文獻的高譽真小姐、安德先生、涂文慈老師，以及為本書寫推薦序的有光健先生，在紀錄片製作期間給予許多協助與建議。最後，感謝紀錄片製作團隊和我的家人，他們的支持與包容，讓我感受到在艱難道路上前行時，永遠不是一個人。

　　西伯利亞戰俘經驗，在臺籍日本兵先行研究中長期被忽略，期盼本書的出版能補上空白，並引起更多人關注這段歷史，相信曾被蘇聯俘虜的臺籍日本兵，不只有本書中的這一、二十位，日本政府應該要主動調查西伯利亞戰俘中的臺籍日本

兵人數，就算不給予非日本人補償的政策已無法改變，也應該正視他們在西伯利亞戰俘歷史中的存在，這並不是要突顯他們在蘇聯期間所經歷的苦難，而是他們的處境，反映臺灣人在戰爭中受到強國宰制的命運，他們的戰俘經驗，不應淹沒於歷史的洪流。

許明淳 序於臺北
2025 年 4 月

目　次

推薦序　**何義麟**　iii

推薦序　**有光 健**　vii

自序　xvi

第一章　西伯利亞戰俘營中的臺灣人　1

一、誰的終戰？　2
（一）二戰小卒仔　2
（二）注意從蘇聯回來的！　3
（三）被時代噤聲的歸來者　4

二、戰後八十年的研究成果　5
（一）西伯利亞戰俘中的臺籍日本兵　5
（二）臺籍日本兵　8
（三）在蘇聯的日本戰俘　11
（四）蘇聯拘留的所有戰俘　16
（五）戰後盟軍針對日本的遣返政策　16
（六）西伯利亞戰俘中的朝鮮人　17

三、尋找蘇聯戰俘營的臺籍日本兵　19
（一）口述訪談　19
（二）文獻蒐集　21

第二章　臺籍日本兵成為蘇聯俘虜始末　31

一、從蘇聯地區遣返的臺籍日本兵名單　33
　　（一）先前研究得知的名單　33
　　（二）為何排除蕭瑞郎？　36
　　（三）湯守仁有到西伯利亞嗎？　37
　　（四）具蘇聯戰俘營經驗的臺灣人名單　42

二、入伍前居住地在滿洲與日本　45
　　（一）入伍前居住地在滿洲　45
　　　　1．鄭慕鐘　45
　　　　2．賴英書　47
　　（二）入伍前居住地在日本（四位皆為陸軍）　48
　　　　1．許敏信　48
　　　　2．陳　旺　50
　　　　3．吳正男　52
　　　　4．陳以文　54

三、入伍前居住地在臺灣（九位皆為海軍）　58
　　（一）賴興煬、葉海森、唐中山　59
　　（二）第901海軍航空隊　60
　　（三）決定命運的派駐地　61

四、西伯利亞戰俘中的臺籍日本兵人數　63
（一）統計數字完全無視臺灣人　63
（二）終戰前日軍部隊中的臺灣人人數　69
（三）遣返至舞鶴的「非日本人」人數　70
（四）難以掌握實際人數　71

第三章　戰俘營中的「思想教育」　87

一、何謂「思想教育」　89

二、蘇聯為何要對戰俘「思想教育」？　91
（一）把戰俘變成共產主義者　91
（二）反法西斯主義　93

三、從《日本新聞》看「思想教育」的形式和方法　95
（一）發行量 20 萬份的《日本新聞》　96
（二）打倒饑餓和殺戮的天皇制！　97

四、「思想教育」三階段　101
（一）第一期（1946 年春─1946 年末）　101
（二）第二期（1947 年）　104
（三）第三期（1948─1949 年）　108
　　1. 吊し上げ　109
　　2. N 收容所　112

第四章 「思想教育」對臺籍日本兵的影響 125

一、西伯利亞戰俘中的積極分子 127

二、遣返後定居日本者 132
（一）目前唯一僅存者吳正男的證言 134
（二）成為可疑分子 138
1. 吳正男 139
2. 陳　旺 144
3. 許敏信 147

三、遣返後定居臺灣者 151
（一）陳以文等九人 153
1. 崎嶇返鄉路 153
2. 被考管的可疑分子 160
3. 反共自覺運動 166
（二）賴興煬等三人 171

四、《日本新聞》中有關臺灣的報導 176
（一）新臺灣穩步建設中 179
（二）臺灣民族要求解放 打倒國民黨獨裁！ 180
（三）美國奪取臺灣 184
（四）中國人民解放軍解放福州 進軍至臺灣對岸 186
（五）臺灣對岸的廈門也被解放 186
（六）《日本新聞》對臺灣戰俘的影響 187

第五章　隱身在臺灣史邊緣的緘默少數　205

一、無確切人數統計　207

二、因人數過少而被忽視　210

三、比「小黑」還不受重視　212

四、從「皇國臣民」到「非日本人」　215

五、難以言喻的苦悶　218

六、撕不掉的紅色標籤　225

參考文獻　234

附錄：臺籍日本兵的西伯利亞戰俘經驗歷史年表　255

編修後記　陳力航　263

表　次

表一　口述訪談人物名單　20

表二　21位臺籍日本兵遣返前基本資料表　34

表三　21位臺籍日本兵遣返後基本資料表　43

圖次

圖一：吳正男夫妻與筆者合影（2023/2/10） 19

圖二：《日本新聞》第一期 22

圖三：〈可疑分子考管——遣返臺民陳以文等九名〉 23

圖四：「賴英書」人事登記資料 24

圖五：戰俘營分布圖 33

圖六：吳正男軍事俘虜登錄簿 40

圖七：鄭慕鐘 46

圖八：《興南新聞》報導許敏信、高天成欲加入特別志願兵 49

圖九：陳旺入伍前 51

圖十：吳正男中學二年級（左圖）、1945年3月攝於筑波飛行場（右圖） 53

圖十一：陳以文入伍前（上圖）、陳以文攝於八戶教育工作隊（下圖） 56

圖十二：遣返至舞鶴的西伯利亞戰俘 64

圖十三：休息中的日本戰俘 103

圖十四：日本戰俘的文化活動 103

圖十五：觀看生產指標公告的日本戰俘 107

圖十六：興安丸 112

圖十七：《日本新聞》刊登《國際歌》日文版歌譜 128

圖十八：京都版《每日新聞》報導「永德丸」歸國者 130

圖十九：吳正男攝於澀谷高等學校　135

圖二十：吳正男攝於法政大學　135

圖二十一：吳正男與妹妹吳照　139

圖二十二：陳旺、陳淑娃夫妻　146

圖二十三：〈我國駐日代表團遣送華僑返國〉　154

圖二十四：遣返列車與歡迎民眾　157

圖二十五：〈可疑分子考管──遣返臺民陳以文等九名〉　164

圖二十六：反共自覺表白人簡冊　170

圖二十七：《日本新聞》報導「新臺灣穩步建設中」　179

圖二十八：《日本新聞》報導臺灣發生二二八事件　183

圖二十九：《日本新聞》諷刺美國援助蔣介石的漫畫　185

圖三十：厚生勞動省回函給陳旺的軍歷資料　209

圖三十一：吳正男參觀舞鶴引揚記念館（2024/7/17）　213

圖三十二：《堵南會報》，第三號（2000 年 10 月）　220

圖三十三：日本人墓地（納霍德卡）、第 7 收容所第 48 支所日本人墓地（布拉茨克）　226

第一章

西伯利亞戰俘營中的臺灣人

一、
誰的終戰？

（一）二戰小卒仔

二戰終戰時，日軍之中的臺灣人約有 20 萬 7000 人。這些人，日本文獻多以「臺湾出身のもと日本軍人軍属」（來自臺灣的原日本軍人和軍屬）稱之。[1] 1975 年 2 月，王育德等人稱他們為「臺湾人元日本兵士」（臺灣人原日本兵士）。[2] 那麼，「臺籍日本兵」一詞，又是從何而來？

1995 年 3 月，周婉窈在主持「臺籍日本兵歷史經驗」座談會時談到：「『兵』廣義來說，就是兵卒的意思。臺灣人無論是不是正式軍人，都是日本軍方在戰爭佈局中的小棋子、小卒仔。『臺籍日本兵』，也可以包括女護士，這是我們用『臺籍日本兵』而不稱他們為『臺籍日本軍人』的原因。」[3]「臺籍日本兵」是臺灣學界最常用的通稱，本書亦以「臺籍日本兵」稱之。

另外，由於蘇聯將日本戰俘主要拘留在西伯利亞地區，而日本研究多將這些戰俘稱為「西伯利亞抑留者」，將戰俘營稱為「收容所」，[4] 因此本書引用日文文獻時則使用原文，參照蘇聯檔案時，亦以原文「戰俘」、「戰俘營」稱之。[5]

(二)注意從蘇聯回來的！

目前已知的史料，最早是 1948 年 9 月 6 日的外交部檔案〈我國駐日代表團遣送華僑返國〉，[6] 它的性質和之前的臺籍日本兵檔案不同，內容並非請駐日盟軍總司令麥克阿瑟（Douglas MacArthur）協助臺籍日本兵回臺，而是通知有關單位，這批返國華僑中，有 8 名臺灣人是從蘇聯地區遣返，須注意他們的行動。何以只有從蘇聯遣返者被政府注意呢？

略述經緯如下。1948 年 6 月 24 日，外交部情報司向蔣介石呈報「蘇俄在伯力訓練中共韓共空軍及日俘情形」：

> 本市[7]日俘約有五千餘人，每日分別列隊早出晚歸，手執紅旗或唱頌揚蘇聯及共匪主義之日語歌，或邊行邊由隊長演講共產主義，此輩日俘似已受到蘇方相當之訓練。[8]

如情報中所描述，蘇聯透過各種方式來影響戰俘思想和意識形態，是「政治工作」（политработа, политработу, политической работы）的一環，[9] 在 1946 年 4 月 4 日之後，蘇聯發行的《日本新聞》報導中，「政治工作」被稱為「民主運動」。[10] 中華民國政府知情，一旦得知臺灣人自蘇聯遣返，即懷疑他們受到赤化，必須加以注意，[11] 導致他們遣返過程波折，根據史料，至少有 9 位被政府列為「可疑分子」。

(三)被時代噤聲的歸來者

　　臺灣人在二戰期間成為日本軍人，主要是受到 1937 年中日戰爭爆發後，總督府在臺灣實施皇民化運動的影響。志願兵制度，可謂皇民化運動的戰爭動員中，最重要的一項政策。臺灣人成為日軍後，會被灌輸為天皇盡忠盡節、報國等價值觀，[12] 加上 1930 年代，日本政府鎮壓社會主義運動，[13] 社會主義思想在臺籍日本兵心中的形象應屬負面。不料成為俘虜後，蘇聯灌輸他們打倒「天皇制」，更強加他們原先認為負面的社會主義，他們被拘留期間，害怕自己如果沒有積極參與思想教育，可能無法遣返。

　　不管是皇民化或是社會主義，都是戰後接收臺灣的國民黨政府所不容，這些臺籍日本兵在思想上，等於是被日本與蘇聯，強加截然不同的意識形態，尤其是後者，造成他們遣返過程艱辛，甚至被警察要求簽署「今後不再提及社會問題」承諾書，並受到追蹤。[14] 上述的經歷，可能讓他們事後接受口訪時不願多談相關情節，因此中文先行研究非常零碎。本書仍將以有限的口述歷史與日、俄文文獻檔案相對照，更全面性的探討臺籍日本兵西伯利亞戰俘經驗中的思想教育。

二、
戰後八十年的研究成果

文獻回顧將依照研究主題的關聯性，分為：（一）西伯利亞戰俘中的臺籍日本兵；（二）臺籍日本兵；（三）在蘇聯的日本戰俘；（四）蘇聯拘留的所有戰俘；（五）探討戰後盟軍針對日本的遣返政策；（六）西伯利亞戰俘中的朝鮮人。因受限於我無法閱讀俄文及韓文，文獻探討以日文、中文、英文之先行研究為範圍。

（一）西伯利亞戰俘中的臺籍日本兵

西伯利亞的臺籍日本兵，相較於前往南洋、中國者，其研究較少，[15] 相關史料文獻多以口述歷史、報導文學的方式呈現。

日本作家林榮代（林えいだい）是已知最早報導臺籍日本兵在西伯利亞者。1994 年，他採訪臺灣高砂義勇隊時，偶然得知西伯利亞戰俘中有臺灣人。隔年，林榮代採訪唐中山、葉海森與陳以文，將他們的經歷寫成〈西伯利亞抑留〉一文，收入專書《臺灣的大和魂》。[16] 唐中山、葉海森兩位是海軍特別志

願兵第三期生，1945年派駐在北朝鮮；陳以文是在日本報考「陸軍特別幹部候補生試驗」，1945年派駐在滿洲。該文以第三人稱觀點敘述，主要內容集中在他們如何被蘇軍俘虜、被送往西伯利亞的經過、戰俘營生活、強制勞動的工作內容、遣返過程等。在描述戰俘營生活及遣返過程時，三人皆提及思想教育，但記憶非常有限。該文是本書引用的主要文獻之一，只不過三人受訪時已是七十歲上下，可能受記憶力影響，部分口述內容與文獻不符，例如陳以文搭的遣返船船名、唐中山抵達臺灣的地點均有誤。

個人的口述歷史訪談記錄有兩篇，一篇是〈賴興煬先生訪問記錄〉，收入專書《走過兩個時代的人》，[17] 另一篇是〈陳以文先生訪談紀錄〉。[18] 賴興煬與唐中山、葉海森是同期生，1945年派駐北朝鮮，〈賴興煬先生訪問記錄〉採對話方式，關於西伯利亞的戰俘生活，只以一個問題來回答，其中未提到思想教育，關於遣返過程的描述則較為詳細，尤其是從日本返回臺灣時的地點，不同於從基隆上岸的陳以文等人，其上岸後警察的處置過程，可互為對照。

〈陳以文先生訪談紀錄〉，補足之前林榮代〈西伯利亞抑留〉未呈現的部分，但關於思想教育的記憶，仍與〈西伯利亞抑留〉中的內容相近。另外，由於陳以文是在日本入伍，隸屬陸軍，可與在臺灣入伍，隸屬海軍的賴興煬、唐中山、葉海森的經歷做對照。惟陳以文受訪時已八十歲，其敘述與〈西伯利亞抑留〉的內容有差異，[19] 〈陳以文先生訪談紀錄〉後來由作者改寫成專書《零下六十八度：二戰後臺灣人的西伯利亞戰俘經驗》，[20] 書中增加陳以文個人資料，如信件、照片、登錄

簿，以及部分佐證的檔案文獻，但此書仍以陳以文個人生命經驗為主，缺少對整體經驗的探討。

蘇詠瀅的碩士論文〈日帝軍國主義下臺灣兵在西伯利亞勞改口述歷史之研究——以臺籍日本兵賴興煬為例——〉，是以賴興煬為研究對象。在「民主教化課程」的段落中，有關於思想教育少量的記憶。彭子瑄的碩士論文，是將賴興煬經歷，以插畫形式呈現。[21] 此外，2018年賴興煬與紀錄片團隊，重回俄羅斯當時遣返戰俘的城市「納霍德卡」以及他被拘留的所在地「蘇城」（スーチャン，現稱游擊隊城），他的戰俘經歷被拍攝成紀錄片《有一天我會回家》，並出版同名專書。[22]

吳正男在遣返後定居日本橫濱，他是受訪次數最多的西伯利亞戰俘經驗者，他在日本報章雜誌、專書的訪談，談自己求學經歷與戰爭經驗。[23] 吳正男也曾接受日本媒體及紀錄片導演的拍攝，例如NHK、日本電視臺（日本テレビ），導演酒井充子曾將他的故事收入紀錄片《臺灣認同》。[24] 2015年，臺灣公共電視臺的《二戰浮世錄》（終戰七十週年系列節目）的第二集，有他的介紹，但長度僅三分多鐘，未有深入訪談。[25] 日本方面的資料，會提及他出身臺灣、他對日本、臺灣的不同情感，以及他希望為臺籍日本兵在日本建立慰靈碑的願望，幾乎是以日本觀點介紹他，並未探究臺籍日本兵在西伯利亞戰俘中的角色，以及遣返後不受日本政府重視的情況，也未提及有關思想教育的經驗。因此我於2022年與吳正男取得聯繫，12月開始訪談，同步以紀錄片形式進行拍攝，希望能以臺灣人的觀點，來探究他的戰俘經驗以及遣返後的經歷。

總之，以西伯利亞戰俘營中的臺籍日本兵為研究對象的文

獻，以口述歷史為主，訪談對象有唐中山、葉海森、陳以文、賴興煬、吳正男等5位。內容大多是個人的回憶，篇幅主要集中於入伍的經過、軍中經歷、戰俘營中的生活、遣返過程等，對於思想教育經驗以及所造成的影響著墨較少。

(二) 臺籍日本兵

針對整體臺籍日本兵的研究，周婉窈主編的《臺籍日本兵座談會記錄并相關資料》，收錄17位臺籍日本兵針對海外戰地經驗、戰後心路歷程、索債求償的記錄，雖然沒有曾被蘇聯俘虜的臺籍日本兵，但相關經歷可供彼此對照，例如從海南島返臺的過程，[26] 顯示當時中華民國政府對於臺籍日本兵遣返的消極態度。從附錄「從軍資料表」，也顯示臺籍日本兵派駐地，隨著戰爭範圍擴大，從中國戰場延伸到南太平洋。

關於終戰後臺籍日本兵在海南島的經歷，在張子涇的回憶錄中，有更詳細的描述。[27]

周婉窈另一篇論文〈日本在臺軍事動員與臺灣人的海外參戰經驗〉，[28] 除了探討臺灣人從軍屬、志願兵到全面徵兵參與日本征戰的過程，並將臺灣人的海外作戰經緯，放在日本帝國脈絡下，以凸顯臺灣人做為日本戰爭棋盤上被動的角色。周婉窈指出，日本軍方對臺籍日本軍人軍屬的派駐，主要是隨著日本在戰局中的時空演變而推移，臺籍日本兵相繼出現在華中、華南以及南洋，都與日軍攻勢有關，日本戰敗後，臺籍日本兵因各戰區的接收國而有不同遭遇。周婉窈以「尷尬的過去、難言的苦楚」，道出戰後臺籍日本兵回到臺灣後的處境。對於從

西伯利亞遣返的臺籍日本兵而言，情況更為複雜，因為對國民黨政府來說，與日本敵對的立場，已隨戰爭結束，但戰後與中國共產黨，卻進入「漢賊不兩立」的狀態。戰爭雖然結束，但被迫接受蘇聯洗腦的臺籍日本兵，回臺後，卻要繼續面對因戰爭而產生的問題。

　　汪宏倫主編的《戰爭與社會：理論、歷史、主體經驗》，提出「戰爭透過甚麼樣的手段、如何被延續？」的問題意識。該書嘗試將戰爭區分為「戰爭」、「戰爭遺緒」兩階段，探究戰爭在不同階段對社會的影響。他認為戰爭雖然結束，但戰爭卻創造出許多懸而未決的問題，使得戰爭以其他方式延續著。探究的問題，如相對於「戰爭之框」所建構的國族主體，被排除在框外的「零餘主體」，該書以此概念，探究「臺籍戰犯、慰安婦與外省老兵」。汪宏倫認為，他們都曾被不同政權動員利用與背叛，成為「零餘的主體」。汪宏倫另外在註腳提出，利用他們的政權，都是在戰爭中的戰敗者。但對本書的臺籍日本兵來說，利用他們的政權，不僅有戰敗者，還包括戰勝國之一的蘇聯。[29] 而該書第七章〈可悲傷性・「戰爭之框」與臺籍戰犯〉，作者藍適齊同樣使用 Judith Bulter 的「戰爭之框」（Frames of War）概念，以戰後成為戰犯的臺籍日本兵為研究對象，探究「戰爭之框」在戰後臺灣社會的影響，特別是「戰爭之框」如何在戰後與戰爭有關的書寫中，建立（或否定）生命的「可悲傷性」（grievability）和價值，以及所反映的臺灣戰後社會規範。[30]

　　藍適齊指出，「戰爭之框」在戰爭經驗再現時，界定了誰是我們應該關心、誰又是不值得我們關心的對象。若參考藍適

齊的觀點,來討論本書的臺籍日本兵,他們是被國民黨政府以「抗日」與「反共」雙重條件所建構的「戰爭之框」所排除,刻意忽略、遺忘他們的西伯利亞戰俘經驗,他們的生命不具「可悲傷性」,而且沒有價值。

同樣使用「戰爭之框」概念的研究,還有王惠珍〈戰後在日臺籍日本兵的戰爭記憶敘事——以磯村生得的相關文本為例〉。[31] 該文以臺籍日本兵磯村生得書寫的戰爭記憶為文本,分析他如何塑造個人生命記憶的同時,建構臺籍日本兵的集體記憶(Collective memory),在「戰爭之框」中,探討戰爭的記憶與集體創傷,如何藉由歷史書寫再現,以探究「戰爭遺緒」如何影響社會。王惠珍指出,八〇年代日本老兵開始撰寫回憶錄和證言,但臺灣因處於戒嚴時期,臺籍日本兵戰爭經驗被視為政治禁忌,幾乎不可能透過自我表達來撫平創傷,唯有在日本的臺籍日本兵才有這樣的自由。磯村生得,原名柯生得,他在1947年遣返回日本後,由於他選擇在日依親,沒有返回臺灣,因求償運動的關係,他自覺背負起講述臺籍日本兵戰爭經驗的責任。

磯村生得除了藉此審視自身戰爭經驗,由於他是以日語書寫,可以對日本讀者傳達臺灣人的戰爭記憶,另外他也試圖以小說的形式創造典型人物,在臺灣人之外,加入日本人的戰爭記憶,王惠珍認為,這是磯村在重新建構／協調／再建構臺籍日本兵的集體記憶,目的是要強調臺籍日本兵的「受害者」經驗以利求償,這樣的文學虛構情節,也顯現了臺籍日本兵,身為日軍的「協力者」和被殖民的「被害者」,雙重身分的矛盾和悲劇。

對照本書研究對象，在日本的吳正男，於1981年接受日本TBS電視臺專訪，[32] 鄭慕鐘（香川博司）的戰爭經歷，在1982年刊登於雜誌《地平》，[33] 在臺灣的臺籍日本兵的西伯利亞戰俘經驗，要到解嚴後的1995年，才有陳以文等三人接受日本作家林榮代的採訪，他們的經歷，在2000年該書在日出版後才公開，[34] 他們當時都是以日語受訪或書寫，對臺灣讀者來說，要藉由歷史書寫再現他們的西伯利亞戰俘經驗，甚至建立其「受害者」形象，相當困難，尤其是被貼上接受蘇聯思想教育的標籤，使得他們的身分，除了日軍「協力者」、殖民「被害者」之外，還可能被視為共產黨的同路人，以「戰爭之框」概念，在戰後臺灣社會，他們容易被界定為「敵人」而非「同胞」，更不具「可悲傷性」。

　　陳柏棕的論文〈血旗揚帆：臺灣海軍特別志願兵的從軍始末（1943-1945）〉，完整闡述海軍特別志願兵制度在臺灣施行的歷程，由於本書中9位海軍特別志願兵在戰後成為西伯利亞戰俘，因此，此論文可做為其派駐地的對照。

（三）在蘇聯的日本戰俘

　　這部分以日文文獻居多，大多探討西伯利亞戰俘被拘留的背景、過程，以及衍生的運動與問題。長勢了治具法學背景，曾翻譯蘇聯學者B.B. Карпов（ヴィクトル・カルポフ）的著作：《［シベリア抑留］スターリンの捕虜たち——ソ連機密資料が語る全容——》，[35] 藉此可理解蘇聯學者是如何看待史達林拘留西伯利亞戰俘的決策。另一個需特別關注的是，戰俘參與

「民主運動」的積極度與遣返順序的關係，本書研究的臺籍日本兵，在口述歷史中曾提及此部分。

長勢了治本身的著作《シベリア抑留全史》，涵蓋了西伯利亞戰俘的所有主題，他利用俄文、日文史料，詳細的呈現了西伯利亞戰俘被蘇聯拘留的歷史背景，包括二戰前後日蘇關係演變，並且從戰俘的人數、糧食、勞動、衛生醫療、日常生活、「民主運動」等面向，來探討日本人的西伯利亞戰俘經驗，並以國際法的角度，來分析對蘇聯投降的日本軍人，應稱為「俘虜」還是「抑留者」的爭議。雖然長勢了治並未討論到西伯利亞戰俘中的殖民地人民，但他所引用的1929年《日內瓦公約》的第一條條文中：「包括交戰當事者的軍隊成員，以及在海戰或空戰中被敵方俘虜的所有人，都將其視為在戰爭期間被俘虜的人」，可做為本書討論蘇聯將日軍中的臺灣人送到西伯利亞此問題的參考。在提到戰俘總數與死亡人數時，長勢了治提出，必須留意有很多日本人以外的民族被拘留的事實，他引用蘇聯學者的說法，指出「許多非日本人的俘虜，用各種理由謊稱自己是日本人」，例如終戰之前曾經是日本國民的朝鮮人和臺灣人，以及曾經是滿洲國民的中國人。[36] 這個提醒，和本書推測西伯利亞戰俘中臺灣人的人數有關。

富田武在《シベリア抑留者たちの戰後》中，同樣提到戰俘的總人數，他引用蘇聯的檔案，在1947年2月的統計數字中，有朝鮮人及中國人的人數，富田武指出：「朝鮮人和中國人（臺灣人），指的是做為『日本臣民』被編入日本軍的軍人及軍屬」，[37] 但我查閱該份蘇聯檔案，其中的「中國人」，並未以括號註明是臺灣人，這部分需再進一步研究。[38] 富田武的研

究領域為蘇聯政治史、日蘇關係史，他在這本著作中探討了美蘇對立與戰俘遣返延誤的關係，這部分跟臺灣人被拘留的時間，從二年到四年多不等有關。除了西伯利亞戰俘的概觀，他也呈現了其他研究較少提及的，就是在冷戰背景下，在蘇聯接受「民主運動」的戰俘，回國後的生活和社會活動，這部分可做為本書討論西伯利亞戰俘中定居日本的臺灣人，在思想上受到思想教育影響的對照。

小林昭菜的《シベリア抑留──米ソ関係の中での変容》，是將西伯利亞戰俘的研究，置於美蘇關係變化的框架下，探究美蘇兩國如何將西伯利亞戰俘當做彼此對抗的工具，以及這個過程隨著美蘇冷戰加劇如何發展。[39] 該研究也顯示，在冷戰局勢的研究框架下，只著重於美蘇兩國對抗下的日本人，至於戰俘中的朝鮮籍與臺灣籍日本軍人，遣返後的處境受到朝鮮半島與中國局勢的變化，卻往往被忽略。

本身是西伯利亞戰俘的藤田勇，是專長蘇聯法的法學學者，他與其他具西伯利亞戰俘經驗的歸國者，共同完成八卷的《捕虜体験記》，[40]《捕虜体験記》可用來對照曾接受口述歷史訪談的臺籍日本兵，在不同地區的戰俘營生活，例如氣候、所從事的勞動項目，以及臺灣人在戰俘營中的經歷，與日本人是否有差異之處，特別是對於「民主運動」的參與程度。

王蕾的博士論文〈在蘇聯日本戰俘問題研究（1945-1956）〉認為，蘇聯對待戰俘的待遇雖有逐步改善，但距離《日內瓦公約》的要求相差甚遠，這與大量的西伯利亞戰俘回憶錄與口述歷史，對於寒冷、飢餓、重度勞動等多重惡劣條件的描述相符。對於西伯利亞戰俘問題的爭議，除了戰俘在稱謂上的分

歧，王蕾也比較蘇聯檔案中日本戰俘拘留人數及死亡人數與日本的統計數字。文中她引用蘇聯學者研究，詳細介紹蘇聯對戰俘的洗腦工作，包括1945年9月15日創刊的《日本新聞》，是蘇聯對日本戰俘進行思想教育的主要工具之一。[41] 值得探究的是，臺籍日本兵是否有可能藉由這份戰俘營中唯一的報紙，獲知臺灣在戰後的情況以及被中華民國接收的消息。

Sherzod Muminov（謝爾祖德・穆米諾夫）由哈佛大學出版的 *Eleven Winters of Discontent: The Siberian Internment and the Making of a New Japan*（《不滿的十一個冬天：西伯利亞抑留和塑造新日本的過程》），應該是英文世界中最近期出版的關於西伯利亞戰俘的著作。謝爾祖德・穆米諾夫是烏茲別克出身，精通多國語言的歷史學者，他在劍橋大學獲得博士學位，曾在日本法政大學、俄羅斯檔案館進行研究。[42] 他跳脫將西伯利亞戰俘視為單純受害者的刻板印象，以冷戰中的棋子角度，重新審視西伯利亞戰俘與戰後日本重建兩者之間的關係，以及冷戰結束後，日本政府轉變對這些戰俘的態度。他也透過戰俘的回憶錄和口述歷史，分析受訪者隨著日本戰後的快速發展和繁榮，回憶的語氣，從對過去的痛苦轉變為接受的過程。不論是在冷戰或後冷戰時期，中華民國政府與日本政府一貫漠視西伯利亞戰俘中的臺籍日本兵，這群臺籍日本兵，是否更符合謝爾祖德・穆米諾夫在形容西伯利亞戰俘時，所引用的美國歷史學家 Timothy Snyder（提莫西・斯奈德）的詞語，[43] 是「被歷史遺棄了」（abandoned by history）？

此外，日本有非常多與西伯利亞戰俘相關的論文、回憶錄、專書、畫冊，也有多部影視作品，無法一一列舉，以下是

本書在研究期間曾參考的文獻：

（１）小熊英二以父親的生命史所撰寫的《活著回來的男人：一個普通日本兵的二戰與戰後生命史》。[44] 小熊英二的父親小熊謙二，1925年出生，1944年入伍，戰後被蘇軍俘虜，送往西伯利亞戰俘營。他從父親出生開始書寫，並以政策、外交、制度、物價、所得、社會狀況等層面，來分析父親體驗過的「戰爭」與「生活」。該書呈現西伯利亞戰俘的子女如何獲知父親的戰俘經驗，以及用甚麼角度來詮釋。

（２）口述訪談影像記錄部分，NHK《戰爭證言》紀錄片中「西伯利亞抑留」單元，收錄多位戰俘的口述訪談影像記錄，[45] 內容多集中在寒冷、飢餓、強制勞動等三項痛苦經驗。

（３）西伯利亞戰俘主題的影視作品，臺灣觀眾熟悉的是《不毛地帶》（2009年版），它改編自日本作家山崎豐子同名小說。該劇2011年在臺播出，劇中主角壹岐正，曾在西伯利亞戰俘營11年。除了描寫壹岐正的戰俘經驗，劇中主要內容並不只是描繪戰爭，而是以戰俘的經歷去對應他在戰後加入近畿商事，面對無情鬥爭與人性貪婪。[46] 早在1979年《不毛地帶》就被改編成電視劇，本書提及的許敏信，在1979年10月曾收看該劇。另外，許敏信也在1993年8月收看《來自收容所的遺書》，此劇改編自同名小說，[47] 同樣是以西伯利亞戰俘為主角，在2022年被拍成同名電影，2023年在臺灣上映（片名譯為《來自雪國的遺書》），片中有大量「民主運動」相關內容，故事主角山本幡男因被蘇聯認定為戰犯而受到長期拘留，最終病死在西伯利亞，該片讓我感受到「民主運動」激化的過程對戰俘造成的傷害，藉以對照本書提到對於不參加「民主運

動」可能無法被遣返的恐懼。

(四)蘇聯拘留的所有戰俘

王學禮在吉林大學的博士論文〈在蘇戰俘問題研究（1941-1956）〉，研究對象是二戰期間及戰後被蘇聯俘虜的所有總數約500多萬人的戰俘，包括德國、日本、匈牙利、羅馬尼亞、義大利等國。他蒐集的蘇聯檔案，包括六本檔案集以及俄文專書，針對戰俘在蘇聯關押條件、伙食供給、醫療、勞動利用、政治教育及遣返問題，有全盤性的介紹，可藉此了解蘇聯拘留戰俘的背景與執行過程。從王學禮的研究中，可知蘇聯對於戰俘拘留訂有大量詳細規定，但是在戰時與戰後初期惡劣情況下，難以按規定執行。該文中引用大量蘇聯的戰俘檔案，可做為本書蒐集一手史料參考。內文「戰俘政治工作」中，有部分內容提到蘇聯對日本戰俘的政治宣傳方式及目的，[48] 以及戰俘所關切的「優先遣返反法西斯積極分子的遣返政策」，此內容可與臺籍日本兵在口述歷史中談到，如未積極響應思想教育，將影響遣返順序的恐懼相對照。必須留意的是，此論文在觀點上，須與日本或美國等其他研究互相參照。

(五)戰後盟軍針對日本的遣返政策

Lori Watt（華樂瑞）的著作《當帝國回到家：戰後日本的遣返與重整》（原書名：*When Empire Comes Home: Repatriation and Reintegration in Postwar Japan*），探討戰爭結束時盟軍的動向，如

何影響身處殖民地的日本人以及殖民地人民的命運，盟軍決策與作為，深刻影響投降當時殖民地人民將由誰管轄。臺籍日本兵在滿洲和北朝鮮的對蘇軍投降，以及遣返時的最終目的地等，都與此相關，戰後臺灣被中華民國統治，影響他們遣返後的生命歷程。華樂瑞指出，1945、1946 年，日本政府在駐日盟軍總司令部的指示下，讓前殖民地人民都離開日本的處理方式，成為日本前殖民地人民在戰後命運的基調。選擇留在日本的前「帝國臣民」，轉變為「第三國人」，再轉變為「在日外國人」，[49] 雖然華樂瑞在這個部分，討論對象是在日韓國人，與臺灣人的狀況有所不同，但可藉此探討盟軍總司令部的遣返政策對於臺籍日本兵的影響。

(六)西伯利亞戰俘中的朝鮮人

記者出身的韓國作家金孝淳，畢業於首爾大學政治學系，曾擔任韓國報紙駐日本特派員，他在 2009 年出版《나는 일본군, 인민군, 국군이었다》（《我曾是日本軍、人民軍和國軍》），是以西伯利亞戰俘中的朝鮮人為訪談對象的著作，2022 年由東京外國語大學出版日文版《朝鮮人シベリア抑留　私は日本軍・人民軍・国軍だった》。金孝淳的著作可資對照之處，是朝鮮人與臺灣人都經歷了比日本人更為艱辛的遣返過程，以及遣返之後都面對冷戰下複雜國際局勢以及政治環境的劇烈變動，並承受敗戰的日本軍人以及被赤化的刻板印象。

從上述文獻回顧可知，西伯利亞戰俘的研究，主要以日本人為研究對象，研究戰俘中的殖民地人民的文獻相對較少，關於臺籍日本兵在西伯利亞的經歷，已有少數口述歷史、著作等相關研究。本書則在此基礎之上，以過往較少論及的臺籍日本兵在西伯利亞戰俘營的思想教育經驗為切入點，試圖發掘更多史料，呈現他們如何被貼上這張撕不掉的「紅色標籤」，尤其是他們回到臺灣後，面對不同於日本的政治環境，刻意避談這段經歷，造成他們成為臺籍日本兵中，鮮少被研究的對象。

三、
尋找蘇聯戰俘營的臺籍日本兵

(一)口述訪談

　　已發表的 5 位臺籍日本兵的口述歷史中,吳正男訪談記錄大多是日本方面的資料,由於他目前是西伯利亞戰俘中唯一健

圖一:吳正男夫妻與筆者合影(2023/2/10)　　　資料來源:許明淳提供

表一　口述訪談人物名單

姓名	訪談日期	訪談地點	備註
吳正男	2022/12/1	日本橫濱臺灣同鄉會	
	2022/12/2	minato view 會議室（日本橫浜市中区山下町 26-6）	
	2023/2/10	日本橫濱吳正男宅	
	2023/11/26	（同上）	
	2024/7/18	（同上）	
吳久美	2023/2/10	（同上）	吳正男妻
吳照	2024/8/14	臺北市大安區吳照宅	吳正男妹
許瑞洋	2023/2/8	日本東京許瑛子宅	許敏信長女
許瑛子	2023/2/8	（同上）	許敏信次女
林瑛理加	2024/2/4	（同上）	許敏信孫
齊藤晶子	2023/2/8	（同上）	許敏信四女
楊許秀子	2023/2/11	日本東京楊許秀子宅	許敏信妹
楊怜慧	2023/2/11	（同上）	許敏信外甥女
黃楊純慧	2023/2/11	（同上）	許敏信外甥女
許嘉宏	2022/9/27	臺北市復興南路一段 323 號（星巴克咖啡興南門市）	許敏信姪
陳明亮	2024/7/30	宜蘭市陳明亮宅	陳以文子
陳力航	2024/1/18	新北市永和區住處	陳以文孫
陳淑娃	2024/1/14	日本千葉陳淑娃宅	陳旺妻

在的臺灣人，為補充缺漏的部分，我另行完成吳正男的口述訪談，[50] 也訪談他的太太和妹妹。許敏信於 1996 年在東京接受口述訪談，[51] 但迄今未發表，我訪談他的妹妹、女兒、姪子、外甥女。為補充陳以文的經歷，我訪談他的兒子及孫子。陳旺沒有完整的口述歷史訪談記錄，本研究以他太太的訪談補充。

(二) 文獻蒐集

文獻蒐集，分為蘇聯、日本與臺灣兩部分。

蘇、日的資料，包括臺籍日本兵在蘇聯戰俘營的軍事俘虜登錄簿、日本政府發的引揚證明書、復員證明書、1939 至 1956 年蘇聯的戰俘資料、蘇聯在戰俘營發行的《日本新聞》、日本「舞鶴地方援護局史」等資料，根據這些資料，分析蘇聯對於戰俘營中的非日本人，是否有不同處理方式、思想教育與遣返順序的關係、臺灣人在被拘留期間，透過《日本新聞》能獲知哪些訊息、這些訊息是否能影響遣返後定居地的選擇，以及遣返至舞鶴後，日本政府對他們的處置。而我無法閱讀蘇聯檔案，這部分必須依賴日文及中文的譯作來蒐集一手的俄文文獻，再經由熟悉俄文的研究者協助翻譯。

臺灣的資料，以國史館及國家發展委員會檔案管理局（以下簡稱檔案管理局）所藏檔案為主，主要引用《外交部》、《內政部警政署》、《軍事委員會委員長侍從室》等單位的檔案。分析重點為：中華民國政府在臺籍日本兵被蘇聯俘虜期間有何作為、臺籍日本兵從日本要返回臺灣的過程中，何以經歷艱難過程、回到臺灣後，政府是否曾追蹤他們，理由為何。

圖二：《日本新聞》第一期　　　　資料來源：《日本新聞》，1945/9/15(1)，1期

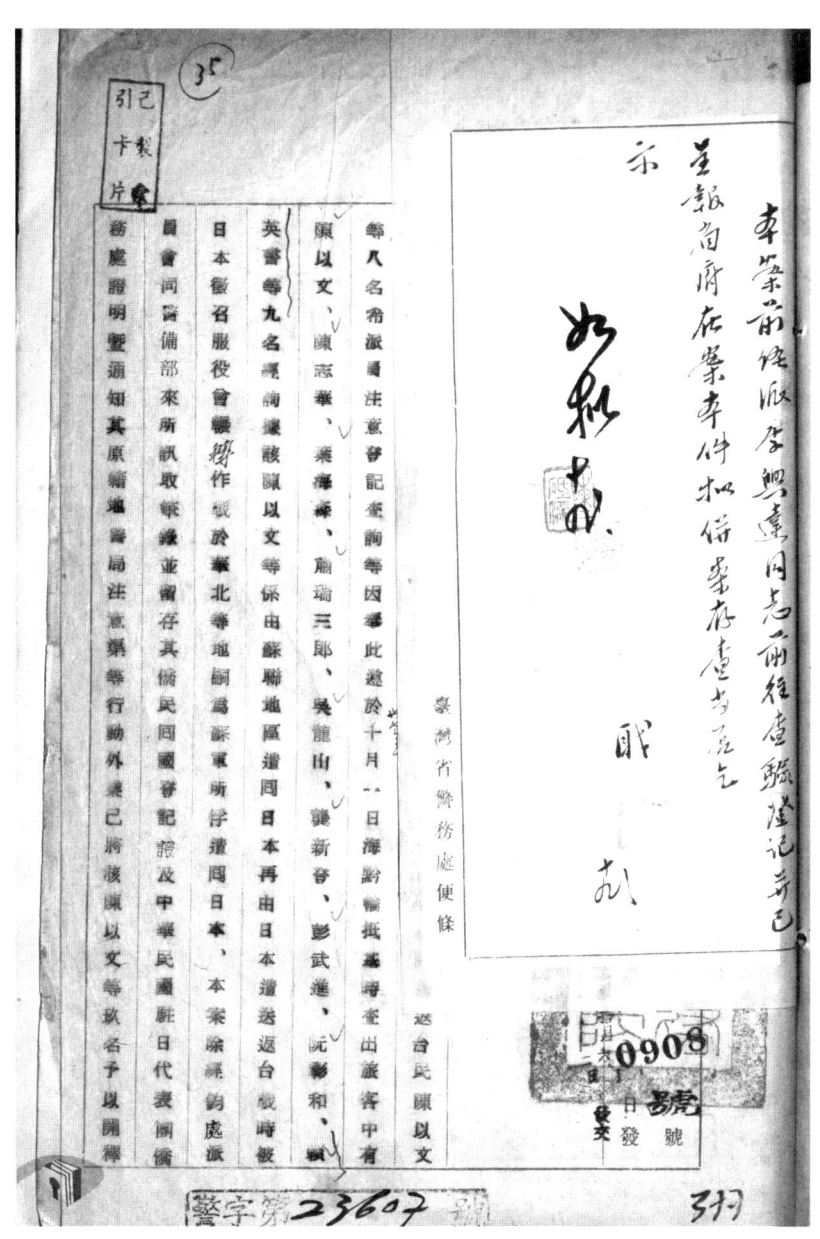

圖三：〈可疑分子考管——遣返臺民陳以文等九名〉　資料來源：《內政部警政署》，國家發展委員會檔案管理局藏，檔號：AA01010000C/0037/307.11/0002

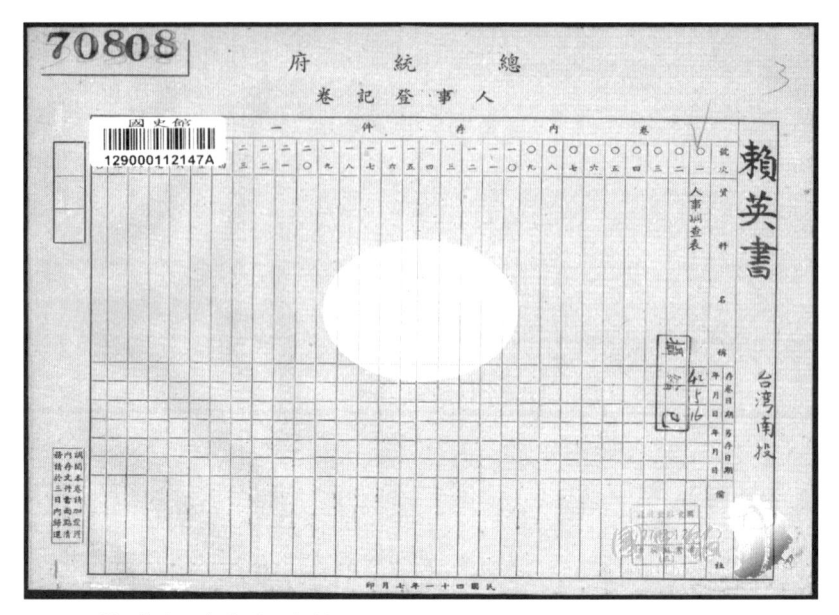

圖四：「賴英書」人事登記資料
資料來源：〈軍事委員會委員長侍從室 系列二十三〉，國史館藏，典藏號：129-230000-2147

　　藉由上述文獻蒐集、歸納佐證口述歷史，並互補其不足之處，以建立更完整並符合史實的，臺籍日本兵的西伯利亞戰俘營思想教育經驗。

註

1. 厚生省社会・援護局援護50年史編集委員会監修，《援護50年史》（東京：厚生省社会援護局，1997年），頁23。

2. 社団法人自由人権協会，《問われている戦後に人道の解決を――臺湾人元日本兵士特別援護法要綱と解説》（東京：臺湾人元日本兵士の補償問題を考える会――社団法人自由人権協会，1982年）。

3. 例如：周婉窈主編，《臺籍日本兵座談會記錄并相關資料》（臺北：中央研究院臺灣史研究所籌備處，1997）。頁5。

4. 長勢了治，《シベリア抑留全史》（東京：株式會社原書房，2013年），頁114。

5. 本書的俄文文獻主要引自兩本檔案集，書名皆使用「戰俘（ВОЕННОПЛЕННЫЕ, военнопленных）」。Загорулько М.М., ВОЕННОПЛЕННЫЕ В СССР, 1939–1956. Москва: Логос, 2000. Загорулько М.М., Главное управление по делам военнопленных интернированных НКВД-МВД СССР. 1941–1952. Том4. Волгоград: Волгоградское научное издательство, 2004.

6. 〈我國駐日代表團遣送華僑返國〉，《外交部》，國史館藏，數位典藏號：020-010108-0026，頁159。

7. 伯力（Khabarovsk，哈巴羅夫斯克）位於西伯利亞東部沿海，黑龍江與烏蘇里江會流處。本為中國屬地，璦琿條約後割讓給俄國。也譯作「伯利」、「喀巴羅甫斯克」。出處：教育部重編國語辭典修訂本，https://dict.revised.moe.edu.tw/dictView.jsp?ID=13009&la=0&powerMode=0。

8. 「俞濟時呈蔣中正據蔣介民呈報蘇俄控制下之日俘現狀」，〈革命文獻――戡亂軍事：一般共情〉，《蔣中正總統文物》，國史館藏，數位典藏號：002-020400-00011-103。

9. Загорулько М.М., ВОЕННОПЛЕННЫЕ В СССР, 1939–1956. Москва: Логос, 2000, с.73, 89.

10. 《日本新聞》，伯力（ハバロフスク市），1946/4/4(4)，86期。收入朝日新聞社編，《復刻日本新聞1》（東京：朝日新聞社，1991年），頁216。

11. 〈可疑分子考管――遣返臺民陳以文等九名〉，《內政部警政署》，國家發展委員會檔案管理局藏，檔號：AA01010000C/0037/307.11/0002。

12. 「法令全書」明治 15 年，内閣官報局，明 20-45。国立国会図書館デジタルコレクション：https://dl.ndl.go.jp/pid/787962（参照 2024-03-10），頁 528-535。

13. 參見大田英昭，〈「社會主義」概念在日本的傳播與展開〉，《人間思想》，20 期（2019 年 10 月）專號「馬克思主義在東亞」，頁 62。

14. 林えいだい，《臺灣の大和魂》（大阪市：東方出版，2000 年），頁 195、213。

15. 以中央研究院臺灣史研究所籌備處 1997 年出版的《臺籍日本兵座談會記錄并相關資料》爲例，資料中臺籍日本兵的派駐地有：臺灣、海南島、日本、日本南方諸島、中國、菲律賓、比島、印尼、北婆羅洲、新幾內亞、新加坡、越南、南太平洋拉包爾、沖繩等地，沒有滿洲或北朝鮮。

16. 林えいだい，《臺灣の大和魂》，頁 183-213。

17. 蔡慧玉編著，吳玲青整理，《走過兩個時代的人：臺籍日本兵》，頁 150-171。

18. 陳力航，〈陳以文先生訪談紀錄〉，《宜蘭文獻雜誌》，第 87、88 期（2011 年 6 月），頁 137-168。

19. 例如兩篇口述歷史中，關於西伯利亞的最低溫、戰俘營到醫院的距離，有不同的數字。

20. 陳力航，《零下六十八度：二戰後臺灣人的西伯利亞戰俘經驗》（臺北：前衛出版社，2021）。

21. 彭子瑄，〈日帝時期臺灣籍日本兵創意插畫表現之研究──以賴興煬在西伯利亞勞改爲例──〉。臺北：國立臺北教育大學數位科技設計學系碩士論文，2020 年。

22. 楊孟哲，《有一天我會回家──賴興煬在西伯利亞勞改的故事》（臺北：五南，2023 年）。

23. 專書／調查報告：吳正男，〈臺湾は祖国、日本は母国〉，收入安木由美子編，牛窪剛、大島満吉、吳正男、柴垣直行、高橋章、西倉勝、日比野靖、柳橋晃一郎著，《境界 BORDER vol.1 大東亜戦争の記憶》（東京：ユニコ舎，2022 年），頁 72-103。富田武、岩田悟編，《語り継ぐシベリア抑留──体験者から子と孫の世代へ》（横濱：群像社，2016 年），頁 26-29。梅野正信編，〈戦時期における植民地住民子女の学校教育体

驗〉,《調查研究報告》,第 73 期(2023 年 9 月),頁 58-75。其他較為完整的介紹如下:《友愛——第 9 號》(臺北:友愛會誌編集委員会,2008 年),頁 24-31。吳正男演講,〈強運な臺湾人青春〉,《特攻》會報,第 102 號(2014 年 11 月),頁 13-18。MAKI OKUBO, "Ex-soldier wants memorial erected for Taiwanese war dead"(2020/9/12),收入《朝日新聞》:https://www.asahi.com/ajw/articles/13681384。〈一個曾為日本兵的臺灣人〉(2017/5/27),收入「nippon.com」:https://www.nippon.com/hk/features/c03305/?pnum=1。

24. 〈"母国は日本 祖国は臺湾"日本兵として戦地へ行った臺湾人男性の過酷な体験とは…〉,「日本テレビ」:https://news.ntv.co.jp/category/society/4228c2d3135a47ae965356b3688cfd8c。酒井充子導演,《臺湾アイデンティティー》(2013 年),紀錄六位經歷日治時期的臺灣人在二戰後的故事,吳正男是其中一。https://www.maxam.jp/contents/ 臺湾アイデンティティー/。〈「解放区」祖国と母国——忘れられた臺湾籍日本兵〉,TBS (Tokyo Broadcasting System Television),2023/12/4 播出。

25. 《二戰浮世錄》第二集(2015 年),〈公共電視〉,24:42-28:13。https://www.youtube.com/watch?v=g4AoOYIU2LI。

26. 周婉窈主編,《臺籍日本兵座談會記錄并相關資料》,頁 35-41。

27. 張子涇著,天江喜久、林子淳、謝明諭譯,《再見海南島:臺籍日本兵張子涇太平洋終戰回憶錄》(新北市:遠足文化,2017)。

28. 周婉窈,〈日本在臺軍事動員與臺灣人的海外參戰經驗〉,收入《海行兮的年代——日本殖民統治末期臺灣史論集》(臺北:允晨文化,2009),頁 127-183。

29. 汪宏倫,〈把戰爭帶回來!——重省戰爭、政治與現代社會的關聯〉,收入汪宏倫主編,《戰爭與社會:理論、歷史、主體經驗》(臺北:聯經,2014 年),頁 1-34。

30. 藍適齊,〈可悲傷性・「戰爭之框」與臺籍戰犯〉,收入汪宏倫主編,《戰爭與社會:理論、歷史、主體經驗》,頁 393-433。

31. 王惠珍,〈戰後在日臺籍日本兵的戰爭記憶敘事——以磯村生得的相關文本為例〉,《臺灣文學研究學報》,第 37 期(2023 年 10 月),頁 11-53。

32. 該片段收入〈「解放区」祖国と母国——忘れられた臺湾籍日本兵〉,TBS (Tokyo Broadcasting System Television),2023/12/4 播出。

33. 《地平》(大連高等商業学校星浦会本部)，第 15 號(昭和 57 年〔1982〕12 月)，大連高等商業学校星浦会本部発行，頁 20-24。
34. 林えいだい，《臺灣の大和魂》，頁 183-213。
35. В.В. Карпов(ヴィクトル・カルポフ)著，長勢了治訳，《[シベリア抑留]スターリンの捕虜たち——ソ連機密資料が語る全容——》(札幌：北海道新聞社，2001 年)。
36. 長勢了治，《シベリア抑留全史》(東京：株式會社原書房，2013 年)，頁 110、178。
37. 富田武，《シベリア抑留者たちの戰後——冷戰下の世論と運動　1945-56 年》(京都：人文書院，2014 年初版第二刷)，頁 16-17。
38. Загорулько М.М., ВОЕННОПЛЕННЫЕ В СССР, 1939–1956. Москва: Логос, 2000, p.320 (PDF file page numbers).
39. 小林昭菜，《シベリア抑留——米ソ関係の中での変容》(東京：岩波書店，2018 年)，頁 89-165。
40. ソ連における日本人捕虜の生活体験を記録する会編，《捕虜体験記》。東京：ソ連における日本人捕虜の生活体験を記録する会，1998 年。
41. 王蕾，〈在蘇聯日本戰俘問題研究(1945-1956)〉(長春：吉林大學博士論文，2013)，頁 103。
42. Sherzod Muminov: https://muminov.net/。
43. Sherzod Muminov, *Eleven Winters of Discontent: The Siberian Internment and the Making of a New Japan* (Cambridge: Harvard University Press, 2022), p.287.
44. 小熊英二著，黃耀進譯，《活著回來的男人：一個普通日本兵的二戰與戰後生命史》(臺北：聯經，2015 年)。「小林秀雄賞 受賞作一覽」：https://prizesworld.com/prizes/etc/khid.htm。
45. 〈引き裂かれた歲月 証言記錄 シベリア抑留〉，收入「NHK アーカイブス」：https://www2.nhk.or.jp/archives/movies/?id=D0001230001_00000。
46. 《不毛地帶》全劇簡介：http://japan.videoland.com.twchannel/1103a/default_002.asp。
47. 看「不毛地帶」，《許敏信日記》，1979/10/10、10/17。看「収容所(ラーゲリ)から来た遺書」，《許敏信日記》，1993/8/13。

48. 王學禮,〈在蘇戰俘問題研究（1941-1956）〉（長春：吉林大學博士論文,2012）,頁 40、113-131。
49. 華樂瑞（Lori Watt）著,黃煜文譯,《當帝國回到家》（新北市：遠足文化,2018）,頁 42、95。
50. 許明淳訪問、記錄,〈吳正男訪談記錄〉,未刊稿。訪問日期：2022 年 12 月 1、2 日,2023 年 2 月 10 日、11 月 24 日、26 日。訪問地點：日本橫濱臺灣同鄉會、minato view 會議室（橫浜市中区山下町 26-6）、吳宅。
51. 許雪姬,《離散與回歸：在滿洲的臺灣人（1905-1948）》（下冊）（新北市：左岸文化,2023）,頁 492,註腳 150。

第二章

臺籍日本兵成為蘇聯俘虜始末

臺籍日本兵會在戰後成為西伯利亞戰俘，是因為他們在戰爭結束時的派駐地，位在滿洲、北緯三十八度以北之朝鮮半島部分、庫頁島及千島群島等地區，也就是聯合國最高統帥第一號命令所宣告的，向蘇聯軍隊投降的範圍內，這個命令明確規範了日本投降後，日本軍隊依照其所在位置，須向哪一位指揮官投降。依照該命令，前述地區日軍投降的對象，即是蘇維埃遠東軍最高總司令官。依據「波茨坦宣言」（或稱「波茨坦公告」）第九條：「日本軍隊在完全解除武裝以後，將被允許返其家鄉，得有和平及生產生活之機會」，[1] 但蘇軍並未在當地進行遣返，反而將他們送往蘇聯和其加盟共和國以及蒙古的戰俘營。

　　所以，終戰時所在的派駐地，可以說是臺籍日本兵成為西伯利亞戰俘的關鍵因素。依據 1945 年終戰後臺灣省行政長官公署發給同盟國中國戰區中國陸軍總司令何應欽的電文，[2] 以及 1997 年中央研究院臺灣史研究所籌備處出版的《臺籍日本兵座談會記錄并相關資料》和其他研究臺籍日本兵的論文和專書，[3] 都顯示臺籍日本兵的派駐地，集中在中國、日本及南洋地區。因此有必要釐清：西伯利亞戰俘中的臺灣人，在入伍後，是甚麼情況下被派駐到並非臺籍日本兵主要的派駐地，以及被蘇聯送到西伯利亞的日軍戰俘中，大約有多少位臺灣人。

一、
從蘇聯地區遣返的臺籍日本兵名單

(一)先前研究得知的名單

我依據先行研究及史料,得知21位具西伯利亞戰俘經驗的臺籍日本兵,名單如下:陳以文（景山雅文）、陳忠華、葉海森、蕭瑞三郎（蕭瑞郎）、[4] 吳龍山、龔新登、南善盛、彭武進、阮彰和、賴英書、羅阿貴、陳越峰、蕭冬、邱華忠、唐中

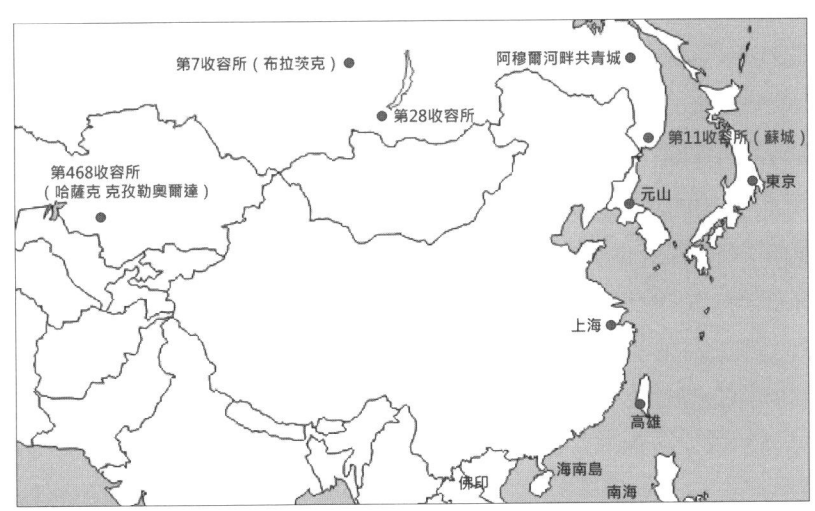

圖五:戰俘營分布圖　　　　　　　　　　　　　　　許明淳製圖

山、賴興煬、吳正男（大山正男）、陳旺（チンオウ）、鄭慕鐘（香川博司）、許敏信（モトトシノブ）、湯守仁（湯川一丸）。[5]

吳正男是 21 人中，目前唯一健在者。而其中的蕭瑞郎、湯守仁，經下述的文獻考證後，推測並未被蘇軍帶到蘇聯。

表二　21 位臺籍日本兵遣返前基本資料表

	姓名	生卒年	出生地	學校／入伍年份／方式	派駐地	戰俘營地點	強制勞動項目
1	吳正男（大山正男）（有登錄簿）	1927-	雲林縣斗六市（臺南州斗六郡斗六街）	中野學園中學校／1944／陸軍特別幹部候補生	北朝鮮	第468收容所（カザフスタンのクジルオルダ収容所），哈薩克克孜勒奧爾達（Kyzylorda）	立電線桿、牽電線、挖水道
2	吳龍山	1925-?	臺南縣				
3	阮彰和						
4	邱華忠			1944／海軍特別志願兵三期生	北朝鮮	蘇城（スーチャン），現稱游擊隊城	
5	南善盛	1923-?	高雄縣				
6	唐中山	1925-?	彰化市	1944／海軍特別志願兵三期生	北朝鮮	第11收容所〔蘇城（スーチャン），現稱游擊隊城〕	煤礦場
7	許敏信（モトトシノブ）（有登錄簿）	1921-2000	臺北市	東京工業大學金屬工學科畢業／1944／陸軍技術候補生、陸軍技術中尉（航空關係）	滿洲	第6、30、28收容所（バインゴール）、第16收容所	鋪設鐵路

8	陳以文（景山雅文）（有登錄簿）	1927-2012	宜蘭縣	獨逸學協會中學校畢業／1944／陸軍特別幹部候補生	滿洲	第7收容所（泰舍特120K）	庫里空（クリコン）農場、伐木、鋪設鐵路
9	陳忠華	1925-?	臺中縣	1944／海軍特別志願兵三期生	北朝鮮	蘇城（スーチャン），現稱游擊隊城	
10	陳旺（チンオウ）（有登錄簿）	1925/5/14-2019/10/23	彰化縣溪湖鎮	日本大學經濟學部（商科）／1944／學徒兵	佳木斯	第4收容所	東西伯利亞鋪設鐵路、修繕收容所，建設道路、橋樑
11	陳越峰			1943／海軍特別志願兵一期生	北朝鮮	蘇城（スーチャン），現稱游擊隊城	捕魚
12	彭武進	1924-?					
13	湯守仁（湯川一丸）	1924-1954	嘉義縣（臺南州嘉義郡）		滿洲		
14	葉海森	1926-?	臺中縣（彰化）	彰化公學校高等科／1944／海軍特別志願兵三期生	北朝鮮	第11收容所〔蘇城（スーチャン），現稱游擊隊城〕	礦坑
15	鄭慕鐘（香川博司）	1923-2019	臺中市豐原區（臺中州豐原郡豐原街圳寮）	大連高等商業學校／陸軍特別甲種幹部候補生／見習士官	滿洲	阿穆爾河畔共青城、哈巴羅夫斯克	鋪設鐵路、建設道路、煤礦場、伐木
16	蕭冬			1944／海軍特別志願兵三期生	北朝鮮	蘇城（スーチャン），現稱游擊隊城	

17	蕭瑞郎(蕭瑞三郎)	1922-?	臺中縣		北朝鮮		
18	賴英書	1922-?		建國大學			
19	賴興燴	1925-2020	新竹縣關西鎮	1944／海軍特別志願兵三期生	北朝鮮	蘇城（スーチャン），現稱游擊隊城	農場、煤礦場、鋪設鐵路、伐木
20	羅阿貴(福田秋雄)			1943／海軍特別志願兵一期生	北朝鮮	蘇城（スーチャン），現稱游擊隊城	
21	龔新登		高雄縣	1944／海軍特別志願兵三期生		蘇城（スーチャン），現稱游擊隊城	

許明淳製表　　　　　　　　　　　　　　資料來源：詳見參考文獻

（二）為何排除蕭瑞郎？

　　蕭瑞郎名列於前述的海遼輪、海黔輪名單，[6] 檔案中指出，他是從蘇聯地區遣返，但這點與他自述不同。他在撰寫的〈隱密的人生〉中，陳述了終戰後的經歷：1945 年 9 月初，他在北朝鮮被蘇軍解除武裝後，所屬部隊（楠部隊）與蘇軍交涉，中止徒步前往西伯利亞的命令，楠部隊朝京城方向行軍時，被北朝鮮剛成立的警察署保安隊捕獲，全體被上手銬，引渡給蘇軍，被送到咸興監獄，接受政治部門的審訊。根據蕭瑞郎的說法，他後來因為臺灣出身的身分獲釋，但因無法直接返臺，暫留在咸興，直到 1948 年才回到臺灣。[7] 蕭瑞郎沒有提到他獲釋後在咸興的生活以及離開的經過，[8] 但從他的文章可知，他並未被帶到蘇聯拘留，因此本章暫不將蕭瑞郎列入討論。

(三)湯守仁有到西伯利亞嗎?

在先行研究中,湯守仁被提及西伯利亞戰俘經驗的敘述,大多引自《辛酸六十年(上)——狂風暴雨一小舟》,該書作者鍾逸人所述如下:

> 1941年,他(湯守仁)曾以軍屬身份在廣東俘虜營當守衛,因服職中表現特優,破例由戰地被保送日本陸軍士官學校特訓班。結業後改派「關東軍」,由見習士官而少尉。1945年8月9日蘇聯向日宣戰,9日蘇聯軍隊入侵滿洲第四天被俘,並被送至西伯利亞集中營數月,後經證實非日本人,始被釋放遣送回臺。他回到樂野時,所配戴的階級章是「陸軍中尉」⋯⋯(後略)。[9]

由於鍾逸人並未註明上述內容的出處,無法確認其引用的文獻。我查閱檔案管理局所藏之湯守仁相關檔案,並未提到湯守仁有西伯利亞戰俘經驗。另查閱《戰後臺灣政治案件:湯守仁案史料彙編》,「編序」中寫道他在「二次大戰期間曾被日軍徵用於海外三年,戰後回臺」,[10] 以及在「附錄:湯守仁案大事記」中,列出他在1943年12月入日本陸軍預備幹部候補生訓練團步兵科;[11] 1945年8月13日蘇聯紅軍攻入滿洲後被俘,被送至西伯利亞,戰後回臺,[12] 但以上三點,均未註明出處。

為確認湯守仁的西伯利亞戰俘經驗,我取得湯進賢(湯守

仁子）之委託，向日本厚生勞動省申請俄國提供的戰俘個人資料。厚生勞動省保管的資料，除了戰俘被拘留期間的去世者名單、以俄語記錄的個人資料（軍事俘虜登錄簿），也包括回到日本時填寫的「身上申告書」（戰後從外地返回後，在登陸地點由軍人及其家屬自行填寫和提交的文件）。[13]

根據蘇聯戰俘檔案，戰俘抵達營舍後必須填寫問卷表，是每位戰俘的主要登記文件。[14] 俄國政府在2000年將470,538名遣返者的登記檔案提供給日本，[15] 在訪談陳以文、吳正男、賴興煬的專書或報導中，都有圖示該文件，[16] 我也蒐集到陳旺、許敏信的登錄簿以及許敏信的身上申告書，[17] 在金孝淳撰寫朝鮮人西伯利亞戰俘經驗的專書中，也有韓國人的登錄簿。[18] 雖然登錄簿上的資料並非百分之百正確，例如吳正男出生於1927年，登錄簿記錄為1926年；陳以文的父親出生於1893年，登錄簿記錄為1890年；長勢了治也指出，蘇聯的戰俘登記制度過於草率，直到1947年左右才逐漸上軌道，[19] 不過由於每位西伯利亞戰俘都須填寫，因此這份登錄簿，可說是證明具有西伯利亞戰俘經驗的主要文件。

經查詢後，厚生勞動省回覆，查無湯守仁的登錄簿、身上申告書，只有昭和20年（1945）3月31日製表的「上海俘虜收容所留守名簿」、昭和20年4月至5月「入院患者名簿（第151兵站病院）」兩份檔案。[20] 檔案記錄了湯守仁於昭和17年（1942）9月21日編入上海俘虜收容所，昭和19年（1944）9月30日起擔任「傭人」（俘虜警備員），昭和20年（1945）5月30日因病住院，6月14日出院，所屬部隊為上海俘虜收容所，職位等級為軍屬。[21]

也就是說，湯守仁在昭和 17 年（1942）9 月 21 日至昭和 20 年（1945）6 月 14 日期間，是在中國上海，並沒有如「湯守仁案大事記」中所述，「1943 年 12 月入日本陸軍預備幹部候補生訓練團步兵科」，也沒有如鍾逸人所述，「結業後改派『關東軍』，由見習士官而少尉」的相關記錄。至於湯守仁在 1945 年 6 月 14 日至 8 月 15 日終戰期間，是否有被派往其他地區，根據厚生勞動省的回覆，舊陸軍軍歷等個人相關資料（兵籍、戰時名簿等等），在戰後依照終戰時本籍地的都道府縣接收，臺灣本籍人士的資料，是由福岡縣福祉勞動部保護援護課保管。

我於 2024 年 5 月 13 日以電話詢問該單位，[22] 5 月 27 日該單位以電話回覆：以「湯守仁」、「湯川一丸」以及湯守仁的出生年月日進行查詢，皆無相關資料。依此推論，湯守仁在 1945 年 6 月 14 日出院後，可能並未被調動至其他單位，就在上海俘虜收容所迎來終戰。

另外，鍾逸人所述，湯守仁在「（8 月）9 日蘇聯軍隊入侵滿洲第四天被俘，並被送至西伯利亞集中營數月，後經證實非日本人，始被釋放遣送回臺」，此說法在時間點上亦有衝突。根據蘇聯對日本戰俘發行的報紙《日本新聞》的報導，1946 年 10 月蘇聯政府才決議開始遣返日本戰俘，[23] 第一艘從納霍德卡出發的遣返船「大久丸」，於 1946 年 12 月 8 日抵達日本舞鶴，[24] 但根據湯守仁的公務員履歷表，他在 1946 年 7 月就開始擔任樂野村村長。[25] 而依據日方的資料，蘇聯遣返日本戰俘，最早的記錄是 1945 年 9 月到 1946 年 11 月間，將在黑河、綏芬河、波西耶特、海參崴，大約 5 萬名病弱者，經由陸路和

↑➡圖六：吳正男軍事俘虜登錄簿　　　　　　　　　　　　資料來源：吳正男提供

ГЛАВНОЕ УПРАВЛЕНИЕ МВД СССР ПО ДЕЛАМ О ВОЕННОПЛЕННЫХ И ИНТЕРНИРОВАННЫХ

Учетное дело № _____   Лагерь № 468   Дата прибытия в лагерь 21 августа 1946 г.

ОПРОСНЫЙ ЛИСТ

№		
1	Фамилия	Ояма
2	Имя	Масао
3	Отчество	Макото
4	Год рождения	1926 год
5	Место рождения	пров. Ибараги р-н Июки д. Игава
6	Адрес до призыва (последнее местожительство перед призывом в армию)	гор. Токио ул. Накано № 187
7	Национальность	японец
8	Родной язык	японский
9	Какими еще языками владеет	не владею
10	Подданство или гражданство	японское
11	Партийность	б/п
12	Вероисповедание (религия)	буккё
13	Образование: а) общее б) специальное в) военное	6 лет 4 года нет
14	Профессия и специальность до службы в армии	ткач
15	Стаж работы по специальности	10 лет
16	В какой армии противника состоял	Корейская армия
17	Призван в армию по мобилизации или поступил добровольно	поступил добровольно
18	Когда призван (или поступил в армию)	1 апреля 44 г.
19	Род войск	авиация
20	В какой (последней перед пленением) части служил	1 авио полк Корейской армии
21	Матрикулярный номер	
22	Чин или звание	ефрейтор
23	Занимаемая должность в части	телеграфист

第二章　臺籍日本兵成為蘇聯俘虜始末　41

海路送回滿洲和北朝鮮,[26] 蘇聯的戰俘檔案在 1946 年間也有相關記錄,[27] 但被遣返者是疾病、殘疾以及喪失勞動能力者,並未提及其他對象。

綜合以上資料,湯守仁曾被蘇軍俘虜、送至西伯利亞的說法,欠缺文獻佐證,因此本章暫不將湯守仁列入討論。

(四)具蘇聯戰俘營經驗的臺灣人名單

排除湯守仁、蕭瑞郎後,在 19 位具蘇聯戰俘營經驗的臺灣人中,我從有限的文獻及口述訪談來推測入伍前居住地,有 2 位在滿洲,4 位在日本,9 位在臺灣。[28] 以下將分別針對入伍背景與時間、入伍前居住地、終戰時所在位置,探究與被派駐到向蘇軍投降地區的關聯。

表三 21位臺籍日本兵遣返後基本資料表

	姓名	遣返入港日期／船名（地點）	戰後生活	定居地	備註
1	吳正男（大山正男）	1947/7/12，第一大拓丸（舞鶴）	法政大學畢業，信用組合橫濱華銀退休。	日本橫濱	
2	吳龍山	1948/10/1，海黔輪（基隆）			海遼輪、海黔輪名單
3	阮彰和	1948/10/1，海黔輪（基隆）			海黔輪名單
4	邱華忠	搭盟軍JOXY號經沖繩島，1947/12/9抵達基隆		苗栗	1947年因體格檢查為丁等，被送回日本。
5	南善盛				海遼輪名單
6	唐中山	搭日本貨船於1948/11月底至12月初期間抵達嘉義布袋港		彰化市	
7	許敏信（モトトシノブ）	1948/6/20，遠州丸（舞鶴）1948/10/1，海黔輪（基隆）	家產管理、臺灣省青果運銷合作社東京辦事處、議員河原田稼吉秘書、礦業株式會社。	日本東京	
8	陳以文（景山雅文）	1948/6/20，遠州丸（舞鶴）1948/10/1，海黔輪（基隆）	醫院助理、經營藥房。	宜蘭	海遼輪、海黔輪名單
9	陳忠華	1948/10/1，海黔輪（基隆）			海遼輪、海黔輪名單
10	陳旺（チンオウ）	1947/7/24，永祿丸（舞鶴）	日本大學復學、畢業。自行創業。	日本千葉	
11	陳越峰				
12	彭武進	1948/10/1，海黔輪（基隆）	印刷工	花蓮市	海遼輪、海黔輪名單

13	湯守仁（湯川一丸）	因非日本人身分，被俘數月後自西伯利亞遣返	樂野村公所村長、阿里山初級農業學校教官、臺南縣政府山地行政組長，經營商店、菸酒配銷、山地行政及警政等。1954年因「叛亂案」被判處死刑。	嘉義縣	
14	葉海森	1948/10/1，海黔輪（基隆）		花蓮	海遼輪、海黔輪名單
15	鄭慕鐘（香川博司）	1948/8/27，信濃丸（舞鶴）	經營照相館	日本東京	
16	蕭冬	搭日本貨船於1948/11月底至12月初期間抵達嘉義布袋港			
17	蕭瑞郎	1948/10/1，海黔輪（基隆）		南港	海遼輪、海黔輪名單
18	賴英書	1948/10/1，海黔輪（基隆）	臺灣省合作金庫任職	南投	海黔輪名單
19	賴興煬	搭日本貨船於1948/11月底至12月初期間抵達嘉義布袋港	勞工	關西	
20	羅阿貴（福田秋雄）	住院後未再返回蘇城			
21	龔新登	1948/10/1，海黔輪（基隆）			海遼輪、海黔輪名單

許明淳製表

二、
入伍前居住地在滿洲與日本

（一）入伍前居住地在滿洲

1. 鄭慕鐘

鄭慕鐘（香川博司），大正 12 年（1923）出生於臺中州豐原郡豐原街圳寮（位於今臺中市豐原區），[29] 臺中州立臺中第一中學（今臺中市立臺中第一高級中學）畢業後，前往長崎醫科大學附屬醫學專門學校就讀，因故退學後，考取大連高等商業學校，就讀期間，以甲種幹部候補生（應指陸軍特別甲種幹部候補生）身分入伍。

特別甲種幹部候補生，是昭和 19 年（1944）5 月，為補充陸軍兵科及經理部預備役軍官，所實施的臨時特例，[30] 故推測他入伍的時間是 1944 年。鄭慕鐘入伍後，被派駐至奉天陸軍預備士官學校受訓，[31] 他臺中第一中學的學長游海清和賴英書，也在此受訓。游海清和賴英書是滿洲建國大學第二期生，[32] 賴英書的相關資料將於下一段說明，至於游海清是否曾被蘇軍所俘，目前沒有相關文獻提及。

鄭慕鐘所屬部隊，為關東軍獨立守備步兵第三大隊第一中

隊,派駐地在滿洲的安東。[33] 由於預備役士官每升一級就要調動,他從「チャムス」(佳木斯)到「ハイラル」(海拉爾),再到牡丹江、虎頭,[34] 並在佳木斯被任命為少尉,[35] 終戰時的所在位置,為滿洲的間島省。[36] 也就說,鄭慕鐘入伍前居住地與終戰時所在位置,應皆在滿洲。

圖七:鄭慕鐘　　　　　　　　　　　資料來源:片倉佳史提供

2. 賴英書

賴英書，1922 年出生於南投，曾就讀臺中州立臺中第一中學（今臺中市立臺中第一高級中學），1944 年 4 月畢業於東北長春大學（就讀期間應為滿洲建國大學）第二期（1939 年 4 月入學）經濟科。[37] 賴英書是白色恐怖受難者林慶雲、李水清在滿洲建國大學的同學，1948 年 11 月 20 日，三人在李水清家被臺灣省警務處刑事警察總隊逮捕，刑事警察搜出賴英書寫給李水清的信，賴英書在信中寫道，自己曾被蘇聯俘虜兩年。[38] 另外，李水清在口述訪談中，也有相關的描述：「賴英書為人忠厚，當兵時在蘇聯西伯利亞，經過三年才回來。」[39]

至於賴英書的軍歷，除了前段鄭慕鐘所述，沒有找到其他相關文獻，但從他就讀的大學推測，他入伍前的居住地與終戰時所在位置，應皆在滿洲。而除了游海清和賴英書，是否還有其他就讀建國大學的臺灣人入伍，因受限於文獻，無法得知。不過，在金孝淳的專書中，有一位具西伯利亞戰俘經驗的朝鮮籍日本軍人董玩（廣川隆基），在 1939 年 4 月入學建國大學政治科，[40] 1943 年 12 月畢業，1944 年 1 月入伍，編入關東軍。[41] 建國大學建校於 1938 年，修業規定年限為六年，但隨著戰局的緊張，學制被迫提前半年結束，在 1943 年 6 月即送出第一期畢業生，[42] 可見 1939 年入學的第二期學生賴英書與董玩，可能都是受戰爭局勢影響，提前在 1944 年畢業並入伍。[43]

(二)入伍前居住地在日本（四位皆為陸軍）

1. 許敏信

　　許敏信（モトトシノブ），大正10年（1921）出生於臺北州臺北市，昭和9年（1934）臺灣總督府臺北第一師範學校附屬小學校畢業後，前往東京，入學成城高等學校，昭和17年（1942）入學東京工業大學金屬工學科，昭和19年（1944）畢業。[44] 許敏信的父親許丙，1930年曾擔任臺灣總督府評議會員。[45] 1942年4月1日陸軍特別志願兵制度在臺灣實施後，總督府應該是想要藉由臺灣有名望的仕紳宣傳此政策，[46] 1943年10月25日《興南新聞》刊登了許敏信和林獻堂女婿高天成欲加入特別志願兵的新聞：[47]

　　隨著臺灣特別志願兵制度的實施，臺灣在京學生父兄聯絡會於22日在九之內飯店舉行……席上，許丙的次子敏信（22歲，工科大學本科三年級）表明志願成為海軍技術學生。此外，本鄉區根津須賀町10號同仁會醫院外科部長高天成醫學博士（40歲）透露了志願成為軍醫的決心，引起了在場者的感動。

　　《興南新聞》報導了許敏信志願入伍的意願，但沒有他進一步的發言，不過記者在東京澀谷的住宅，採訪了他的父親許丙：

首先，我已經讓就讀於工科學院的次男報名志願，如果三男也決定接著報名的話，我會很支持。已經購買軍刀並做好一切準備，只要體格檢查通過，我們就能如願以償。雖然次男在工科學院，但目睹這個關鍵的決戰時刻，我無法讓他悠哉就學，而是按照他本人的願望去做。

　　新聞最後提到，「為了強化全島各城市街庄團同志們的團結凝聚力，並且期許全團一體將活動白熱化，因此實施凝聚請

圖八：《興南新聞》報導許敏信、高天成欲加入特別志願兵
資料來源：《興南新聞》第4589號，昭和18年（1943）10月25日，國立臺灣圖書館藏

託街庄團幹部的活動」，並列出全臺各地的舉辦日期。不論許丙是不是為了配合總督府的宣傳才做上述的發言，他的次子許敏信，的確在 1944 年 9 月自東京工業大學金屬工學科畢業一個月後，以陸軍技術候補生的身分入伍。除了許敏信，許丙的三子、四子也陸續入伍。[48]

根據我目前蒐集到的 4 份蘇聯登錄簿，只有許敏信一位是軍官。入伍後，許敏信被分派至岐阜陸軍航空整備學校（東海第 654 部隊）受訓，1945 年 2 月以中尉官階，被派駐到滿洲新京（吉林省長春縣）的第 2 航空軍司令部，同年 5 月被派至哈爾濱滿洲第 8372 部隊（第 12 野戰航空修理廠），[49] 之後許敏信未再被轉派其他部隊，終戰時所在地為哈爾濱。

2. 陳旺

陳旺（チンオウ），大正 14 年（1925）出生於臺中州員林郡溪湖庄（今彰化縣溪湖鎮），[50] 昭和 15 年（1940）溪湖公學校高等科畢業後，前往東京，入學遞信省遞信講習所，[51] 昭和 17 年（1942）畢業，隔年入學日本大學經濟學部，昭和 19 年（1944）7 月響應學徒出陣入伍。[52] 學徒是學生和生徒的合稱，學生是指大學學生，生徒是指中學生和國民學校四年級以上的學生。日本政府為了補充預備役軍官，昭和 18 年（1943）全面廢止在學學生延期徵集，對所有學生進行徵兵檢查，該措施於 10 月 2 日宣布，包括「在學徵集延期臨時特例」和「昭和 18 年臨時徵兵檢查規則」，[53] 並立即生效。[54]

1944 年就讀大學一年級的陳旺，入伍後被分派至靜岡浜松航空教育隊（第 7 航空教育隊）受訓，[55] 11 月被派往滿洲遼陽

圖九：陳旺入伍前　　　　　　　　　　　　　資料來源：陳淑娃提供

的獨立25戰隊（查無部隊名稱，可能是獨立飛行第25中隊）。[56] 根據他親筆寫的履歷書，[57] 昭和20年（1945）1月，他所屬部隊是滿洲チャームス（應為チャムス，佳木斯）航空教育隊（可能是第26教育飛行隊，羽第1661部隊），[58] 8月被派駐到老蓮，並在該地迎來終戰，[59] 但其蘇聯登錄簿上，記錄其終戰時所屬部隊為第10野戰航空修理廠。雖然兩份資料記錄的部隊名稱不同，但位置都是滿洲的佳木斯一帶，[60] 這就是陳旺終戰時的所在地。

3. 吳正男

吳正男（大山正男），昭和2年（1927）出生於臺南州斗六郡斗六街（今雲林縣斗六市），[61] 1940年就讀斗六尋常高等小學校高等科一年級時，報考嘉義中學未錄取，1941年4月入學東京中野學園中學校，1944年4月報考陸軍特別幹部候補生合格入伍。[62] 召募陸軍特別幹部候補生，是為了補充陸軍現役下士官，而在昭和18年（1943）12月施行的特例，[63] 兵種分為飛行、船舶、通信、兵技、航技，年齡限制在15歲到20歲之間。

吳正男1944年時17歲，報考時依據1944年7月陸軍省的告示，有飛行、船舶、戰車、通信、高射、鐵道、技術等兵種，[64] 考試合格後，他被分派至茨城水戶航空通信學校受訓，同年12月底結訓後，被派駐到西筑波飛行場擔任通信士，所屬部隊為滑空飛行第一戰隊，隸屬航空總軍第一挺進飛行團。[65] 滑空飛行第一戰隊（鷲第19052部隊）是在昭和19年（1944）11月30日完成動員，在各戰區作戰後返回西筑波，昭和20年（1945）5月為小笠原作戰準備，移駐北朝鮮宣德（咸鏡

圖十：吳正男中學二年級（左圖）、1945年3月攝於筑波飛行場（右圖）
資料來源：吳正男提供

南道咸州郡）。[66] 吳正男描述在宣德飛行場的訓練，是以破壞沖繩飛行場的飛機和設施為目的，幾乎都是在夜間進行訓練，先前海軍在沖繩執行「菊水作戰（1號－4號）」已進行過夜戰，[67]依此推測，滑空飛行第一戰隊的移駐，可能與5月3日發動的「菊水5號作戰」有關。[68] 吳正男也提到，由於美軍在日本本土密集空襲，要在西筑波飛行場進行訓練已非常困難，這可能也是該戰隊移駐的原因之一。操縱士牧野鐵五郎有相近的敘述：

　　滑空飛行第一戰隊在前往菲律賓雷伊泰島途中，搭乘的航空母艦「雲龍」在東支那海遭到美國潛艦擊沉，僅有極少數成員生還。由於遭受重創，為了恢復部隊實力並避開加劇的本土

第二章　臺籍日本兵成為蘇聯俘虜始末　53

空襲，我們於昭和20年5月從茨城縣的西筑波飛行場，遷往位於朝鮮東北海岸的「宣德」飛行場。[69]

該戰隊中，有一部在8月5日被派往東京立川飛行場附近的福生飛行場，[70] 根據吳正男口述，他們是「神龍特別攻擊隊──櫻空挺隊」（查無部隊資料），是從隊中選出64人、共8機出擊，[71] 預計在8月16日參與奪取沖繩制空權的任務。吳正男在填寫特攻隊員意願調查時，圈選了「熱烈望（熱烈渴望）」，[72] 但他沒有入選。入選的牧野鐵五郎，8月15日在福生飛行場得知日本戰敗，[73] 8月16日的特攻任務取消，於隔天返家。吳正男則在北朝鮮的宣德迎來終戰。

4. 陳以文

陳以文（景山雅文），昭和2年（1927）出生於臺北州宜蘭郡宜蘭街五結（今宜蘭縣宜蘭市），[74] 昭和10年（1935）入學宜蘭小學校，昭和15年（1940）前往東京，入學獨逸學協會中學校，1944年6月報考陸軍特別幹部候補生飛行兵。飛行兵區分為操縱、整備、通信三科，在陸軍省的告示中，有備註「志願成為飛行兵者，應註明操縱、整備、通信分科的志願順序」。[75] 陳以文的第一志願是操縱，他先是收到不合格的通知，[76] 可能他填寫的第二志願是整備，所以9月收到整備兵的合格通知，10月入伍後，被分派至隸屬所澤陸軍航空整備學校的青森八戶教育隊受訓，[77] 昭和20年（1945）3月底結訓後，4月12日前往高荻（今茨城縣高荻市）待命，17日接到派往滿洲的命令，29日抵達杏樹（滿洲國三江省）。[78]

根據陳以文的口述以及蘇聯登錄簿，他終戰時所屬部隊為 25214 連隊，全名應為「航空士官學校滿洲派遣隊 —— 滿第 125 部隊（羽第 25214 部隊）」，該部隊轄下駐杏樹的第 22 中隊（風雲隊），是陳以文服役的單位。[79] 8 月 8 日蘇聯對日本宣戰，該派遣隊接到撤退回日本本土的命令，要往朝鮮方向移動，但由於東邊圖佳線一帶蘇軍攻擊猛烈，造成鐵路中斷，駐杏樹的第 22 中隊，以及駐海浪（第 28 中隊，疾風隊）、溫春（第 23 中隊，蒼龍隊）的一部，因而無法往朝鮮方向撤退。[80] 8 月 15 日，陳以文就在杏樹接到飛機灑下的投降命令。[81]

　　至於陳以文在八戶教育隊結訓後被派往滿洲的原因，與美軍的攻勢和日蘇關係惡化有關。1945 年 4 月 1 日美軍登陸沖繩，日軍為了加強本土防衛，4 月 8 日針對第 1、第 2 總軍及航空總軍，發布以本土決戰為目標的作戰編制命令。[82] 除了防空專責部隊，陸軍航空戰力將全部投入當前的「天號作戰」，[83] 無其他戰力可保留參與本土作戰的「決號作戰」，因此陸軍航空士官學校的航空教育部門被調往滿洲，將在日本本土和滿洲接受飛行訓練的青年們，視為「決號作戰」的決戰兵力。「決號作戰準備綱要」預測主要戰場在關東和九州地方，為阻止盟軍登陸，計畫以特攻為主要攻擊方式，但美軍對日本本土密集轟炸，要重建因「捷號作戰」而銳減的航空戰力，[84] 在滿洲的飛行員養成速度與「天號作戰」能爭取到多少決戰前的準備時間，是「決號作戰」成敗的關鍵，因此滿洲成為培養航空兵力的重要一環。

　　將航空教育部門調往滿洲的另一個原因，是日蘇情勢的緊張。1945 年 4 月 5 日，蘇聯宣告不延長「日蘇中立條約」，5

圖十一：陳以文（後排左六）入伍前（上圖）、陳以文（前排右一）攝於八戶教育工作隊（下圖）　資料來源：陳力航提供

月 8 日德國向同盟國投降，歐洲戰場結束，蘇聯在歐洲的兵力已大量往東移動，蘇聯對日參戰只是時間的問題。滿洲、朝鮮及東北方面各軍，在此情勢下，積極從事作戰準備。依據本土決戰的陸軍指揮組織，負責滿洲防衛的第二航空軍（羽）為重建航空戰備，於昭和 20 年（1945）4 月派出陸軍航空士官學校滿洲派遣隊，[85] 陳以文隸屬的第 22 中隊，就是其中一支。

三、
入伍前居住地在臺灣（九位皆為海軍）

依據賴興煬的口述，有 9 位在臺灣入伍的海軍特別志願兵，在終戰時成為西伯利亞戰俘。[86] 海軍特別志願兵制度，於昭和 18 年（1943）8 月 1 日，同時在臺灣和朝鮮實施，徵募 16 歲以上、未滿 21 歲的志願兵，編入所屬管轄的高雄警備府或鎮海警備府（今韓國昌原市鎮海區）的海兵團受訓，根據志願者的身材、技能、職業，分為水兵、整備兵、機關兵、工作兵、衛生兵、主計兵等兵種。[87]

海軍特別志願兵制度實施前，臺灣已於昭和 17 年（1942）4 月 1 日實施陸軍特別志願兵制度。[88] 至於臺灣先徵集陸軍志願兵，之後才徵集海軍志願兵的原因之一，是因為海軍的徵兵事宜，須經海軍大臣與陸軍大臣協商後，獲得後者的同意，才能決定徵集人數，若陸軍方面拒絕或不同意，海軍就無法進行徵兵，但陸軍可以獨自決定徵集人數，無需徵求海軍的協商或同意。在平時，如果徵集所需人數遠少於徵集兵源的情況下，通常能夠滿足海軍所需人數，但中日戰爭（支那事變）爆發後，以及日本發動大東亞戰爭前後，陸軍、海軍都需要大量的兵力，因此日本從昭和 13 年（1938）開始，陸續徵集原本因不適

用日本戶籍法而無兵役義務的朝鮮人和臺灣人入伍。[89]

(一)賴興煬、葉海森、唐中山

賴興煬，大正 14 年（1925）出生於新竹州新竹郡關西街（今新竹縣關西鎮），昭和 13 年（1938）關西公學校畢業後加入青年團，[90] 接受立正、稍息、敬禮等基本訓練，並學習游泳與愛國教育，1943 年曾被派到霧社接受軍事訓練及修建道路，[91] 他於 1942 年及 1944 年 3、4 月間兩度填寫志願兵志願申請書，[92] 昭和 19 年（1944）7 月、19 歲時，以海軍特別志願兵身分入伍，擔任整備兵。

上述 9 位海軍特別志願兵中，接受過口述訪談的，除了賴興煬，還有葉海森、唐中山兩位。從 3 位的口述訪談記錄中可知，1944 年入伍後，他們陸續在高雄海兵團受訓 6 個月，結訓後一開始的派駐地，並不是終戰時對蘇軍投降的地區。他們 3 位先是被派到高雄的第 901 海軍航空隊，之後葉海森、唐中山聽說要被派往佛印（佛領印度支那），[93] 但任務取消。賴興煬是先被調到岡山的後勤部隊，停留 1 個多月，他聽說要被派往後龍或海南島。但在 1945 年 3 月，包括葉海森、唐中山、賴興煬等 8 位臺灣人，都被派到上海龍華機場。兩、三個月後，賴興煬被派往北朝鮮元山的航空隊，在 1945 年 5 月左右到達。[94] 葉海森等 7 人則是被派往北朝鮮羅津的航空隊。無論是被派駐到佛印、海南島或上海，如果他們在當地停留到戰爭結束，這 8 位臺灣人應該就是對中國軍隊投降，[95] 而不是對蘇軍投降。是甚麼原因將他們從上海派往北朝鮮？

(二)第 901 海軍航空隊

　　第 901 海軍航空隊是 3 位結訓後分派的單位，應該也是他們的所屬部隊，依據史料顯示，該航空隊有大村、館山、ミリ、小祿、高雄、馬公、淡水、三亞、龍華等派遣隊，[96] 葉海森、唐中山、賴興煬等 8 人，都是先被分派到高雄，1945 年 3 月再被派到上海的龍華。之後葉海森等 7 位再被派往北朝鮮的羅津，賴興煬被派往元山，但羅津、元山這兩個地點，並未在史料中出現，為何他們會被派往這兩地？

　　這可能是因為，原隸屬海上護衛總司令部的第 901 海軍航空隊，在 1945 年 1 月 1 日戰時編制改定時，被編入第一護衛艦隊，[97] 在 1 月 25 日進行「南號作戰」，要將大部分在臺灣的第 901 海軍航空隊兵力，集中移動到佛印、海南島和南海方向，這可能就是葉海森和唐中山、賴興煬在高雄的時候，聽說要被派往佛印或海南島的原因。但是，1 月中旬，美軍進攻南海，取得制海和制空權，日軍要執行航空護衛已非常困難，他們 3 位可能因此未被派往佛印或海南島。1945 年 4 月，美軍持續在南海的攻勢，日本海軍已失去南方航線，主要航線被限縮至日本海地區，航空護衛的戰力也受到壓制，為了準備本土決戰，欲在 6 月 30 日發動「日号作戰」，目的是要在日本本土的港口和海上交通被封鎖前，從朝鮮和滿洲緊急運送重要物資，包括第 901 海軍航空隊在內的相關兵力都投入作戰，[98] 在龍華的葉海森等人，可能因此被派往北朝鮮。賴興煬在 1945 年 5 月左右抵達元山，葉海森等 7 位臺灣人在 6 月左右抵達羅

津，7、8月美軍開始在日本海各港口投放水雷，隨後擴展至麗水、釜山、浦頂、元山、興南、清津、羅津等朝鮮各港口，日本海軍在這些區域已無能力實施護衛作戰。[99] 8月2日美軍轟炸羅津，8月9日蘇軍攻入羅津，葉海森等7人往清津方向移動，8月10日到達元山，[100] 根據賴興煬與葉海森的口述，兩人都提到最後共有9位臺灣人在元山，分別是海軍特別志願兵第一期的羅阿貴、陳越峰，第三期的陳忠華、蕭冬、邱華忠、葉海森、唐中山、龔新登、賴興煬。[101] 人數9位，比葉海森記憶中從龍華先到羅津再移動到元山的7人，加上直接到達元山的賴興煬，共8人，多了1位，由於葉海森未提及7人的姓名，因此無法比對出第9位臺灣人是哪一位。這9位臺灣人到達元山後，沒有再被派往其他地區，最後在北朝鮮元山迎來終戰。

(三) 決定命運的派駐地

受限於文獻，19位臺灣人中，能大致確認入伍前居住地與終戰時所在位置的，有15位（滿洲：鄭慕鐘、賴英書，日本：許敏信、陳旺、吳正男、陳以文，臺灣：羅阿貴、陳越峰、陳忠華、蕭冬、邱華忠、葉海森、唐中山、龔新登、賴興煬），其他依據前述的海遼輪搭乘名單得知其籍貫，分別是：吳龍山（臺南縣）、南善盛（高雄縣）。[102] 另依據花蓮縣警察局的檔案，推測彭武進的籍貫為花蓮縣。[103] 阮彰和目前查無相關資料。

而15位臺灣人中，鄭慕鐘因入伍前居住地在滿洲，可能因此就近派駐到當地的部隊，推測賴英書也是相同的情況。在

日本入伍的許敏信、陳旺、吳正男、陳以文，其中有 3 位入伍前居住地在東京，在以入伍前居住地所在行政區來區分遣返至舞鶴的人數統計資料中，東京的人數是第二多，僅次於北海道。他們 4 位所屬部隊有另一項共同點，就是都隸屬於陸軍航空部隊。

由於美軍對日本密集轟炸，使得日本難以在本土重建大量折損的航空戰力，滿洲因此成為培養航空兵力的重要地區，加上蘇聯宣告不延長「日蘇中立條約」之後約一個月德國戰敗，歐洲戰場結束，蘇聯對日參戰已成定局，日本在滿洲、朝鮮及東北方面各軍在此情勢下，積極從事作戰準備。以上局勢的變化，應該就是他們 4 位的終戰時所在地，有 3 位在滿洲、1 位在北朝鮮的主要原因之一。

至於影響 9 位在臺灣入伍的海軍特別志願兵終戰時所在地的轉折點，應該是原隸屬海上護衛總司令部的第 901 海軍航空隊，在 1945 年 1 月 1 日戰時編制改定時，被編入第一護衛艦隊，由於美軍在南海的攻勢，迫使欲準備本土決戰的日本，必須在本土的港口和海上交通被封鎖前，從朝鮮和滿洲緊急運送重要物資，第一護衛艦隊包括第 901 海軍航空隊在內的相關兵力，都須投入作戰，這應該是影響 9 位海軍特別志願兵終戰時所在地皆在北朝鮮元山的關鍵因素。

四、
西伯利亞戰俘中的臺籍日本兵人數

(一)統計數字完全無視臺灣人

在研究臺籍日本兵的西伯利亞戰俘經驗的過程中，我蒐集到的文獻和檔案，幾乎都是以個人為研究對象，將西伯利亞戰俘中的臺灣人視為一個群體的先行研究，可說是非常缺乏，其中主要的原因之一，應該是蘇聯的戰俘管理部門，並未將臺灣人從日本人中區分出來，日本戰俘從西伯利亞遣返至日本舞鶴時，日本也沒有針對臺灣人進行人數統計，因此難以確認西伯利亞戰俘中究竟大約有多少位臺灣人。我從有限的資料中得知，有 21 位臺灣人曾被蘇聯俘虜，如先扣除湯守仁、蕭瑞郎，則只有 19 位，這個數字與西伯利亞戰俘人數或西伯利亞戰俘中的朝鮮人人數相較，顯得極為少數，不過這僅是我從有限的文獻中得知的人數，實際上西伯利亞戰俘中的臺灣人人數，是否應多於這個數字呢？如果能估算出更多的人數，也許會吸引更多的研究者將他們視為群體進行深入的研究，也期望因此能讓他們的戰爭經歷，得到臺灣及國際社會的重視。

西伯利亞戰俘人數，在蘇聯的戰俘檔案中沒有統一的數字，最多為 639,776 人，最少為 574,718 人，死亡人數

圖十二：遣返至舞鶴的西伯利亞戰俘　　　　　　　資料來源：舞鶴引揚記念館提供

為 61,855 人。[104] 而日本自行統計的西伯利亞戰俘人數約為 575,000 人，死亡人數約為 55,000 人。[105] 蘇、日兩方的資料中都沒有臺灣人的人數。若對照朝鮮人，朝鮮人的人數，日方沒有資料，蘇方則有幾筆相關記錄：1947 年 2 月 20 日，關於日軍戰俘的數量和分布情況中，提到朝鮮人有 2,192 人。[106] 1949 年 1 月 28 日的戰俘報告顯示，截至 1949 年 1 月 1 日，朝鮮人總共被俘 10,312 人、已遣返 10,090 人、死亡 70 人，有 7,785 人在前線被釋放。[107] 至於韓國政府自行估計的人數，在《西伯利亞扣留朝鮮人俘虜問題真相調查》中指出：「目前對於被囚禁在西伯利亞戰俘營的朝鮮人和受害者的整體規模，有各種不同的意見。但一般認為，最初被囚禁的朝鮮人大約有上萬人，其中約 3,000 人被判定關押在西伯利亞的各個戰俘營。」報告中也提到，1948 年底，蘇聯將分布在西伯利亞各地的朝鮮人，先集中到哈巴羅夫斯克，再送到納霍德卡，根據李炳柱（曾任韓國西伯利亞戰俘團體「朔風會」會長）的回憶：[108]「當時釋放的人數約為 2,300 人，他們於 1948 年 12 月底乘船從蘇聯的納霍德卡抵達北韓的興南。北韓將他們安置在興南的一所學校後，根據其本籍安排他們歸國。」[109] 綜合上述資料，1947 年 2 月至 1948 年年底，至少有 2,192 至 2,300 名朝鮮人被拘留在西伯利亞戰俘營。

而前文提及 1949 年 1 月 28 日蘇聯的戰俘報告中，有一個可進一步討論的人數統計，就是有 7,785 位朝鮮人在前線被釋放，檔案中並未說明他們被釋放的原因。若對照蘇聯在 1946 年 4 月 1 日的戰俘狀況報告：

另外在武裝部的各營隊中，還發現了一些將被釋放的非德籍戰俘（法國人、義大利人、捷克人、荷蘭人、比利時人、南斯拉夫人、丹麥人、挪威人、瑞士人、保加利亞人、美國人、英國人、瑞典人、希臘人、巴西人、盧森堡人）。他們的遣送時間被延遲到春天，目前他們正被送往敖德薩的遣返營，後續再遣送回國。[110]

可見蘇聯曾優先遣返德國戰俘中非德國籍的人。以此推論，7,785 位朝鮮人被解除武裝後釋放的原因之一，可能是蘇聯認為朝鮮人並非日本籍。那麼，如果臺灣人被蘇聯俘虜時表明身分，是否也有可能被釋放？例如鍾謙順自述，1945 年他派駐在滿洲，雖然身為日軍軍官，但因為他是臺灣人而未被送往西伯利亞、[111] 以及本章引用李水清的訪談中，除了賴英書在西伯利亞被拘留三年的內容，他也提到同為建國大學同學的林慶雲「跟蘇聯兵說：『我是臺灣人，跟日本人有什麼關係？』趕快逃走。」[112]

這個問題可從以下幾個層面來討論。首先是蘇聯將俘虜的日軍送往西伯利亞所依據的命令中，對於俘虜的對象，是否有明確的規定？根據 1945 年 8 月 23 日發布的「蘇聯國防委員會第 9898 號決議 關於接收、安置和使用 50 萬名日本軍隊戰俘的決議」中，命令接收戰俘的單位「從日本軍隊的戰俘中，挑選出最多 50 萬名體力適合在遠東和西伯利亞環境中勞動的日本人（японцев）」，[113] 此命令的確明定，挑選日軍戰俘的條件之一是「日本人」（部分日方翻譯版無「日本人」一字）。[114] 也就是說，被蘇軍俘虜時，因表明非日本人身分而未被送往西伯利亞的可能性是存在的，但接受過訪談的唐中山、葉海森、陳以

文、吳正男，皆未提到曾被問及是否為日本人一事，其中有人是刻意不提自己為臺灣人，其原因會在後文說明。賴興煬跟著部隊被送到蘇城後，蘇軍重新編隊，包含他在內的 9 個臺灣人曾被集合在一起，但只是將他們編入同一個作業大隊，並沒有其他的處置。9 個臺灣人為邱華忠、賴興煬、陳忠華、龔新登、葉海森、唐中山、蕭冬、羅阿貴、陳越峰。賴興煬在訪談中還提到，被蘇軍解除武裝時，曾有想過自己是臺灣人，但因為自己只是個小兵，他也不敢說。蘇軍將部隊帶走時，並未區分日本人與臺灣人，他認為蘇軍當時可能不知道日軍部隊中有臺灣人。[115] 可見，蘇聯雖然明定戰俘的條件為「日本人」，但並未針對臺灣人進行明確的調查或是優先遣返，或是如鄭慕鐘所述，蘇軍對於「臺灣」可能毫無概念：

> 即使向蘇聯士兵說我是臺灣出身的，他們也沒有人知道臺灣在哪裡。蘇聯的指揮官點人數時，一次又一次的數著一個、兩個，這讓我感到驚訝。也就是說，即使有四列十人的隊伍，他們也無法迅速得出是四十人，這反映了他們教育程度極低。[116]

蘇軍不理解「臺灣」，除了教育程度的因素，主要可能還是因為蘇聯的戰俘管理部門，並未在發布的決議或命令中提過臺灣，也不曾提出「非日本人」的定義。而同樣在終戰後成為「非日本人」的朝鮮人，是否面臨類似的狀況？直屬韓國國務總理的「對日抗爭期間強制動員受害調查及國外強制動員犧牲者等支援委員會」，[117] 在《西伯利亞扣留朝鮮人俘虜問題真

相調查》中指出：

> 在被俘虜、囚禁的過程中，日軍指揮官未區分朝鮮人和日本人就遞交部隊名單，蘇聯方面雖然知道應將朝鮮人遣返，卻擱置不管，加上國際社會對朝鮮人俘虜的冷漠，這些都是造成許多朝鮮人在西伯利亞被囚禁並受害的原因。[118]

不過，由於蘇聯的戰俘檔案中有提到朝鮮人人數，也就是說蘇聯的戰俘管理部門在對戰俘進行調查時，是有將朝鮮人從日軍戰俘中區分出來，這點從朝鮮人的登錄簿可得到印證，在其國籍欄位填寫的雖然是日本，[119] 但民族欄位是填寫朝鮮人。而我蒐集到的陳以文、吳正男、許敏信的登錄簿，國籍皆填寫日本，民族為日本人，陳旺的國籍欄位，因字跡過於潦草難以辨識，但民族欄位同樣為日本人，與朝鮮人相較，這應該是蘇聯的戰俘檔案中沒有臺灣人資料的主要原因之一。

至於前文提及被蘇軍俘虜後，刻意不提自己是臺灣人的原因，如吳正男所述：

> 戰爭剛結束時，滿洲一帶多是共產黨的八路軍，如果在北朝鮮被蘇聯俘虜後自稱是臺灣人，可能會被送到中國，被交給八路軍……另外，比起被送回臺灣，自己更想回到日本，因此不想表明臺灣人的身分。[120]

也就是說，吳正男在終戰後的認知是，臺灣人從日本人變成中國人，必須隱藏臺灣人的身分，才有機會遣返回日本。其

他原因,也包括臺灣人擔心表明身分後,在戰俘營中會受到差別待遇,如陳以文所述:「蘇聯不知道我是臺灣人,伙食份量都一樣。」[121] 可能同樣是擔心食物配給會受到影響,賴興煬與被分配到同組工作的羅阿貴、邱華忠,因為怕日本人發現他們是臺灣人,刻意只用日語交談。[122] 而值得注意的是,是否有臺灣人因表明身分而在登錄簿上被記錄為中國人呢?[123] 這點則有待蒐集到更多臺灣人的登錄簿才能進一步討論。目前受限於蘇聯及日本兩方都沒有西伯利亞戰俘中的臺灣人人數的文獻,以下將根據終戰前臺灣人在日軍部隊中的人員統計資料與遣返至舞鶴的「非日本人」人數,推測西伯利亞戰俘中的臺灣人人數。

(二)終戰前日軍部隊中的臺灣人人數

終戰後對蘇軍投降的日軍,是位在滿洲、北緯三十八度以北之朝鮮半島部分、庫頁島及千島群島等地區的部隊,[124] 也就是被蘇軍解除武裝後送往西伯利亞的日本戰俘。因此,依據終戰前上述部隊中的臺灣人人數,應是推測西伯利亞戰俘中的臺灣人人數的方式之一。

日軍對蘇聯的兵力,是以關東軍為基礎。關東軍在1945年7月底的兵力編組(航空兵力除外),除了直屬部隊,還包括第一方面軍、第三方面軍。航空兵力包括戰鬥飛行部隊、教育飛行部隊、陸軍士官學校滿洲派遣隊。8月8日蘇聯對日本宣戰後,日軍大本營下達1374號命令,內容包括將第十七方面軍納入關東軍戰鬥序列,並令「中國派遣軍司令官應盡速準備

一部兵力及軍需品調往南滿地區,在蘇聯進攻時,以現有兵力擊退其攻勢」。[125]

對照昭和20年(1945)8月1日,日軍部隊中的臺灣人統計資料,軍屬不納入計算,關東軍直屬有8人,其中1人死亡,也就是說終戰前直屬關東軍的臺灣人有7人。此數字遠低於目前得知的西伯利亞戰俘中的臺灣人人數(19人)。但若將滿洲的航空軍納入計算,臺灣人有6人;8月8日後納入關東軍的第十七方面軍(原朝鮮軍),[126] 臺灣人有14人。[127] 至於中國派遣軍針對大本營1374號命令所採取的措施,因無相關資料,無法納入計算。[128] 而這份1945年8月1日的統計資料中,沒有海軍的人數,也就是說隸屬海軍航空隊的9位臺灣人,應額外列入計算。必須留意的是,該資料中所屬部隊不明的臺灣人有7,028人,其中是否有人被蘇軍俘虜,受限於史料無法得知,因此不列入計算。以終戰前日軍部隊中的臺灣人人數統計資料,推測西伯利亞戰俘中的臺灣人至多約為36人(直屬關東軍7人、滿洲航空軍6人、第十七方面軍14人、海軍航空隊9人)。

(三)遣返至舞鶴的「非日本人」人數

蘇聯從1946年12月開始遣返西伯利亞戰俘,遣返船多從納霍德卡出發,在京都府舞鶴入港。根據舞鶴地方引揚援護局的統計,昭和21年(1946)至昭和31年(1956)從蘇聯遣返的總人數為455,952人(包括外國人),但其中並沒有單獨針對臺灣人的人數統計,而是將臺灣、朝鮮、沖繩、北緯三十度以南的南西諸島的出身者列為「非日本人」一併計算,合計

為 2,686 人。由於該人數並未區分軍人、軍屬或一般民眾,所以只能視為西伯利亞戰俘中「非日本人」的最多數目。而從舞鶴返回原籍地的非日本人合計是 1,635 人,返回沖繩的人數為 1,083 人,[129] 但由於進入舞鶴的遣返船,除了來自納霍德卡,也有從朝鮮、中國出港的船,因此只能將 1,083 人視為西伯利亞戰俘中沖繩人人數的最多數目,將 1,635 減去 1,083 後是 552 人,此可視為西伯利亞戰俘中,臺灣、朝鮮、北緯三十度以南的南西諸島的出身者,合計的最多數目。而由於前文曾提到韓國方面統計的朝鮮人人數,是以遣返時從納霍德卡到興南的人數為主,並未將遣返至舞鶴的人數納入,推測 552 人中,朝鮮人所占的比例應該較低,南西諸島出身者人數則無相關資料。不過,臺灣、朝鮮、南西諸島的出身者,實際人數也有可能高於 552 人,因為進入舞鶴的 2,686 個「非日本人」,返回原籍地的只有 1,635 人,表示有 1,051 人選擇定居日本,[130] 這 1,051 人因無法得知他們的原籍地而無法列入計算。以舞鶴方面的資料,推測西伯利亞戰俘中的臺灣人人數,至多應不超過 552 人。

(四)難以掌握實際人數

受限於蘇聯和日本方面都沒有統計西伯利亞戰俘中的臺灣人人數,只能以上述的相關文獻推測,臺灣人的人數可能為 36 至 552 人之間。若要在有文獻佐證的 19 人之外,確定更多名單,最直接的方法應是取得更多的蘇聯登錄簿,但須由當事者或家屬向日本厚生勞動省提出申請,或是由取得委託者代為

申請，但即使掌握姓名，要一一尋得家屬，在執行上有諸多困難，更遑論無姓名者，例如許敏信曾對姪子許嘉宏口述從蘇聯遣返時，有一位國籍填寫日本的臺灣人與他同船，[131] 福島稔在〈満州・シベリア抑留記〉中提到，戰俘中有「臺灣出身的軍醫」，[132] 但都沒有提到其姓名。

　　西伯利亞戰俘中有臺灣人是事實，亦有文獻可佐證，日本政府理應主動進行調查，如果能整理出名單或具體人數，我認為除了能吸引更多研究者投入相關主題的研究，另外也有人道上的意義，就如韓國在 2010 年制定的「對日抗爭期強制動員受害調查及海外強制動員犧牲者等支援特別法」中第一條（目的）所述：「此法律旨在調查對日抗爭期間強制動員受害的真相，揭示史實……基於 1965 年簽訂的『大韓民國和日本國之間有關財產及請求權的解決和經濟協力的協定』，國家將從人道主義角度對太平洋戰爭前後的海外強制動員犧牲者及其遺屬等提供慰勞金等支援，以治癒其痛苦，並促進國民和解。」[133]

　　西伯利亞戰俘遣返時的主要港口舞鶴，在 1988 年成立「舞鶴引揚記念館」，成立的目的之一同樣也是要「將不可重蹈覆轍的『引揚』史實傳承給未來」，該館館藏中的 570 件文獻，在 2015 年被登錄為聯合國教科文組織世界記憶遺產，[134] 但迄今該館並未保存任何西伯利亞戰俘中的臺灣人相關文獻。2024 年 7 月 17 日，我與吳正男先生至該館參觀時，館方亦表示沒有收藏與臺灣人相關的文獻。如果能找出更多具西伯利亞戰俘經驗的臺灣人姓名，相信能改變臺灣人在蘇聯戰俘檔案、日本「シベリア抑留」歷史中幾乎不存在的現況。

註

1. 薛化元編著，國立編譯館主編，《臺灣地位關係文書》（臺北：日創社文化事業公司，2007年），頁53。
2. 「日方將臺胞徵用服軍役者迅造名簿呈報」（1945年10月30日），〈臺灣區日俘（僑）處理案〉（1945年10月30日），《國防部史政編譯局》，國家發展委員會檔案管理局藏，檔號：B5018230601/0034/545/4010/12/009，頁2。
3. 周婉窈主編，《臺籍日本兵座談會記錄并相關資料》，頁35-41。
4. 蕭瑞三郎，大正11年（1922）5月出生於瑞芳，因是家中第三個男孩，被取名為瑞三郎，遣返回臺後，使用的姓名為蕭瑞郎。出處：蕭瑞郎，〈祕めなる人生〉，收入元 臺北州立基隆中學校《堵南會報》（臺北：堵南會本部），第三號（2000年10月），頁16。陳力航提供。
5. 鄭慕鐘從蘇聯遣返回日本後，歸化日本籍，改名為香川博司。出處：山下悅子，〈香川博司（鄭慕鐘）さんにシベリヤ抑留體驗を伺う〉，收入《臺湾研究資料》，63號（2013年8月），頁28。
6. 〈我國駐日代表團遣送華僑返國〉，《外交部》，國史館藏，數位典藏號：020-010108-0026，頁159-160。〈可疑分子考管——遣返臺民陳以文等九名〉，《內政部警政署》，國家發展委員會檔案管理局藏，檔號：AA01010000C/0037/307.11/0002，頁22。
7. 蕭瑞郎，〈祕めなる人生〉，元 臺北州立基隆中學校《堵南會報》，第三號（2000年10月），頁16-17。陳力航提供。
8. 林えいだい，《臺灣の大和魂》，頁208。
9. 鍾逸人，《辛酸六十年（上）——狂風暴雨一小舟》（臺北：前衛，2009年），頁507-508。
10. 何鳳嬌編輯，《戰後臺灣政治案件：湯守仁案史料彙編（一）》（臺北：文建會，2008年），頁2。
11. 此內容可能是根據湯守仁的「公務員履歷表」，在其學歷欄中有該項記錄。出處：〈湯守仁等〉，《國防部後備司令部》，國家發展委員會檔案管理局藏，檔號：A305440000C/0045/276.11/9122.92，頁285。
12. 何鳳嬌編輯，《戰後臺灣政治案件：湯守仁案史料彙編（二）》（臺北：文建會，2008年），頁1047。

13. 〈ロシア連邦政府等から提供された資料の写しの申請について〉,《厚生労働省》：https://www.mhlw.go.jp/topics/bukyoku/syakai/soren/b22.html。

14. Приказ НКВД СССР № 001067 с объявлением инструкций о порядке содержания и учета военнопленных в лагерях НКВД. Москва. 7 августа 1941 г., с.2. 出處：https://docs.historyrussia.org/ru/nodes/170847-prikaz-nkvd-sssr-001067-s-obyavleniem-instruktsiy-o-poryadke-soderzhaniya-i-ucheta-voennoplennyh-v-lageryah-nkvd-moskva-7-avgusta-1941-g#mode/inspect/page/2/zoom/4。

15. 參見長勢了治,《シベリア抑留全史》,頁 155。

16. 陳以文登錄簿,收入陳力航,《零下六十八度：二戰後臺灣人的西伯利亞戰俘經驗》,頁 112-121。吳正男登錄簿,收入 MAKI OKUBO, "Ex-soldier wants memorial erected for Taiwanese war dead", *The Asahi Shimbun*, 2020/9/12, https://www.asahi.com/ajw/articles/13681384。賴興煬登錄簿,收入楊孟哲,《有一天我會回家——賴興煬在西伯利亞勞改的故事》(臺北：五南,2023 年),頁 214。

17. 陳旺登錄簿,陳淑娃提供。許敏信登錄簿、身上申告書,許瑛子提供。

18. 金孝淳著,渡辺直紀譯,《朝鮮人シベリア抑留　私は日本軍・人民軍・国軍だった》,頁 60。

19. 參見長勢了治,《シベリア抑留全史》,頁 155、158。

20. 資料提供：厚生労働省社会援護局援護業務課調査資料室資料第一班,令和 6 年 (2024) 2 月 8 日。

21. 「傭人」是陸軍軍屬的一種,出處：「第 15 篇 雇員、傭人、工員ノ人事取扱及服務」JACAR (アジア歴史資料センター) Ref.C12120414900、陸軍技術本部諸規程 昭和 16 年 6 月 (防衛省防衛研究所)。「軍屬」是陸海軍的文官、同等待遇者、宣誓後服行陸海軍勤務之聘僱人員的總稱。出處：日本防衛廳戰防衛研修所戰史部編撰、賴德修譯,《(43)日軍對華作戰紀要叢書 陸海軍年表 大事年表與軍語》(臺北：國防部史政編譯局,1991 年),頁 566。

22. 單位名稱：福岡県福祉労働部保護・援護課援護恩給係。

23. 《日本新聞》,1947/3/13(4),231 期。收入朝日新聞社編,《復刻日本新聞1》,頁 806。

24. 加藤聖文監修・編集,《海外関係史料集成(国內篇)第 4 卷「舞鶴地方引揚援護局史」》(東京：株式會社紀伊國屋,2001 年),頁 521。
25. 〈湯守仁等〉,《國防部後備司令部》,國家發展委員會檔案管理局藏,檔號：A305440000C/0045/276.11/9122.92,頁 286。
26. 加藤聖文監修・編集,《海外関係史料集成(国內篇)第 4 卷「舞鶴地方引揚援護局史」》,頁 18。
27. 「從內務部的日本戰俘營和上述共和國、邊疆區和地區的特別醫院中釋放 2 萬名日本戰俘——包括病人、殘疾者和長期喪失勞動能力者,並通過波西耶特(Посьет)港送往朝鮮的清津港,移交給濱海軍區司令部的代表」、「在波西耶特港組建一個至少可容納 8000 人的帳篷營舍……接收和安置……準備進一步送往朝鮮的日本戰俘」。出處：蘇聯內務部命令第 00385 號關於從內務部戰俘營運送 2 萬名病重的日本戰俘到朝鮮以及從朝鮮運送 2.2 萬名健康的日本戰俘到內務部戰俘營(1946 年 5 月 4 日)：Загорулько М.М., ВОЕННОПЛЕННЫЕ В СССР, 1939–1956. Москва: Логос, 2000, с.774, 775.「病弱者及長期喪失勞動能力的戰俘已全部運送至波西耶特」。出處：關於 1946 年 7 月第二旬內務部營舍和武裝部及衛生部特別醫院中日本戰俘的身體狀況、發病率和死亡率的報告(1946 年 7 月 27 日)：Загорулько М.М., ВОЕННОПЛЕННЫЕ В СССР, 1939–1956. Москва: Логос, 2000, с.450.
28. 根據葉海森與賴興煬的口述訪談記錄,西伯利亞戰俘中有 9 位在臺灣入伍的臺灣人,分別是海軍特別志願兵第一期的陳越峰、羅阿貴,第三期的邱華忠、唐中山、陳忠華、葉海森、蕭冬、賴興煬、龔新登。出處：林えいだい,《臺灣の大和魂》,頁 199。蘇詠瀅,〈日帝軍國主義下臺灣兵在西伯利亞勞改口述歷史之研究——以臺籍日本兵賴興煬爲例——〉,頁 77。
29. 鄭慕鐘出生時間、地點出處：山下悅子,〈香川博司(鄭慕鐘)さんにシベリヤ抑留体験を伺う〉,收入《臺湾研究資料》(東京：東京臺湾の会),63 號(2013 年 8 月),頁 25。鄭慕鐘,〈僞名入國〉,收入《臺湾研究資料》(東京：東京臺湾の会),57 號(2011 年 1 月),頁 8。臺中州豐原郡豐原街寮,爲今臺中市豐原區圳寮里,出處：內政部戶政司,「臺中市豐原區戶政事務所日據時期住所番地與現行行政區域對照表」。
30. 「御署名原本・昭和十九年・勅令第三二七号・陸軍兵科及経理部予備役将校補充及服役臨時特例」JACAR(アジア歴史資料センター) Ref. A03022287500(国立公文書館)。

31. 奉天陸軍豫備士官学校，校名見：「陸軍平時傭人の定員並に嘱託雇員及傭人の雇傭に関する件中改正の件達」JACAR（アジア歴史資料センター）Ref.C01007818300、陸密綴 昭和18年（防衛省防衛研究所）。
32. 同期的臺灣人，還有畢業自臺南二中的林慶雲。出處：建国大学編，《建国大学要覽 建国大学研究院要覽（康徳9年度〔1942〕）》（新京：建国大学，康徳9年7月25日），頁72、75。
33. 「独立守備歩兵第三大隊（滿第二三三部隊）」。出處：「滿洲方面部隊略歷（二）（1）」JACAR（アジア歴史資料センター）Ref.C12122502300、滿洲方面部隊略歷（二）（防衛省防衛研究所），頁1-4。
34. 鄭慕鐘（七期），〈生の拋棄 生の執著〉，收入《地平》，第15號（昭和57年〔1982〕12月），頁22。「虎頭」地名見：「独『ソ』開戦後ノ管内正面『ソ』軍ノ状況」JACAR（アジア歴史資料センター）Ref.A06030172600，頁2。
35. 因我未取得鄭慕鐘的軍歷資料，所以無法考證他是否為軍官。
36. 山下悅子，〈香川博司（鄭慕鐘）さんにシベリヤ抑留體驗を伺う〉，收入《臺灣研究資料》，63號（2013年8月），頁25。
37. 「賴英書」，〈軍事委員會委員長侍從室 系列二十三〉，國史館藏，典藏號：129-230000-2147，頁2。
38. 「政治檔案 林慶雲」，〈可疑分子考管——共黨武裝組織愛國青年會案〉，《內政部警政署》，國家發展委員會檔案管理局藏，檔號：AA01010000C/0037/306.7/0141，頁73、74。
39. 許雪姬、黃子寧、林丁國等訪問，藍瑩如等記錄，《日治時期臺灣人在滿洲的生活經驗》（臺北：中研院臺史所，2014年），頁18。
40. 董玩，日本姓名見其「身上明細書」，收入金孝淳，《朝鮮人シベリア抑留 私は日本軍・人民軍・国軍だった》（東京：東京外国語大学出版会，2023年），頁277。「在學生（康徳9年〔1942〕）」，收入建国大学編，〈建国大学要覽 建国大学研究院要覽（康徳9年度）〉，頁72。
41. 金孝淳，《朝鮮人シベリア抑留 私は日本軍・人民軍・国軍だった》，頁120、125。
42. 山根幸夫，《建国大学の研究：日本帝国主義の一斷面》（東京：汲古書院，2003年），頁277。
43. 關於賴英書是建國大學畢業或肄業，許雪姬指出：「臺灣人建大生共有27人，真正畢業的只有李水清、黃山水、蔡傑川。」出處：許雪姬，

〈白恐研究中檔案與口述歷史間的實與虛〉,《記錄聲音的歷史：臺灣口述歷史學會會刊》,第 7 期(改版第 1 期,2016 年 12 月),頁 233。

44. 東京工業大學編,《東京工業大学一覽》(東京：東京工業大学,昭和 17 年),頁 178。

45. 《臺灣總督府及所屬官員職員錄》(臺北：臺灣時報發行所,昭和 5 年),頁 123。https://tm.ncl.edu.tw/article?u=010_001_0000433507。

46. 「陸軍特別志願兵令中改正(號外)」,《臺灣總督府報》,昭和 17 年 3 月 10 日,國史館藏,典藏號 0071034436e001,頁 1。

47. 《興南新聞》第 4589 號,昭和 18 年(1943)10 月 25 日,國立臺灣圖書館藏。

48. 許嘉宏(許敏信姪女),「老爸的童年回憶 ── 15. 徵兵制度下的求生之道(二)」,2008/2/3。收入〈Hsu 的部落格〉：https://hsu042.pixnet.net/blog/post/95034673。許明淳訪問、記錄,〈許嘉宏訪談記錄〉,未刊稿。訪問日期：2022 年 9 月 27 日。訪問地點：臺北市復興南路一段 323 號(星巴克咖啡興南門市)。

49. 福祉保健局,〈兵籍調查表〉,許瑛子(許敏信女兒)提供。第 12 野戰航空修理廠(羽第 8372 部隊)於昭和 13 年(1938)9 月 1 日在滿洲國浜江省ハルビン市平房編成。出處：「陸軍航空部隊略歷(その 5)付・航空部隊の隷指揮下にあったその他の部隊／分割 4」JACAR(アジア歷史資料センター) Ref.C12122423100、陸軍航空部隊略歷(その 5)付・航空部隊の隷指揮下にあったその他の部隊(防衛省防衛研究所),頁 722。

50. 「鄉鎮介紹」,2019/5/28,收入〈溪湖鎮公所〉：https://town.chcg.gov.tw/xihu/01local/local01.aspx。

51. 遞信講習所隸屬遞信省遞信局,是為從事通信官署事務的人員提供必要的知識和技能。出處：「第 38 回遞信省年報」JACAR(アジア歷史資料センター) Ref.A09050723500、自第 36 回至第 40 回・遞信省年報(国立公文書館),頁 14。「第五編 養成及試驗／第一類 養成／第四款 遞信講習所～第五款 事務修習」JACAR(アジア歷史資料センター) Ref. C18010048000、遞信法規類集 昭 16・7・19(防衛省防衛研究所),頁 737。

52. 陳旺入伍的方式,在親筆寫的兩份履歷書中,出現陸軍特別幹部候補生與學徒兵兩種記錄,因缺少陳旺的軍歷資料,我與陳淑娃女士(陳旺太太)詢問後,確認陳旺入伍方式為學徒兵。

53. 「御署名原本・昭和十八年・勅令第七五五号・在学徴集延期臨時特例」JACAR（アジア歴史資料センター）Ref.A03022864800（国立公文書館）。「昭和十八年臨時徴兵検査規則制定の件」，昭和 18 年 10 月 2 日，國立公文書館藏，典藏號：昭 59 文部 02456100。

54. 防衛庁防衛研修所戦史部，《戦史叢書 大本営陸軍部〈7〉》（東京：朝雲新聞社，1973 年），頁 248。

55. 「浜松航空教育隊新設工事実施の件」JACAR（アジア歴史資料センター）Ref.C01002344500、永存書類乙集第 2 類第 1 冊 昭和 15 年「建物」（防衛省防衛研究所）。

56. 獨立飛行第 25 中隊（羽 16682 部隊），昭和 18 年（1943）於平房編成，昭和 19 年（1944）8 月 20 日移駐遼陽。出處：「第 2 航空軍隷下 鮮臺人所属部隊行動表 第 4 課航空班」JACAR（アジア歴史資料センター）Ref.C16120617300、第 2 航空軍隷下 鮮臺人所属部隊行動表（防衛省防衛研究所），頁 1570。

57. 陳旺履歷書，陳淑娃女士（陳旺太太）、吳正男提供。

58. 第 26 教育飛行隊於昭和 20 年（1945）4 月 18 日到達佳木斯。出處：「陸軍航空部隊略歴（その 2）付・航空部隊の隷指揮下にあったその他の部隊／分割 6」JACAR（アジア歴史資料センター）Ref.C12122420500、陸軍航空部隊略歴（その 2）付・航空部隊の隷指揮下にあったその他の部隊（防衛省防衛研究所），頁 1919。

59. 昭和 20 年 7 月末，第 26 教育飛行隊所在位置：蒙古力、老蓮、湖南營。出處：「別紙第 5 其 1 乃至其 4 昭和 20 年 7 月末に於ける 2 FA 全部隊配置表」JACAR（アジア歴史資料センター）Ref.C16120496900、関東軍航空作戦記録案 大東亜戦争（満洲方面）（防衛省防衛研究所），頁 72。

60. 第 10 野戰航空修理廠於昭和 19 年（1944）5 月 21 日在滿洲國佳木斯編成。出處：「表紙『陸軍航空部隊略歴（その 6）付・航空部隊の隷指揮下にあったその他の部隊』」JACAR（アジア歴史資料センター）Ref.C12122423600、陸軍航空部隊略歴（その 6）付・航空部隊の隷指揮下にあったその他の部隊（防衛省防衛研究所）。

61. 現雲林縣斗六市。〈雲林縣斗六市戶政事務所日據時期住所番地與現行行政區域對照表〉：https://www.ris.gov.tw/documents/data/8/1/cc84e9a9-41ce-452e-a6d0-545658cfb939.pdf。

62. 許明淳訪問、記錄，〈吳正男訪談記錄〉，未刊稿。
63. 「御署名原本・昭和十八年・勅令第九二二号・陸軍現役下士官補充及服役臨時特例」JACAR（アジア歴史資料センター）Ref.A03022881500（国立公文書館）。
64. 「陸軍省告示第 32 号 昭和 20 年度採用スベキ特別幹部候補生ヲ左ノ各号ニ依リ召募ス 細部ニ付テハ昭和 18 年陸軍省令第 63 号陸軍現役下士官補充及服役臨時特例ニ関スル件ニ依ル但シ本告示中同省令ト異ナル事項ニ付テハ本告示ニ依ルモノトス 昭和 19 年 7 月 29 日」JACAR（アジア歴史資料センター）Ref.C12120476800、陸軍省令 告示綴 昭和 19 年～20 年（防衛省防衛研究所），頁 673。
65. 「第 1 挺進飛行団」JACAR（アジア歴史資料センター）Ref.C12121028100、航空総軍編制人員表（防衛省防衛研究所）。
66. 「陸軍航空部隊略歴（その 6）付・航空部隊の隷指揮下にあったその他の部隊／分割 5」JACAR（アジア歴史資料センター）Ref.C12122424100、陸軍航空部隊略歴（その 6）付・航空部隊の隷指揮下にあったその他の部隊（防衛省防衛研究所），頁 920。
67. 「菊水作戦（1 号～4 号）夜戦隊綜合戦訓 昭和 20 年 5 月」JACAR（アジア歴史資料センター）Ref.C13120524300、大東亜戦争戦時日誌戦闘詳報 芙蓉部隊ほか 自昭 20 年 4 月至 20 年 5 月（防衛省防衛研究所）。
68. 防衛庁防衛研修所戦史室，《戦史叢書 大本営陸軍部〈10〉》（東京：朝雲新聞社，1975 年），頁 210。
69. 牧野鐵五郎，《私の航空 70 年史：瑞雲に向かって飛べ》（西宮：牧野鐵五郎，2007 年），頁 44。
70. 1940 年福生飛行場是立川陸軍飛行場的附屬設施，現位於橫田飛行場內。出處：Date-SKN,〈多摩陸軍飛行場（橫田基地）の格納庫〉，https://senseki-kikou.net/?p=23727&=1。
71. 「九七式重爆擊機」上有操縱士、副操縱士、機關士、通信士、航法士、射手等六人，載運滑空步兵的滑翔機上有操縱士、副操縱士二人，一機有八人，八機共六十四人。
72. 吳正男認爲因爲自己是長子，所以沒有被選入特攻隊。出處：「ある臺湾人元日本兵の戦争・ソ連（シベリア）抑留体験」，2022 年 10 月 1 日，收入〈MEMORIES OF WAR〉：https://memories-of-war.jimdofree.com/event-report-2022-08-07-go-masao/。

73. 牧野鐵五郎,《私の航空 70 年史：瑞雲に向かって飛べ》,頁 1。
74. 「宜蘭行政區劃圖系列」,收入〈宜蘭縣史館〉：https://yihistory.e-land.gov.tw/cp.aspx?n=67F2DB5FC007AB41&s=2D58889BB41F75D7。
75. 「陸軍省告示第 32 号 昭和 20 年度採用スベキ特別幹部候補生ヲ左ノ各号ニ依リ召募ス 細部ニ付テハ昭和 18 年陸軍省令第 63 号陸軍現役下士官補充及服役臨時特例ニ関スル件ニ依ル但シ本告示中同省令ト異ナル事項ニ付テハ本告示ニ依ルモノトス 昭和 19 年 7 月 29 日」JACAR（アジア歴史資料センター）Ref.C12120476800、陸軍省令 告示綴 昭和 19 年～20 年（防衛省防衛研究所）,頁 673。
76. 陳力航,〈陳以文先生訪談紀錄〉,頁 148。
77. 「22・陸密第 598 号 昭和 20 年 2 月 19 日 整備関係少年飛行兵等ノ修業期間短縮ニ関スル件達」JACAR（アジア歴史資料センター）Ref.C12120511100、陸密綴 昭和 20 年（防衛省防衛研究所）,頁 415。
78. 「陸軍航空士官学校の分教所の名称及位置の件達」JACAR（アジア歴史資料センター）Ref.C01007864800、陸密綴 昭和 20 年（防衛省防衛研究所）,頁 621。
79. 「資料通報 E 第 10 号 航空士官学校満洲派遣隊（満第 125 部隊 羽第 25214 部隊）行動概見表 留 4 航 昭和 26 年 11 月 20 日」JACAR（アジア歴史資料センター）Ref.C16120601800、部隊行動概見表（其の 1）資料通報 E 号 昭和 26・10（防衛省防衛研究所）,頁 554。
80. 「資料通報 E 第 10 号 航空士官学校満洲派遣隊（満第 125 部隊 羽第 25214 部隊）行動概見表 留 4 航 昭和 26 年 11 月 20 日」JACAR（アジア歴史資料センター）Ref.C16120601800、部隊行動概見表（其の 1）資料通報 E 号 昭和 26・10（防衛省防衛研究所）,頁 550、554。
81. 陳力航,〈陳以文先生訪談紀錄〉,頁 155。
82. 「第 1 総軍戦闘序列 昭和 20 年 4 月 8 日」JACAR（アジア歴史資料センター）Ref.C14110523000、戦闘序列綴 巻 1（本土各軍）昭和 20・4・15（防衛省防衛研究所）。「第 2 総軍戦闘序列 昭和 20 年 4 月 8 日」JACAR（アジア歴史資料センター）Ref.C14110523100、戦闘序列綴 巻 1（本土各軍）昭和 20・4・15（防衛省防衛研究所）。「航空総軍戦闘序列 20 年 4 月 8 日」JACAR（アジア歴史資料センター）Ref.C14110525200、航空総軍戦闘序列綴（附表は別冊とす）（防衛省防衛研究所）。
83. 天號作戰計畫案作戰方面區分為：天一號（沖繩）、天二號（臺灣）、天三

號（中國東海沿岸）、天四號（海南島以西）。出處：防衛庁防衛研修所戰史室，《戰史叢書 滿州方面陸軍航空作戰》（東京：朝雲新聞社，1972年），頁572。

84. 捷號作戰是1944年6月美軍登陸塞班島後，日軍所發布的作戰指導大綱，包括捷一號（菲律賓方面）、捷二號（連絡圈域方面：南西諸島、臺灣、東南支一帶）、捷三號（除北海道以外的本土方面）、捷四號（北東方面）。出處：防衛庁防衛研修所戰史部，《戰史叢書 沖縄方面陸軍作戰》（東京：朝雲新聞社，1968年），頁68。

85. 防衛庁防衛研修所戰史室，《戰史叢書 滿州方面陸軍航空作戰》，頁573-578。

86. 蘇詠瀅，〈日帝軍國主義下臺灣兵在西伯利亞勞改口述歷史之研究──以臺籍日本兵賴興煬為例──〉，頁77。

87. 「御署名原本・昭和十八年・勅令第六〇八号・海軍特別志願兵令」JACAR（アジア歴史資料センター）Ref.A03022850100（国立公文書館）。

88. 出處：「臺灣總督府陸軍兵志願者訓練所規程（號外）」（1942-03-10），〈昭和17年3月臺灣總督府報第4436期〉，《臺灣總督府（官）報》，國史館臺灣文獻館藏，典藏號：0071034436e003。

89. 防衛庁防衛研修所戰史室，《戰史叢書 海軍軍戰備〈2〉開戰以後》（東京：朝雲新聞社，1975年），頁191、193。

90. 賴興煬參加青年團的時間為1938至1943年，在口述訪談中提到，他所參加的青年團，是屬於關西的組織，曾在關西公學校訓練一週，1943年2、3月左右參加的是「關西青年團第4中隊」。他提供相關的老照片中，有2張分別為「関西庄皇民奉公第一種青年訓練紀念」、「関西庄皇民奉公第一種青年訓練第一回修了式紀念（昭和17年1月30日）」。出處：蘇詠瀅，〈日帝軍國主義下臺灣兵在西伯利亞勞改口述歷史之研究──以臺籍日本兵賴興煬為例──〉，頁55-57、168。江孄乙的研究指出，「日治時期為了保持學校畢業後的青年仍能維持一定的日語能力與日式精神態度，前後設立了許多不同的組織，而青年團或女子青年團，即是從早期的青年會與處女會演變而來」、「據昭和6年（1931）新竹州內務部教育課的統計，關西庄有關西、石光2所公學校，有關西、石光2個青年團」。參見江孄乙，〈日治時期臺灣桃竹苗地區的客家教育（1895-1945）〉（臺北：國立臺灣師範大學教育學系博士論文，2013），頁130-131。

91. 蘇詠瀅，〈日帝軍國主義下臺灣兵在西伯利亞勞改口述歷史之研究──

92. 海軍特別志願兵制度在昭和 18 年（1943）8 月 1 日實施前，臺灣在 7 月 1 日至 20 日收到 71,130 份志願申請書，其中新竹郡收到 2,628 份（包括 12 位原住民）。出處：〈興南新聞第 4494 號（1943-07-22）〉，《臺灣新民報社報刊史料》(T1119)，中研院臺史所檔案館數位典藏。
93. 林えいだい，《臺灣の大和魂》，頁 198。
94. 後龍，指的應該是後龍機場，是當時在新竹州的日本海軍飛行場。出處：洪致文，〈二戰時期日本海陸軍在臺灣之飛行場〉，《臺灣學研究》，第 12 期（2011 年 12 月），頁 55。蘇詠瀅，〈日帝軍國主義下臺灣兵在西伯利亞勞改口述歷史之研究──以臺籍日本兵賴興煬為例──〉，頁 62、66、70、77、153、157。
95. 位於中國（不包括滿洲）、臺灣及北緯 16 度以北之法屬印度支那的日本高階指揮官及所有陸、海、空與附屬部隊應向蔣介石大元帥投降。出處：薛化元編著，國立編譯館主編，《臺灣地位關係文書》，頁 53。
96. 「第 901 海軍航空隊高雄派遣隊戰時日誌 自昭和 20 年 2 月 1 日至昭和 20 年 2 月 28 日」JACAR（アジア歴史資料センター）Ref.C13120392800、第 901 海軍航空隊戰時日誌 大村、館山、ミリ、小祿、高雄、馬公、淡水、三亞、龍華派遣隊 昭 19・8・1〜20・3・31（防衛省防衛研究所）。
97. 防衛庁防衛研修所戦史室，《戰史叢書 大本營海軍部・聯合艦隊〈7〉戰爭最終期──》（東京：朝雲新聞社，1976 年），頁 171-172。
98. 防衛庁防衛研修所戦史室，《戰史叢書 海上護衛戰》（東京：朝雲新聞社，1971 年），頁 405、485、489。
99. 防衛庁防衛研修所戦史室，《戰史叢書 海上護衛戰》，頁 490。
100. 林えいだい，《臺灣の大和魂》，頁 198-199。
101. 蘇詠瀅，〈日帝軍國主義下臺灣兵在西伯利亞勞改口述歷史之研究──以臺籍日本兵賴興煬為例──〉，頁 77。
102. 〈我國駐日代表團遣送華僑返國〉，《外交部》，國史館藏，數位典藏號：020-010108-0026，頁 159-160。
103. 〈可疑分子考管──遣返臺民陳以文等九名〉，《內政部警政署》，國家發展委員會檔案管理局藏，檔號：AA01010000C/0037/307.11/0002，頁 21-22。

104. Загорулько М.М., ВОЕННОПЛЕННЫЕ В СССР, 1939–1956, с.181, 41, 182.
105. 〈シベリア抑留中死亡者に関する資料の調査について〉，收入「厚生労働省」：https://www.mhlw.go.jp/seisaku/2009/11/01.html。
106. 蘇聯內務人民委員部關於日本陸軍戰俘的數量和分布情況（1947 年 2 月 20 日）：Загорулько М.М., ВОЕННОПЛЕННЫЕ В СССР, 1939–1956, с.319, 320.
107. 「蘇聯內務人民委員部戰俘管理局關於截至 1949 年 1 月 1 日歐洲和日本前軍人戰俘的報告」，出處：Загорулько М.М., ВОЕННОПЛЕННЫЕ В СССР, 1939–1956, с.176.
108. 李炳柱曾任第五任「朔風會」會長。出處：〈日本政府、シベリア抑留韓人に謝罪〉（2001/1/30），收入《東亞日報》：https://www.donga.com/jp/article/all/20010130/210967/1。
109. 對日抗爭期間強制動員受害調查及國外強制動員犧牲者等支援委員會編著，《西伯利亞扣留朝鮮人俘虜問題眞相調查──以中國東北地區強制動員朝鮮人為中心──》（首爾：2011 年），頁 i、27。「對日抗爭期間強制動員受害調查及國外強制動員犧牲者等支援委員會沿革・概要」：https://pasthistory.go.kr/cms/CmsPageLink.do?link=/jiwon/about/about_02.do。
110. Загорулько М.М., ВОЕННОПЛЕННЫЕ В СССР, 1939–1956. Москва: Логос, 2000, с.280.
111. 鍾謙順，《煉獄餘生錄》（臺北：前衛出版社，1999），頁 70。
112. 許雪姬、黃子寧、林丁國等訪問，藍瑩如等記錄，《日治時期臺灣人在滿洲的生活經驗》，頁 18。
113. 「отобрать до 500 000 военнопленных японской армии — японцев из числа физически годных для работы в условиях Дальнего Востока и Сибир」摘自 Постановление ГКО СССР № 9898 «О приеме, размещении и трудовом использовании 500000 военнопленных японской армии»（蘇聯國防委員會第 9898 號決議，1945 年 8 月 23 日），俄羅斯國家社會政治史檔案館藏，檔案編號 644，文件編號 2，卷宗編號 533，頁 112-118。出處：https://docs.historyrussia.org/ru/nodes/282812-postanovlenie-gko-sssr-locale-nil-9898-locale-nil-o-prieme-razmeschenii-i-trudovom-ispolzovanii-

500-000-voennoplennyh-yaponskoy-armii-locale-nil-23-avgusta-1945-g。

114. 無「日本人」：「極東とシベリアという環境での労働に身体的に適した日本軍捕虜の中から、五〇〇、〇〇〇名迄、選び出すこと。」出處：戰後強制抑留史編纂委員会編，《戰後強制抑留 第 7 卷（資料編）》（東京：平和祈念事業特別基金，2005 年），頁 206。有「日本人」：「極東やシベリアの環境での労働のため身体的に適した日本人—日本軍軍事捕 虜 50 万人までを選抜すること。」出處：小林昭菜，《シベリア抑留──米ソ関係の中での変容》，頁 4。

115. 出處：蘇詠瑩，〈日帝軍國主義下臺灣兵在西伯利亞勞改口述歷史之研究──以臺籍日本兵賴興煬爲例──〉，頁 104、89。

116. 山下悅子，〈香川博司（鄭慕鐘）さんにシベリヤ抑留體驗を伺う〉，收入《臺灣研究資料》，63 號（2013 年 8 月），頁 27。

117. 「對日抗爭期間強制動員受害調查及國外強制動員犧牲者等支援委員會沿革・概要」：https://pasthistory.go.kr/cms/CmsPageLink.do?link=/jiwon/about/about_02.do。

118. 對日抗爭期間強制動員受害調查及國外強制動員犧牲者等支援委員會編著，《西伯利亞扣留朝鮮人俘虜問題眞相調查──以中國東北地區強制動員朝鮮人爲中心──》，頁 i。

119. 摘自文順男登錄簿內容，金孝淳提供。

120. 許明淳訪問、記錄，〈吳正男訪談記錄〉，未刊稿。

121. 陳力航，〈陳以文先生訪談紀錄〉，頁 157。

122. 蘇詠瑩，〈日帝軍國主義下臺灣兵在西伯利亞勞改口述歷史之研究──以臺籍日本兵賴興煬爲例──〉，頁 102。賴興煬在另一份口述訪談記錄中提到，「每人每天的配給糧食按照軍階高低分發……而且配給多多少少也有日本人、臺灣人之分」。出處：蔡慧玉編著，吳玲靑整理，《走過兩個時代的人：臺籍日本兵》，頁 162。

123. 根據蘇聯 1947 年的統計，日本戰俘中有 151 位中國人。出處：蘇聯內務人民委員部關於日本陸軍戰俘的數量和分布情況（1947 年 2 月 20 日）：Загорулько М.М., ВОЕННОПЛЕННЫЕ В СССР, 1939–1956, с.319, 320。

124. 薛化元編著，國立編譯館主編，《臺灣地位關係文書》，頁 53。

125. 防衛庁防衛研修所戦史室，《戰史叢書 関東軍〈2〉関特演・終戦時の対ソ戦》(東京：朝雲新聞社，1974 年)，頁 388-391、397。

126. 「方面軍軍管区諸部隊通称号所在地一覧 軍事機密 整理番号 50 部之内第 2 号 昭和 20 年 7 月 10 日現在 第 17 方面軍朝鮮軍管区 参謀部」JACAR(アジア歴史資料センター) Ref.C12121093300、第 17 方面軍 朝鮮軍管区諸部隊 通称号所在地一覧表 昭和 20 年 7 月 10 日現在(防衛省防衛研究所)。

127. 「臺湾人方面別(部隊別)人員統計表 昭和 28 年 1 月 留守業務部」JACAR(アジア歴史資料センター) Ref.C11110411300、臺湾人人員統計表 昭和 20 年 8 月 1 日(防衛省防衛研究所)，頁 3、10。出處：https://www.jacar.archives.go.jp/das/image/C11110411300。

128. 防衛庁防衛研修所戦史室，《戰史叢書 関東軍〈2〉関特演・終戦時の対ソ戦》，頁 398。

129. 加藤聖文監修・編集，《海外関係史料集成(国內篇)第 4 卷「舞鶴地方引揚援護局史」》，頁 18、284-285、542、545。

130. 非日本人放棄返回原籍地，定居日本的原因：「除了奄美大島之外，臺灣、朝鮮和沖繩由於戰後當地情況不穩定，返回的人並不多。」出處：加藤聖文監修・編集，《海外関係史料集成(国內篇)第 4 卷「舞鶴地方引揚援護局史」》，頁 285。

131. 許嘉宏，〈老爸的童年回憶── 62. 西伯利亞戰俘營(三)〉(2015/12/22)，收入「Hsu 的部落格」：https://hsu042.pixnet.net/blog/post/95031355。許明淳訪問、記錄，〈許嘉宏口述訪談記錄〉，未刊稿。訪問日期：2022 年 9 月 27 日。訪問地點：臺北市復興南路一段 323 號(星巴克咖啡興南門市)。

132. 福島稔，〈満州・シベリア抑留記〉，頁 231。收入平和祈念展示資料館「労苦体験手記 軍人軍属短期在職者が語り継ぐ労苦(兵士編)第 4 巻」：https://www.heiwakinen.go.jp/library/shiryokan-onketsu04/。

133. 「대일항쟁기 강제동원 피해조사 및 국외강제동원 희생자 등 지원에 관한 특별법」，收入국가법령정보센터(Korean Law Information Center)：https://reurl.cc/Dln5xO。

134. 〈舞鶴引揚記念館の概要〉，收入「舞鶴引揚記念館」：https://m-hikiage-museum.jp/about-us.html#。

第三章

戰俘營中的「思想教育」

具蘇聯戰俘營經驗的臺籍日本兵中，有先行研究的，是陳以文、唐中山、葉海森、賴興煬、吳正男等 5 位，他們都有提到思想教育的部分，例如陳以文記得學習會、日文報紙（應指《日本新聞》）、宣傳共產主義的話劇、有部隊被煽動進行鬥爭、有人被洗腦到不想回日本並加入共產黨；[1] 唐中山也提到參加學習會，他還參加史達林感謝會、遊行（デモ）；葉海森提到勞動競賽、批鬥大會；陳以文、唐中山、葉海森都提到，令他們最感到恐懼的，就是擔心被貼上「反動」（反民主運動）標籤；[2] 賴興煬提到認識勞動階級的課；[3] 吳正男跟陳以文一樣提到《日本新聞》、以及被灌輸共產黨很好、反對「天皇制」、日本是侵略者等想法。[4] 從他們的口述訪談顯示，蘇聯對戰俘推行思想教育是全面性的，從在戰俘營的生活，逐步擴展到強制勞動的生產績效。到遣返階段時，不配合思想教育可能會被批鬥，因此無法歸國的說法，也在戰俘間流傳。

一、
何謂「思想教育」

前述內容,在蘇聯的檔案中都屬於戰俘營中的「政治工作」,[5] 日本學者的先行研究多以「民主運動」稱之,其開端應始於 1946 年 4 月 4 日《日本新聞》以一個版面刊登木村大隊支持建設新日本「民主統一戰線運動」[6] 的署名文章相關報導,文中提到:

> 我們舊關東軍的軍人們也不能置身事外,對於這令人感動的新日本建設運動,我們必須與內地的同胞們共同前進。
> 而且,我們的收容所也必須盡快從目前陰暗的軍紀生活中,由我們自己的手開始,建立一個明朗的民主收容所,首先我們必須在自己當中展開民主運動⋯⋯(後略)。[7]

從 1946 年 9 月 24 日《日本新聞》的報導可知,前文中「民主運動」的「民主」,指的是社會主義的民主主義:

> 「無產階級的民主主義比任何資產階級的民主主義都更為民主」(列寧),因為蘇維埃民主主義是為所有人民而存在的民

主主義。

　　蘇維埃民主主義是所有民主主義形式中最高的形式。而且蘇維埃民主主義是最新式的民主主義。這種最新且最高程度的為人民服務的民主主義，才是真正的民主主義。

　　（前略）……實現真正的民主主義仍然是一場必須進行的鬥爭，我們現在正處於這條道路上。[8]

　　可見，蘇聯戰俘營中的「政治工作」，是以實現「無產階級」的民主主義為目標，也就是說「民主運動」被當作「政治工作」的同義詞來使用。在蘇聯的用語中，以下所有活動都可以被視為「政治工作」，例如舉行各種共產黨相關的組織會議；招募共產黨及相關組織成員；舉行以馬克思—列寧主義、黨和政府組織、政策為題的思想講座；解釋近期的法律和聲明；閱讀和解釋國內外新聞；組織文化活動和團體遊覽；組織和舉辦體育競賽；經營單位圖書館、閱覽室和俱樂部；安排「社會主義競賽」（socialist competitions）；協助指揮官保持紀律、高昂的士氣和戰鬥精神；出版單位報紙、確保廣播的收聽；為士兵及其家人提供各種形式的個人協助等。這些活動，只有部分可歸入西方的政治範疇，而上述內容也無法涵蓋所有蘇聯用語中的「政治工作」，也就是說，蘇聯軍隊中的「政治工作」，幾乎涉及到軍事生活的每一個部分，而蘇聯共產黨如此強調「政治工作」，目的是要維持對軍事事務的控制，以及強大的軍隊所需的動機和方向。依照美軍的研究報告類推，[9] 蘇聯戰俘營中的「政治工作」，應該也是涵蓋戰俘營中的所有事務，只是各有其目的。

二、
蘇聯為何要對戰俘「思想教育」？

　　蘇聯對戰俘進行「政治工作」，並不是拘留日本戰俘後才開始實行的政策。1939年9月1日，德國入侵波蘭，蘇聯在9月17日也進攻波蘭，蘇聯為了管理戰俘，9月19日在蘇聯人民內務委員會之下設立戰俘管理局，[10] 9月23日發布關於戰俘營的規定，明令戰俘營的主要任務為：第一、將戰俘與周遭居民隔離；第二、建立排除戰俘從營區逃跑之所有可能性的機制；第三、對戰俘進行鼓吹宣傳及群眾文化工作（應指無產階級文化工作）。戰俘事務管理局下設有政治部門，負責對戰俘進行鼓吹宣傳工作、管理俱樂部和圖書館、對營內人員進行「政治工作」。[11]

(一)把戰俘變成共產主義者

　　1947年，蘇聯曾將2萬本日文譯本《ソヴェト同盟共產黨（ボルシェヴィキ）歷史》送到戰俘營，提供日本戰俘閱讀，[12]在1947年7月29日開始舉行的「民主運動代表者會議」上，由議長贈送給各戰俘營代表。[13] 蘇聯在戰俘營發行的報紙《日

本新聞》，1948年10月1日以所有版面，刊登這本簡史發行十週年的報導，在社論稱它是「共產主義的精髓！勞動者的最強武器、史達林主導的偉大教程」。[14] 它也被毛澤東形容為講述全球共產主義運動最完整、最綜合的總結，結合了理論與實踐。[15] 可見這本簡史對蘇共的重要性。

蘇共在這本簡史中，明示共產主義要在全世界贏得勝利的目標。在美國中央情報局（CIA）所藏一份名為〈二戰期間蘇聯對俘虜灌輸思想的方法〉的報告中，有相近的闡述：「共產主義者堅信共產主義最終將席捲全球，取代所有其他社會和經濟制度。」至於蘇聯對戰俘進行思想教育的做法，這份報告認為「對俘虜灌輸思想，是共產主義者達成世界革命目標的眾多手段之一」，而德國和日本一直是蘇聯成立後擴張帝國主義的主要目標，二戰期間蘇聯拘留的數百萬戰俘，又以德國人和日本人為主，蘇聯按照其傳統的征服手段，大規模的將宣傳帶入敵營，如果所有或大部分戰俘能成為蘇聯意識形態的擁護者，他們被遣返回國後，就會自發性的傳播蘇聯意識形態。

蘇聯對戰俘進行思想教育的目的，就是把所有戰俘轉變為共產主義者，[16] 蘇聯內務部戰俘及被拘留人員總管理局1946年工作總結報告書中的說明，與美國中情局所藏的報告有相近的陳述：

> 對戰俘的反法西斯工作目的，在於實現以下目標：爭取大部分戰俘對蘇聯的忠誠度；讓戰俘明白他們的軍隊在蘇聯領土上造成的破壞所應承擔的責任，並以此培養他們對營區勞動的忠誠態度；從戰俘中培養堅定的反法西斯主義者，使之回國後

能為自己國家的民主重建及剷除法西斯殘餘而奮鬥；揭發暴行者與法西斯分子。[17]

(二)反法西斯主義

　　法西斯主義（фашизма）、反法西斯主義者（антифашистов）等單字，經常出現在蘇聯的戰俘檔案中。法西斯主義興起於一戰後的義大利，被認為是一種極端的國家主義，主張壓迫無產階級，反對階級鬥爭，以反對共產主義為主要訴求之一。[18]蘇聯拘留的日本戰俘，在戰爭期間受天皇訓勉應為國盡忠盡節，[19]可說是奉行國家至上的日本軍人，如吳正男所述，戰爭時期的他「當然是天皇陛下萬歲的志願兵」。[20]即使日本宣布投降，日軍仍依照原軍隊中的組織管理部隊，陳以文的所屬部隊，在牡丹江被解除武裝後，每天早晨集合點名後仍面向東方（皇居的方向）進行「宮城遙拜」。[21]陳以文年輕時被灌輸「紅色」是壞人、[22]蘇聯是敵人等觀念，[23]在蘇聯的戰俘檔案中亦指出，「絕大多數的日本軍人不了解蘇聯的真相，並對其感到恐懼」。蘇聯認為這些「偏見」，是他們在日本接受系統化教育的一部分。檔案所記錄的日本戰俘對蘇聯的印象，與陳以文的描述相近：

　　我們被告知蘇聯是一個可怕的國家，是個紅魔鬼。
　　我們被告知許多關於共產黨人的可怕事情，我們對共產主義的源頭蘇聯懷恨在心。
　　例如，在學校裡老師告訴我們，蘇聯人民成為執行五年計

劃的奴隸。蘇聯人民持有反蘇情緒,一旦發生戰爭就會起來反抗。

我們被說服了,認為蘇聯人民被殘酷鎮壓,並飽受貧困之苦。[24]

要改變前日本軍人從小被灌輸與蘇聯敵對的態度,向俘虜他們的、在意識型態上對立的國家保持忠誠,並將被強制勞動,視為是對蘇聯領土受戰爭破壞的彌補,蘇聯要他們接受這種類似贖罪的觀念,並進而成為「反法西斯主義者」。[25] 諸如此類看來難以達成的「政治工作」目標,究竟能對日本戰俘產生多少影響,[26] 將在第四章討論。

三、
從《日本新聞》看「思想教育」的形式和方法

　　從戰俘檔案中可知，蘇聯利用各種形式，對所有戰俘進行思想教育（「政治工作」），包括個別及小組談話；講座、會議、研討會；有關報紙、雜誌、政治和文學作品等工作；電臺廣播；在會議及研討會上，以戰俘的名義通過呼籲書及其他文件；發行壁報；設立俱樂部；在戰俘間舉辦勞動競賽。[27] 蘇聯對日本戰俘初期的思想教育目標，是要轉變其群體意識（反蘇、民族主義和其他偏見），以擺脫反動報復主義——軍國主義意識形態的影響，並喚起對蘇聯的好感。[28] 執行方式除了改善戰俘營的生活條件，更重要的是，組織戰俘營中系統性的政治宣傳和解釋工作，其中一個主要的方法，是在哈巴羅夫斯克出版日文報紙《日本新聞》，[29] 這就是吳正男和陳以文提到的，在戰俘營閱讀的報紙。

　　蘇聯從戰爭初期（1941），就開始以報紙對戰俘進行思想教育，例如針對德國戰俘的《自由言論》（1941-1943）、《自由德國》（1943-1945）、《在蘇聯的德國戰俘公報》（1946-1949），針對匈牙利戰俘的《真實之言》（1942-1948）、[30] 針對羅馬尼亞戰俘的《自由之聲》（1942-1949），[31] 針對義大利戰俘的《曙

光》。[32] 這些報紙，首先致力於證明希特勒戰敗的必然性，並向讀者闡明，希特勒是德國人民不共戴天的敵人。蘇聯也透過報紙，揭露反蘇誹謗，展示蘇聯的軍事和經濟實力及其來源，並將蘇聯塑造成一股不可戰勝的力量，肩負著讓所有歐洲各國人民擺脫希特勒暴政的歷史使命。從這些觀點中，報導蘇聯的國家和社會制度、和平政策、經濟和文化等方面的訊息。一方面展現反希特勒聯盟的優勢和力量、以及各國人民反抗希特勒占領軍日益加劇的鬥爭，另一方面揭示希特勒聯盟成員之間的矛盾，[33] 將導致其不可避免的潰敗。

（一）發行量 20 萬份的《日本新聞》

1945 年 9 月 15 日，蘇聯開始在戰俘營發行以日文印刷的《日本新聞》，由伊凡‧伊凡諾維奇‧科瓦連科（Иван Иванович Коваленко）擔任主編，據他所稱，發行量約為 20 萬份，編輯中有 15 名蘇聯人、50 名日本人。[34]《日本新聞》每月發行 10 期，從 1945 年 9 月 15 日至 1949 年 12 月 30 日，共發行 662 期，從第 72 期開始，每期最後一個版面的頁尾，皆以俄文印出「這份報紙是為了在蘇聯的日本戰俘而出版的」。[35] 每 7 至 8 名戰俘發放 1 份。[36] 主要新聞來源為蘇聯國家通訊社「塔斯社」、日本的短波廣播（NHK）世界新聞、蘇聯共產黨機關報《真理報》、日本共產黨機關報《赤旗》，以及來自各戰俘營的投書。

最初，《日本新聞》向在與外界隔絕的戰俘營中生活的日本戰俘，提供日本國內和世界各地的動態、蘇聯國內情勢，

以及戰俘營內的各種集會和社團活動等新聞和資訊。然而後來，[37]也扮演了以基層士兵為中心，在戰俘營內像火勢延燒般擴散的「民主運動」的機關報角色，特別是在解釋社會主義制度相對於資本主義的優勢、展現國際舞臺上兩大陣營的鬥爭、強調社會主義的力量、[38]蘇聯在爭取和平和民主方面的領導作用等方面。從1946年5月29日，一份謝苗諾夫戰俘營（Семеновского лагеря）給莫斯科的聲明，可看出《日本新聞》在「民主運動」中扮演的角色：

內務部謝苗諾夫戰俘營的782名日本官兵，聯名向所有在蘇聯的日本戰俘以及日本民眾發出呼籲書，他們請求將這份呼籲書，刊登在蘇聯為日本戰俘發行的《日本新聞》報以及日本國內的報紙上。在這份呼籲書中，戰俘們揭露了日本政府的侵略政策，要求將戰犯，包括做為戰爭罪魁禍首的天皇繩之以法，並號召所有身在蘇聯的日本戰俘以及日本全國民眾有組織的行動起來，爭取在日本建立民主政府。[39]

(二)打倒饑餓和殺戮的天皇制！

姑且不論提出上述聲明是否為782名日本戰俘的自發性舉動，由於《日本新聞》是蘇聯對戰俘進行思想教育的工具，顯然蘇聯是要藉由《日本新聞》，對所有日本戰俘灌輸聲明中的內容。我雖未在《日本新聞》中找到前述的聲明，不過在這份聲明之前，就已經有多篇新聞提到天皇，如「天皇也承擔戰爭責任？」、[40]「天皇制問題」、「將天皇視為神的說法是不

當的,天皇自己否定了神聖性」。[41] 這份聲明之後的 1946 年 6 月 25 日,《日本新聞》刊登一篇「友之會」(友の會)讀本,就以「天皇是財閥,是擁有五百億的富豪、一百五十萬町地的大地主」為標題,內容延續了蘇共推翻沙皇制度、推翻地主資本家政權,成立蘇聯和社會主義社會的路線,[42] 先將天皇定義為資本家政權,再表達日本戰俘對於推翻天皇制的意見:「戰友諸君的座談會和輿論調查中出現的有關天皇及天皇制的意見千差萬別,有些大隊幾乎有 95% 的人主張廢除天皇制,而在其他大隊中,大部分人支持國體護持。」呈現日本戰俘對於廢除天皇制的不同看法後,再以大多數人的意見來表達其立場:

> 有些人抱怨說:「雖然大家認為《日本新聞》所說的都是真的,但是關於天皇的事情卻很困擾啊⋯⋯」然而,總的來說⋯⋯大多數人的意見大致如下:換言之「非常贊成天皇制度應該廢除,因為它代表了財閥和軍閥和地主的大本營。但是,關於天皇本人,他具有三千年的歷史,所以應該另當別論」。原來,迄今為止,對於身為只被教導了有關天皇神聖不可侵犯歷史的我們來說,這也是沒辦法的。[43]

這篇讀本的立場偏向廢除天皇制,但可能顧及日本人對天皇的崇敬,即使昭和天皇已在 1946 年 1 月 1 日發布《關於新日本建設的詔書》(《新日本建設ニ關スル詔書》),表示將天皇視為現御神(アキツミカミ)是一種虛構的觀念,等於否定了自己的神性,[44] 但這篇投書對於天皇是否具神性並未論斷。

距離這篇讀本約兩個多禮拜後,《日本新聞》7 月 11 日再

度刊登討論天皇的讀本,以「『神的後裔』的荒唐無稽、從酋長到天皇的歷史」為標題,明確否定天皇的神性。[45] 7月20日刊登的讀本,以「打倒饑餓和殺戮的天皇制!!建立自由和和平的新日本」為標題,明確表達打倒天皇制的主張,[46] 並將天皇制視為「民主運動」最大的障礙、勤勞人民最惡之敵。

從上述新聞內容可知,「反對天皇制」是《日本新聞》發行初期的重點內容之一,這也是吳正男記得的新聞內容,他提到:

> 因為沒有其他可以閱讀的東西,只有《日本新聞》,仔細閱讀的話,裡面真的有寫著「反對天皇制」、「日本是侵略國家」等等,總之就是被這樣洗腦以後回到日本,而我認為這也是事實。[47]

至於陳以文記得的《日本新聞》內容是「抨擊資本主義、大力讚揚共產主義,[48] 宣傳要勞動才有飯吃,不勞動就沒飯吃等共產主義的觀念」,但他對此完全不感興趣,他也提到「看到這份報紙的次數很少」,[49] 這可能是因為報紙的發行量並未達到每位戰俘都有一份,或是因為被強制勞動後已無餘力閱讀報紙。其他受訪者如唐中山、葉海森、賴興煬,都沒有提到《日本新聞》,可能也與上述原因有關。

最有機會閱讀《日本新聞》的,應該是階級為中尉的許敏信,可惜他雖然曾於1996年接受許雪姬訪談,但迄今未發表。[50] 至於吳正男遣返後是否受到這些新聞內容的影響,以及《日本新聞》在國際新聞的部分曾刊登戰後國民黨政府接收臺

灣的新聞，對當時中國大陸的國共內戰、國民黨政府在內戰中失利、中共建國也都有所報導，可以說，在戰俘營中的臺灣人是有機會藉由《日本新聞》了解中國與臺灣局勢，這些新聞的內容以及對他們的可能影響，將在第四章做進一步的探討。

四、
「思想教育」三階段

　　從拘留初期到遣返回國，蘇聯對戰俘的思想教育，是依照階段性的任務，從個體到全面，逐漸強化。長勢了治將蘇聯針對日本戰俘實行的「民主運動」，區分為三個階段，[51] 每個時期有主導的團體與推行的重點。以下我將使用長勢了治對「民主運動」的分期，針對陳以文、唐中山、葉海森、賴興煬、吳正男提到思想教育的內容，歸類至三個時期進行分析。《日本新聞》已在前段討論，此處不再納入。

(一)第一期（1946年春―1946年末）

　　這個階段，主導「民主運動」的團體，是「日本新聞友之會（友の會）」（以下簡稱「友之會」）。「友之會」創立於1946年5月，是位於赤塔的戰俘營中，《日本新聞》的積極讀者發起創立，[52] 日本新聞友之會強調是「得到蘇聯當局友好諒解的情況下」成立，目的是「在日本新聞社的支持下，向全體會員解說日本以及全球的動向，同時為迎接即將到來的民主日本的新生活做準備，並向從軍國主義中覺醒過來的舊關東軍成員介紹

祖國的民主運動」。[53]

「友之會」成立後，從《日本新聞》可以看到相關活動報導，例如8月17日刊登H地區「西尾大隊 友之會座談會」，[54] 8月20日報導「友之會」在P地區推行「民主運動」的狀況：「友之會委員會下設有宣傳班、教育班、調查班、組織班、新聞班和劇團（包括樂團）『新星』……教育班分為解說班和研究會活動、講座活動兩部分」，其中解說班的活動重點如下：

> 解說班在每一期《日本新聞》到來時，都會由熱心的成員們互相舉辦研究會，以確保其活動的統一性和完整的解釋。在研究會活動方面，應該會於三日開始啟動天皇制研究會，並在友之會的各組織單位設立特殊研究小組。至於講座，計劃開設俄語、政治和經濟課程。[55]

上述的研究會、講座等活動，應該類似陳以文、唐中山提到的學習會，以及賴興煬所謂的認識勞動階級的課。也就是說，先發行報紙，再推動積極讀者組成團體，然後由團體透過從《日本新聞》獲得的資料，進行關於日本國內問題的討論、演講、研究和報告，並發行壁報（壁新聞）以及舉辦文化活動，進行「民主主義」的宣傳和啟蒙，[56] 這可說是戰俘事務管理局政治部推行思想教育的流程。

前述新聞也報導了由組織班指導的劇團「新星」，購買制服和各種樂器，並擁有露天劇場和排練舞臺。他們在每個營舍和露天劇場進行巡迴演奏和公演，演出由「友之會」委員改編蘇聯社會主義作家高爾基的作品《海燕》，[57] 這類演出，應該

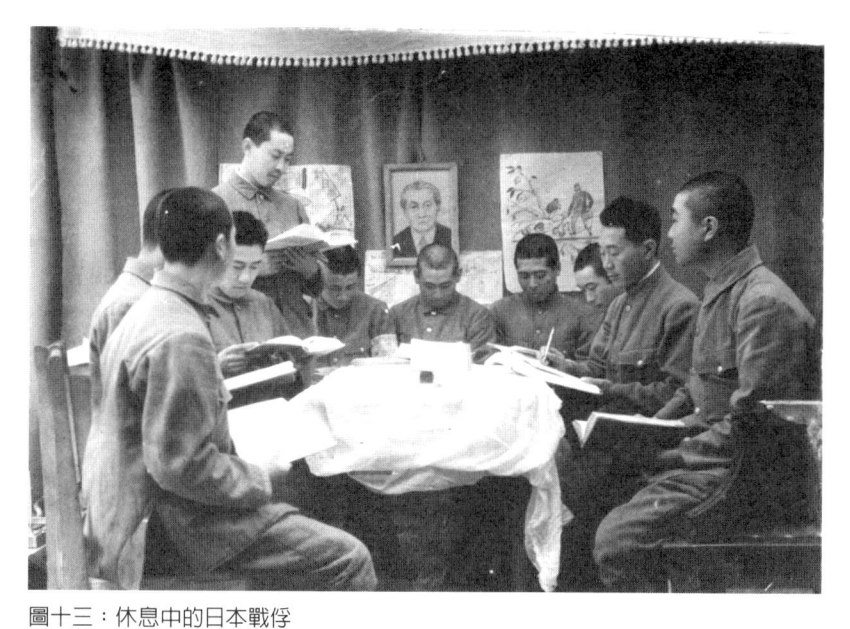

圖十三：休息中的日本戰俘
資料來源：「俄羅斯國家社會政治史檔案館」：https://rusarchives.ru/online-project/yaponskie-voennoplennye-v-sssr

圖十四：日本戰俘的文化活動
資料來源：「俄羅斯國家社會政治史檔案館」：https://rusarchives.ru/online-project/yaponskie-voennoplennye-v-sssr

就是類似陳以文提到的宣傳共產主義的話劇。「新星」劇團也演奏了革命勞動者的歌曲,如《國際歌》和《赤旗之歌》。

從戰俘的角度來看,這個階段的「民主運動」較接近單向的宣傳,即使不接受或不參與,似乎並不會造成壓力或恐懼,但隨著推行「民主運動」積極度的增強,這種情況開始轉變。

(二)第二期(1947年)

這個階段「民主運動」的主導者,從以《日本新聞》為基礎的「友之會」,推進至各地區戰俘營成立的「民主團體」(民主グループ),並開始定義及批判「反動」及「反動分子」,任務是將「民主運動大眾化」。1947年1月1日,《日本新聞》刊登由編輯淺原正基[58]撰寫,以「我們民主運動今後的任務 使民主運動大眾化」為標題的文章:

> **我們民主運動的自我批判**
> 因此今後我們的民主運動,必須以各收容所內的民主團體和壁報為基礎,實現真正的大眾化。然而,部分收容所的民主團體活動已經變得固定化和僵化,這是個危險的趨勢,也面臨派系化和孤立的危險。[59]

淺原在文章中,先將這個危險趨勢歸咎於「反動分子、反蘇分子」,他認為「成為少數派的某些反動分子、反蘇分子,隱藏了他們的表面身分。有時他們偽裝成『民主運動』的一部分,試圖從內部瓦解它,或者將其變成他們控制的團體,使其

失去力量」。接著他指出,戰俘的勞動績效下降,是反動分子的破壞所造成,他認為「反動分子最惡劣的手法,就是促使工作頻率降低,破壞或鬆懈組織內部的紀律,接著將這個責任歸咎於民主運動,並宣傳是因為民主運動導致紀律秩序混亂、工作績效下降」。文中也舉出地區性的「民主團體」壓制「反動」的成功例子:

> 做為一個劃時代的例子,有「民主正義突擊隊」在 P 地區第十九收容所,或者「民主作業班」在 H 地區、K 地區等。這些民主團體不僅實際上粉碎了反動的謠言,還積極進入那些效率最差的工作場所,取得了出色的成績。

地區性的民主團體,將生產績效與「民主運動」連結起來,並將「反動」塑造成「民主運動」的公敵。陳以文、唐中山、葉海森對反動標籤的恐懼,以及葉海森對生產競賽的無奈,應該都是從這個階段開始產生。

1947 年 2 月 6 日,《日本新聞》的「豆字引」欄,[60] 為「反動」及「反動分子」下了定義:「社會的歷史必然朝著一定的方向發展。例如,從封建時代到資本主義,再到社會主義的發展,是社會必然且正確的發展。試圖阻止這種歷史潮流和發展的行為被稱為反動,這樣的人被稱為反動分子。」[61] 換言之,只要是被認定反對或不贊成「民主運動」的人,就是「反動分子」。

1947 年 3 月 6 日,《日本新聞》刊登由編輯委員會署名,呼籲全面清除戰俘營中的戰犯、反動分子、反動幹部等人民敵

人的文章,要求所有戰俘營齊心協力展開全面的鬥爭,民主團體應該要制定具體計畫,從小隊組織的小型集會逐步積累力量,擴大鬥爭,並引導到大眾集會。

而具體鬥爭方法,是發起反動分子驅逐運動,制定詳細驅逐決議書,詳細列舉反動分子具體罪行,並通過內部大眾決議,呼籲蘇聯方面處置。[62] 這就是「民主運動」大眾化,不接受或不參與的態度,不再是像在第一階段那樣無關緊要,而是要求每位戰俘即使是在一整天勞動之後,也必須積極參與「民主團體」的活動,如陳以文所述:

> 白天完成嚴苛的鐵路建設工作後,[63] 晚上還要參加學習會,由於身體疲勞感到吃不消。但如果不參加學習會或對學習會有所批評,就會被指責為反動分子而遭到批鬥。

而白天勞動之所以嚴苛,主要原因之一是「民主運動大眾化」的另一個指標——生產績效,這不僅使得戰俘工作量被迫加重,在生產績效優先於一切的前提下,工作場所安全被忽視。分配到煤礦場工作的葉海森,對此有詳細的描述:

> 當生產被優先考量時,礦坑內的安全就不可避免的被忽視……我用臺車運送坑木時,天井上開始有小石頭零零星星的掉落。這種落石是事故發生的前兆,我向蘇聯的現場監督報告了此事,但卻遭到無視。當晚,坑內發生了塌方事故,三十多名隊員因此喪生。如果當時我正好輪班下坑的話,我也會喪命。[64]

為進一步激勵生產績效,在「民主團體」的主導下,各工作大隊間展開生產競賽,並透過《日本新聞》表彰達標比率逐漸升高的地區,例如 1947 年 6 月 5 日報導「民主突擊隊第十八區代表者會議召開」,以「我們透過勞動而重生」為標題之一,激勵各地區趕上績效最高的分隊:

> 在這個地區中,第二分所展開了最為踏實的民主運動……今年 1 月中旬,在民主團體中組建了六支突擊隊。受到這些活躍的突擊隊活動的鼓舞,接著有更多的突擊隊誕生。與此同時,整體的工作成績也顯著提高:12 月為 59%,2 月為

圖十五:觀看生產指標公告的日本戰俘
資料來源:「俄羅斯國家社會政治史檔案館」: https://rusarchives.ru/online-project/yaponskie-voennoplennye-v-sssr

86%，4月達到102.5%⋯⋯在這種激勵下，其他分所相繼組建突擊隊，全體的工作成績有了顯著進步。因此，各分所開始追趕第二分所的成績，生產競賽數次在所有分所之間隆重展開。並且，5月25日，第四次生產競賽完成之際，第十八地區突擊隊代表者會議召開了。[65]

第二階段的「民主運動」，從第一階段「宣傳和啟蒙」的策略，推進到對「反動」的定義以及驅逐、清除「反動」的訴求，越來越多地區性「民主團體」成立，將「民主運動」擴及到每個地區、每位戰俘，從營舍的宣傳活動延伸到工作場所的生產競賽、從生活擴及到勞動，手段越來越激烈、越全面，等於所有戰俘時時刻刻都處於「民主團體」監控之下，驅逐反動，並給予處置的訴求，也預告下一階段的批鬥策略。

(三)第三期（1948—1949年）

1946年10月，蘇聯內務部發布關於遣返日本戰俘和民眾的命令。[66] 1947年3月13日，《日本新聞》根據塔斯社的報導，首次提到日本人歸國情況：

> 1946年10月，蘇聯政府決議開始將在蘇聯領土上的日本籍戰俘和一般市民遣返回日本⋯⋯從1947年2月15日至今，超過14萬5千名的日本人已經從蘇聯領土和蘇聯管理地區被遣返回日本。歸國是根據事先確定的順序進行的，目前仍在持續進行中。[67]

如前文所述,蘇聯推行思想教育的最終目標,是「從戰俘中培養堅定的反法西斯主義者,讓他們回國後能夠為推動本國朝民主方向的重建和消除法西斯主義的殘餘而奮鬥」。[68] 戰俘事務管理局政治部因應戰俘歸國,為加快培養反法西斯主義力量,提高反法西斯團體在所有戰俘中的地位,以及在戰俘中進行的政治教育和生產工作中的角色,政治部對1948年第一季的「政治工作」進行了重大調整,就是在1948年1月舉行的戰俘代表大會上,以秘密投票方式,選舉產生反法西斯委員會,成為後續「民主運動」的代表,將所有戰俘納入積極參與的反法西斯工作中。[69]

1. 吊し上げ

　從《日本新聞》報導可見,在反法西斯委員會主導下,「民主運動」朝向激烈化。1948年6月12日《日本新聞》報導「地方反法西斯委員會第一次代表者會議」後,[70] 6月15日以「反動抬頭 鬥爭的導火線」為標題的文章,針對反動分子,首次使用「吊起來」(吊し上げ)這個激烈的措詞:

　　這場鬥爭的開端,首先由第十四分所的同志們展開。去年5月,潛入歸國列車的反動軍官出原勇等五名原本是曹長的反動分子,粗魯脫掉了他們過去的偽裝,露出反動的真面目,這樣的事情大眾絕不會再被矇騙。即使在列車上,這五名反動分子也被大眾擊潰。之後,他們心懷怨恨,試圖向收容所的大眾散播各種謠言,但我們的同伴們不僅沒有聽從,反而開始憤怒反對。因為他們回到家中會讓我們的母親擔心,我們全體成員

一致要求打擊這五名反動分子,對他們進行嚴厲的批鬥(吊し上げ)。[71]

「吊し上げ」在日文辭典《広辞苑》(《廣辭苑》)中有兩種解釋,第一種是「吊起來」,第二種是「對偏離者、交涉對象等進行集體批評和問責的行為」。[72] 從上文的語意看起來,句子中的「吊し上げ」應是指第二種解釋,也就是對「反動」進行最嚴厲的批鬥。《日本新聞》在 1948 年 7 月 27 日報導日本共產黨書記長德田球一暗殺事件抗議運動時,將這個詞用在標題中來抨擊天皇制:「天皇制法西斯吊起來」(天皇制ファシストを吊し上げろ)。[73] 總之,「吊起來」成為激烈化的「民主運動」象徵。

陳以文、唐中山、葉海森、賴興煬、吳正男口述訪談記錄中,僅葉海森提及「吊し上げ」,從他的口述可充分感受到,「民主運動」第三階段造成戰俘間的嚴重對立。葉海森雖然在戰俘營期間,沒有經歷「吊し上げ」,但在遣返船上經歷逆向的「吊し上げ」,拘留期間被指責為「反動」的人,反過來公審「民主運動」積極分子,也就是在戰俘營主導將反動分子「吊し上げ」的人。當時他剛步出船上的浴室,便聽到了喊叫聲:

「接下來要對當時在西伯利亞做了公審行為的人們進行人民審判,每個人都應該參加!」一個在收容所總是被指控為反動的男子,大聲喊叫著穿過船艙⋯⋯接著大量的人群包圍著少數人,幾個被指控應受人民審判的隊員被迫站在桌子上。「扔

進海裡吧！」、「殺了他們！」、「你們不是說回到日本就是在敵人的地盤上登陸嗎！」他們的憤怒之情甚至讓人懷疑他們是否真的會殺人。[74]

這場發生在遣返船上「反動」與「民主運動」積極分子，被批鬥者與批鬥者的角色互換，充分反映長勢了治所謂的「同胞相食」。[75] 葉海森目睹這一刻時，對「不要讓反動分子回到日本」此種說法的恐懼，再度浮現。他在納霍德卡即將登上遣返船興安丸時，第十四大隊的一位中隊長被「民主運動」的積極分子指責為「反動分子」，因此未能登船。還有另外 5、6 人也被留下。在即將回國之際，被留下的隊員們那懊悔的表情，讓葉海森至今難以忘懷。

隨著蘇聯在 1946 年 10 月決定開始遣返戰俘，「反動者不准回國」的說法，就在戰俘間流傳。唐中山提到對於這種說法的恐懼：

蘇聯強加的民主運動，在晚餐結束後，學習會就開始。由於白天造成的精疲力竭，讓人昏昏欲睡，根本難以參與學習會，變得非常討厭，甚至厭惡到引起頭痛，但如果在大家都參加的時候不參加，就會被貼上反動者的標籤，如果這樣的話，擔心可能會錯失回國的機會⋯⋯即使認為社會主義思想被強加是不正確的，也無法說出口，即使與個人的意願相左，為了趕快回家，也只能遵從眾人的行為和觀點。所以，只要有感謝史達林的集會，我都會參加，也跟其他人一樣頻率的參加遊行。[76]

圖十六：興安丸　　　　　　　　　　資料來源：舞鶴引揚記念館提供

　　在戰俘營裡，產生了各種猜測，比如誰熱衷於「民主運動」、誰達到了超過目標的成績、這些人會被優先遣返等等。因此，當收到遣返通知的唐中山和另外兩位臺灣人，在登船前被告知名單上沒有他們的名字時，認為自己從來沒有反對過「民主運動」的唐中山，感覺自己像是被推進了無底深淵。後來他才得知，蘇聯以他們是「中國人」為由，應直接送到臺灣，不應該搭目的地為日本的船，[77] 所以才不在乘船名單中。

2. N收容所

　　由於要從蘇聯回國的日本戰俘都是在納霍德卡登船，1947年4月8日的《日本新聞》，便指出納霍德卡是「民主運

動」最終集結地：「各個所、各個地區、各個地方湧現出的激流民主運動必須集結一點，形成洶湧之勢。這股激流和洶湧必須成為一股橫越日本海的洶湧之流，必須流向集結點，這就是最終的集結地——N收容所。」N收容所應該就是指納霍德卡（日文譯為ナホトカ，Nakhodka），這則新聞以「派遣三位同志到歸國集結地」為標題，特別提到第一批特派員宗像創、高山秀夫、由良金之助三位已經出發，而這三位都是《日本新聞》的編輯。[78] 從《日本新聞》在「民主運動」中扮演的角色，可見納霍德卡成為「民主運動」最激烈的地方之一，這可能也是葉海森、唐中山會在登船前一刻，認為反動者會無法回國的主要原因。

我目前沒有在蘇聯的戰俘檔案中，找到「反動分子」不能回國、「民主運動」積極分子優先遣返的相關規定，但在1948年11月的檔案中，有統計積極參與「民主運動」的人數：

截至1948年11月15日，已有139,156名日本戰俘……被遣返。在被遣返的人員中，已有3,397名戰俘完成了地區及戰俘營政治學校課程；此外，有7,800多名民主主義積極分子已通過戰俘營及營隊部門的政治、文化和群眾工作的實踐課程。[79]

這樣的數據也許反應了前述在戰俘間流傳的說法，畢竟蘇聯是想藉由戰俘回到本國宣傳社會主義，蘇聯讓「民主運動」積極分子優先回國，應該也不令人意外。1950年3月1日盟

第三章 戰俘營中的「思想教育」　113

國對日委員會第108次會議中,主席引用遣返回日本的戰俘證詞,與上述說法吻合:

在2月23日曾有最近歸鄉之日俘兩人向日本之 Repatriation Committee of the House of Councillors(參議院遣返委員會)**作證,謂在1949年12月15日有一第九集中營之蘇聯軍官告日俘稱,日本共產黨書記曾告知蘇方,凡屬於「反動」之日俘均不准遣返,僅已接受共產主義之日俘乃有被遣送資格……**(後略)。[80]

對即將遣返回國的戰俘,蘇聯進行更大量的政治和文化群眾工作(應指無產階級文化工作),除了營區,也在遣返的集結地,舉行大規模的集會和會議。蘇聯檔案記錄這些集會和會議上通過的聲明和決議,戰俘們表達了對蘇聯政府和史達林同志的感謝,感謝他們的人道待遇和關心,這可能就是唐中山參加的史達林感謝會。除此之外,他們還承諾將向同胞講述關於蘇聯的真相,並為加強與蘇聯人民的友誼而努力。戰俘們保證,他們將在祖國為建立新的民主日本而奮鬥。[81]

講座等活動的主題也有所調整,蘇聯內務人民委員部1949年9月的報告提到,舉辦的講座、報告和座談會,以下列主題進行:[82]「蘇聯是熱愛和平的強國;全球民主和社會主義力量的增長;蘇聯是世界民主陣營的先進隊伍;兩次世界大戰的教訓,以及被遣返者回國後的任務;日本共產黨的鬥爭目標;美帝主義在日本的殖民政策;為民主日本及日本和蘇聯兩國人民友好奮鬥的意義。」

另外就是藉由《日本新聞》，將「民主運動」的定義，從「反軍鬥爭」、「反反動幹部鬥爭」，轉向工農階級鬥爭。在1947年10月28日報導赤塔（チタ）地方代表會議的文章中，指出「如今，這場反軍鬥爭應藉由驅逐反動軍官，以及從舊天皇制軍隊體系到收容所機構進行形式上的民主改革，來完成其使命，現在就該是做為真正的勞工與農民運動，實現大眾化的時刻」。[83] 畢竟戰俘回國後即脫離戰俘營的組織，回到一般社會後要繼續「民主運動大眾化」，就須以勞工運動、農民運動的方式來進行。

　　因應1946年10月蘇聯決定開始遣返日本戰俘，第三階段「民主運動」的重點，顯示蘇聯要匯聚對日本戰俘推行思想教育的所有目的，最主要的就是呼應戰俘回國後的任務，也就是「為推動本國朝著民主方向的重建和消除法西斯主義的殘餘而奮鬥」。各地區選出的反法西斯委員會，實行「民主運動」的手段愈加劇烈，甚至在戰俘間流傳著不讓反動分子回國的說法。從1949年9月講座的主題顯示，除了原來的宣傳重點，也將日本共產黨、美國對日本的政策、日蘇關係納入。

　　思想教育三個階段的重點與目標，基本上是依照戰俘事務管理局政治部在1946年的工作報告訂定的「政治工作」目的在推行。思想上，從消除反蘇思想、打倒天皇制、宣傳社會主義的優越、生產競爭與「民主運動」的連結、「民主運動大眾化」到進行工農階級鬥爭，以呼應《蘇聯共產黨（布爾什維克）簡史》中明示的，共產主義在全世界贏得勝利的目標。

註

1. 陳力航，〈陳以文先生訪談紀錄〉，頁 158-159。
2. 林えいだい，《臺灣の大和魂》，頁 195、204-208。
3. 蘇詠瑩，〈日帝軍國主義下臺灣兵在西伯利亞勞改口述歷史之研究——以臺籍日本兵賴興煬為例——〉，頁 107。
4. 許明淳訪問、記錄，〈吳正男訪談記錄〉，未刊稿。
5. Загорулько М.М., Главное управление по делам военнопленных интернированных НКВД-МВД СССР. 1941–1952. Том4. Волгоград: Волгоградское научное издательство, 2004, с.56-57.
6. 根據蘇聯戰俘檔案中的戰俘勞動使用規定（1945/9/29），第 19 條：根據工作性質、條件和工作量，從戰俘中組建大隊、中隊和小隊；第 20 條：大隊由 3 至 4 個中隊組成，中隊由 3 至 4 個小隊組成，小隊由 3 個分隊組成；第 21 條：分隊按照生產小組的原則組成，是最基層的生產單位。出處：Загорулько М.М., ВОЕННОПЛЕННЫЕ В СССР, 1939–1956, с.637.
7. 戰俘營在《日本新聞》中被稱為「收容所」。《日本新聞》，1946/4/4(4)，86 期。收入朝日新聞社編，《復刻日本新聞 1》，頁 216。
8. 《日本新聞》，1946/9/24(3)，160 期。收入朝日新聞社編，《復刻日本新聞 1》，頁 513。
9. MAJ Michael J. O`Grady, "*The Political Officer in the Soviet Army: His Role, Influence and Duties*", U.S. ARMY Russian Institute Student Research Report (May 5, 1980), pp.3-5.
10. Содержание: Об организации лагерей военнопленных. № 0308 19 сентября 1939 г. г., Москва。收入：Загорулько М.М., Военнопленные в СССР, 1939–1956гг. Документы и материалы, с.69.
11. ПОЛОЖЕНИЕ О ЛАГЕРЕ ДЛЯ ВОЕННОПЛЕННЫХ, Москва, 23 сентября 1939 г.收入：Загорулько М.М., Военнопленные в СССР, 1939–1956гг. Документы и материалы, с.72-74.
12. Загорулько М.М., Военнопленные в СССР, 1939–1956гг. Документы и материалы, с.162.
13. 《日本新聞》稱戰俘營為「收容所」，稱這本簡史為《蘇同盟共產黨史小教程》。出處：《日本新聞》，伯力（ハバロフスク市），1947/8/5(4)，293

期。收入朝日新聞社編，《復刻日本新聞2》（東京：朝日新聞社，1991年），頁224。

14. 《日本新聞》，伯力（ハバロフスク市），1948/10/1(1)，478期。收入朝日新聞社編，《復刻日本新聞3》（東京：朝日新聞社，1991年），頁121。

15. 東方書店出版部譯，《ソ連共產党（ボリシェビキ）歷史小教程》（東京：東方書店，1971年6月5日初版，1975年8月15日初版第4刷），頁568。

16. KERMIT G. STEWART, RUSSIAN METHODS OF INDOCTRINATING CAPTURED PERSONNEL, General CIA Records, April 1, 1952. Document Number: CIA-RDP65-00756R000400030003-2, pp.5, 9.

17. 蘇聯戰俘檔案中的戰俘勞動使用規定（1945/9/29）的第1條即載明：戰俘的勞動使用根據國防委員會的決定和蘇聯內務人民委員部的指示進行，根據蘇聯工業和建設的需求以及戰爭造成的損失恢復任務來執行。出處：Загорулько М.М., ВОЕННОПЛЕННЫЕ В СССР, 1939–1956, с.636. 參見 Катасонова Е.Л. Последние пленники второй мировой войны: малоизвестные страницы российско-японски отношений, с.64-65. 出處：Загорулько М.М., Военнопленные в СССР, 1939–1956гг. Документы и материалы, с.38.

18. 蕭文哲，《法西斯蒂及其政治》（上海：神州國光社，1933年），頁58、59。

19. 「法令全書」明治15年，內閣官報局，明20-45。国立国会図書館デジタルコレクション：https://dl.ndl.go.jp/pid/787962（参照2024-03-10），頁528-535。

20. 許明淳訪問、記錄，〈吳正男筆答傳真稿〉，未刊稿，傳真日期2024/3/18。

21. 林えいだい，《臺灣の大和魂》，頁185。

22. 紅色常被做為社會主義或共產主義的象徵。「紅色」自1789年法國大革命以後，成為革命的象徵，在俄國，也與美的概念聯繫在一起：「紅色」（krasnyi）一詞是「美好」（prekrasnyi）和「美麗」（krasiwyi）的同義詞，從中衍生出「紅場」（Red Square）這個美麗的概念，紅旗也成為人民鬥爭的象徵，蘊含著他們的憤怒和理想。人們願意為這些象徵而犧牲生命。參見Orlando Figes and Boris Kolonitsk, *Interpreting the Russian Revolution: The Language and Symbols of 1917* (New Haven and London: Yale University Press, 1999), p.32.

23. 林えいだい,《臺灣の大和魂》,頁 195。

24. Загорулько М.М., Главное управление по делам военнопленных интернированных НКВД-МВД СССР. 1941–1952. Том4, с.688.

25. 蘇共在《蘇聯共產黨（布爾什維克）簡史》中認爲，由於日本、德國實行法西斯主義，因此形成第二次世界大戰的第一個和第二個戰爭起源地。出處：聯共(布)中央特設委員會編，《聯共(布)黨史簡明教程》，頁 372。收入國家圖書館臺灣華文電子書庫：https://taiwanebook.ncl.edu.tw/zh-tw/book/NCL-9900009788/reader）。

26. 蘇聯的戰俘檔案中，記錄多件關於持敵對態度的德國戰俘在營中的破壞行爲，如 4 名德國軍官組成小組進行法西斯主義宣傳，並招募志同道合的成員，返回德國時加入納粹組織；3 名德國警察組成法西斯小組，針對破壞生產和反抗指揮命令進行討論，並在營中散播誹謗蘇聯的言論，以及培養返回祖國後致力恢復納粹德國的人才；德國戰俘在營中呼籲進行破壞活動，並對其他戰俘公開宣傳「你們必須明白，你們正在爲我們永遠的敵人──俄羅斯人──工作……讓我們把鞋底撕掉，赤著腳，他們就無法要我們工作」。出處：Загорулько М.М., Главное управление по делам военнопленных интернированных НКВД-МВД СССР. 1941–1952. Том4, с.667, 668.

27. 參見王學禮,〈在蘇戰俘問題研究（1941-1956）〉,頁 115。出處：Загорулько М.М., Главное управление по делам военнопленных интернированных НКВД-МВД СССР. 1941–1952. Том4, с.56-57.

28. 蘇聯對日本戰俘一開始進行「政治工作」時，面臨極大的困難，根據俄國歷史學者卡塔索諾娃(Е. Л. Катасонова)的研究，由於日本人的思維方式、傳統和習俗，與蘇聯差異甚大，加上缺乏日文翻譯人員以及日文的政治和文學作品，要對其灌輸共產主義意識型態時，有難以逾越的心理差異，但戰俘管理部門根據先前的經驗，發展出解決的方法，包括：找出具有共產主義精神的人，讓他們擔任戰俘中的反法西斯工作人員；培訓對蘇聯友好的戰俘，使其成爲反法西斯活動的積極分子；選舉民主委員會指導其工作；對戰俘演說宣傳政治、生產和勞動競賽；爲戰俘提供政治文宣，包括日文文宣；監督戰俘的政治自我教育等。出處：Катасонова Е.Л. Последние пленники второй мировой войны: малоизвестные страницы российско-японски отношений. Москва: ИВРАН, 2005, с.64.

29. Загорулько М.М., Главное управление по делам военнопленных интернированных НКВД-МВД СССР. 1941–1952. Том4, с.689.

30. Загорулько М.М., Главное управление по делам военнопленных интернированных НКВД-МВД СССР. 1941–1952. Том4, с.739, 768.

31. Загорулько М.М., Главное управление по делам военнопленных интернированных НКВД-МВД СССР. 1941–1952. Том4, с.798.

32. Полковник А.В. КОЗЛОВ, " СОВЕТСКИЕ ГАЗЕТЫ ДЛЯ ВОЕННОПЛЕННЫХ ОРИЕНТИРОВАЛИ ИНОСТРАННЫХ ГРАЖДАН НА ЛОЯЛЬНОЕ ОТНОШЕНИЕ К СОВЕТСКОМУ СОЮЗУ. 1945–1956 ГГ." *ВОЕННО-ИСТОРИЧЕСКИЙ ЖУРНАЛ*, № 11 (2007), с.37.

33. 參見王學禮,〈在蘇戰俘問題研究（1941-1956）〉,頁115。出處：Загорулько М.М., Главное управление по делам военнопленных интернированных НКВД-МВД СССР. 1941–1952. Том4, с.697-699.

34. 「日本人捕虜に情報。ニュースの提供が目的」—『日本新聞』編集長コワレンコ氏に聞く,收入朝日新聞社編,《復刻日本新聞1付錄》(東京：朝日新聞社,1991年),頁1、4。

35. 《日本新聞》從第72期(1946/3/2)開始,在每一期第四版的頁尾,皆印有「Газета издается для японских военнопленных в СССР」。

36. Загорулько М.М., Главное управление по делам военнопленных интернированных НКВД-МВД СССР. 1941–1952. Том4, с.690.

37. 「日本人捕虜に情報。ニュースの提供が目的」—『日本新聞』編集長コワレンコ氏に聞く,收入朝日新聞社編,《復刻日本新聞1付錄》,頁1。《日本新聞》第一版是國際版,報導世界各地的新聞,包括日本的相關報導;第二版主要是與日本有關的評論;第三版報導蘇聯國內的情況,讓讀者了解蘇聯的動向;第四版則報導各地收容所的相關新聞。出處：「『日本新聞』の発行に携わって（座談会）」,收入朝日新聞社編,《復刻日本新聞2付錄》(東京：朝日新聞社,1991年),頁5。

38. Загорулько М.М., Главное управление по делам военнопленных интернированных НКВД-МВД СССР. 1941–1952. Том4, с.690.

39. Загорулько М.М., Военнопленные в СССР, 1939–1956гг. Документы и материалы, с.294.

40. 《日本新聞》,1945/12/13(1),38期。收入朝日新聞社編,《復刻日本新聞1》,頁85。

41. 《日本新聞》,1946/1/17(2),53期。收入朝日新聞社編,《復刻日本新

聞1》，頁 116。

42. 聯共（布）中央特設委員會編，《聯共（布）黨史簡明教程》，頁 12。收入：https://taiwanebook.ncl.edu.tw/zh-tw/book/NCL-9900009788/reader。

43. 《日本新聞》，1946/6/25(4)，121 期。收入朝日新聞社編，《復刻日本新聞1》，頁 356。

44. 「御署名原本・昭和二十一年・詔書一月一日・新日本建設ニ関スル詔書」JACAR（アジア歴史資料センター）Ref.A04017784700（国立公文書館）。此詔書也被稱爲「人間宣言」，出處：国立国会図書館，日本国憲法の誕生，3-1 天皇「人間宣言」：https://www.ndl.go.jp/constitution/shiryo/03/056shoshi.html。

45. 《日本新聞》，1946/7/11(4)，128 期。收入朝日新聞社編，《復刻日本新聞1》，頁 384。

46. 《日本新聞》，1946/7/20(4)，132 期。收入朝日新聞社編，《復刻日本新聞1》，頁 400。

47. 許明淳訪問、記錄，〈吳正男訪談記錄〉，未刊稿。

48. 《日本新聞》1946 年 9 月 24 日的報導中，做了社會主義優於資本主義的比較。新聞標題爲「法西斯潰滅後的世界思潮所見 眞正的民主主義是蘇維埃制度還是資產階級制度」。出處：《日本新聞》，1946/9/24(3)，160 期。收入朝日新聞社編，《復刻日本新聞1》，頁 513。

49. 陳力航，《零下六十八度：二戰後臺灣人的西伯利亞戰俘經驗》，頁 98；陳力航，〈陳以文先生訪談紀錄〉，頁 158。

50. 許雪姬，《離散與回歸：在滿洲的臺灣人（1905-1948）》（下冊），頁 492，註腳 150。

51. 第一期：1946 年春— 1946 年末；第二期：1947 年；第三期：1948 年— 1949 年。出處：長勢了治，《シベリア抑留全史》（東京：株式會社原書房，2013 年），頁 355。

52. Загорулько М.М., Главное управление по делам военнопленных интернированных НКВД-МВД СССР. 1941–1952. Том4, с.691.

53. 《日本新聞》，1946/5/25(4)，108 期。收入朝日新聞社編，《復刻日本新聞1》，頁 304。

54. 《日本新聞》，1946/8/17(4)，144 期。收入朝日新聞社編，《復刻日本新聞1》，頁 448。
55. 《日本新聞》，1946/8/20(4)，145 期。收入朝日新聞社編，《復刻日本新聞1》，頁 452。
56. 《日本新聞》，1946/5/25(4)，108 期。收入朝日新聞社編，《復刻日本新聞1》，頁 304。
57. 《海燕》又稱爲《海燕之歌》，作者是高爾基，寫於 1901 年 3 月，當時是俄國工人運動蓬勃興起的時期。高爾基以海燕象徵暴風雨（革命）來臨之前的預告者，文中除了海燕，還出現三種海鳥，分別是海鷗、海鴨、企鵝，象徵資產階級自由派、機會主義者、立憲民主黨，他們都在革命的暴風雨來臨前恐懼的躲了起來，只有勇敢的海燕在怒吼的大海上飛翔。出處：戈寶權譯，《高爾基文集第五卷 短篇 小說 散文 童話(1901-1912)》（北京：人民文學出版社，1983 年），頁 7。
58. 淺原正基是《日本新聞》日本人編輯群中的主管。出處：「『日本新聞』の發行に携わって（座談会）」，收入朝日新聞社編，《復刻日本新聞 2 付錄》，頁 5。
59. 《日本新聞》，1947/1/1(4)，201 期。收入朝日新聞社編，《復刻日本新聞1》，頁 682。
60. 「豆字引」是小辭典的意思。出處：〈goo 辭書〉，https://dictionary.goo.ne.jp/word/%E8%B1%86_%28%E3%81%BE%E3%82%81%29/#jn-209550、https://dictionary.goo.ne.jp/srch/all/%E5%AD%97%E5%BC%95/m0u/。
61. 《日本新聞》，1947/2/6(4)，216 期。收入朝日新聞社編，《復刻日本新聞1》，頁 744。
62. 《日本新聞》，1947/3/6(4)，228 期。收入朝日新聞社編，《復刻日本新聞1》，頁 794。
63. 根據蘇聯戰俘檔案中的戰俘勞動使用規定（1945/9/29），第 2 條：所有普通和初級級別的戰俘都必須勞動。拒絕工作或對工作漠不關心將被視爲違反軍紀，將受到相應的懲罰；第 12 條：戰俘依身體狀況被分爲三個勞動能力類別：第一類：適合從事任何體力勞動，不論其強度；第二類：適合進行中等體力勞動；第三類：僅適合進行輕度體力勞動；殘疾人士被排除在勞動力資源計劃之外（1942 年 7 月 17 日的規定則是將殘疾分在第四類）。第一和第二類別勞動能力的戰俘，實行每天 8 小

時的工作制度。出處：Загорулько М.М., ВОЕННОПЛЕННЫЕ В СССР, 1939–1956, c.636, 637, 635. 陳以文被列爲第一類與第二類，從事的勞動有農場、伐木、鋪設鐵路。出處：陳力航，《零下六十八度：二戰後臺灣人的西伯利亞戰俘經驗》，頁 74-78。根據吳正男提供的戰俘生活作息表，地上勞動工作時間爲早上 8 點至下午 4 點，工作結束返回營舍，用餐後有 3 個小時的休息時間，但其中約有 1 小時爲課程時間。

64. 根據吳正男提供的戰俘生活作息表，地下勞動（礦坑）工作採三班制輪班，工作時間分別爲：早上 8 點到下午 4 點、下午 4 點到晚上 12 點、晚上 12 點到早上 8 點。工作結束返回營舍，用餐後有 2 到 3 個小時的休息時間，但其中約有 1 小時爲課程時間；林えいだい，《臺灣の大和魂》，頁 195、204-205。

65. 《日本新聞》，1947/6/5(4)，267 期。收入朝日新聞社編，《復刻日本新聞 2》，頁 120。

66. 蘇聯內務部命令第 00916 號 關於從蘇聯遣返日本戰俘。出處：Загорулько М.М., Военнопленные в СССР, 1939–1956гг. Документы и материалы, c.779-781。

67. 《日本新聞》，1947/3/13(4)，231 期。收入朝日新聞社編，《復刻日本新聞 1》，頁 806。

68. Загорулько М.М., Военнопленные в СССР, 1939–1956гг. Документы и материалы, c.38.

69. Загорулько М.М., Военнопленные в СССР, 1939–1956гг. Документы и материалы, c.164, 166.

70. 《日本新聞》，1948/6/12(4)，430 期。收入朝日新聞社編，《復刻日本新聞 2》，頁 772。

71. 《日本新聞》，1948/6/15(4)，431 期。收入朝日新聞社編，《復刻日本新聞 2》，頁 776。

72. 新村出編，《広辞苑》（東京：株式會社岩波書店，2018 年第七版），頁 1971。

73. 《日本新聞》，1948/7/27(4)，449 期。收入朝日新聞社編，《復刻日本新聞 3》，頁 8。

74. 林えいだい，《臺灣の大和魂》，頁 207。

75. 長勢了治，《シベリア抑留全史》，頁 345、380。

76. 林えいだい,《臺灣の大和魂》,205-206。
77. 林えいだい,《臺灣の大和魂》,頁 211。唐中山等人透過大隊長向蘇聯軍官說明,他們身為日本海軍,應請日本政府負起責任,所以他們不要被送回臺灣,要跟日本人一起回國,經過爭取後,三人有搭上該遣返船。對照賴興煬的口述,三位臺灣人是唐中山、賴興煬、蕭冬。出處:蘇詠瀅,〈日帝軍國主義下臺灣兵在西伯利亞勞改口述歷史之研究──以臺籍日本兵賴興煬為例──〉,頁 112。
78. 出處:「『日本新聞』の発行に携わって（座談会）」,收入朝日新聞社編,《復刻日本新聞 2 付錄》,頁 1。
79. Загорулько М.М., Главное управление по делам военнопленных интернированных НКВД-МВД СССР. 1941–1952. Том4, c.928.
80. 根據另一份外交部檔案:「二返國日俘近日向日參議院僑俘返國促進委員會報告稱:蘇俘虜營軍官曾告以,日共書記長德田要求蘇聯僅遣返已受赤化洗禮之僑俘返日,飭須續加訓練。」出處:「盟委會寅東開 108 次例會繼續討論日僑俘問題英代表與主席答辯程序問題等」（1950 年 3 月 3 日）,〈遣返日僑俘問題〉,《外交部》,國家發展委員會檔案管理局藏,檔號:A303000000B/0038/075.1/002/1/011,頁 2。「日本共產黨書記」應是指「德田球一」。出處:〈德田球一〉,收入「国立国会図書館 近代日本人の肖像」:https://www.ndl.go.jp/portrait/datas/407/。「關於德境日俘案之說明」（1950 年 9 月 4 日）,〈遣返日僑俘問題〉,《外交部》,國家發展委員會檔案管理局藏,檔號:A303000000B/0038/075.1/002/1/016,頁 4。
81. Загорулько М.М., ВОЕННОПЛЕННЫЕ В СССР, 1939–1956, c.928-929.
82. 參見王學禮,〈在蘇戰俘問題研究（1941-1956）〉,頁 124。出處:Загорулько М.М., Главное управление по делам военнопленных интернированных НКВД-МВД СССР. 1941–1952. Том4, c.935.
83. 《日本新聞》,1947/10/28(4),329 期。收入朝日新聞社編,《復刻日本新聞 2》,頁 368。

第四章

「思想教育」對臺籍日本兵的影響

對於從西伯利亞戰俘營遣返的臺籍日本兵，思想教育的影響，以口述訪談及相關檔案而論，因遣返後選擇定居日本或臺灣，而著重於不同的層面。蘇聯對戰俘實行思想教育，是要使戰俘在被拘留期間成爲共產主義者，當然最主要的目的是希望他們歸國後，能夠在本國推動社會主義的宣傳與實踐，例如表現出對蘇聯的忠誠、加入本國的共產黨等。這對於選擇返回臺灣的人來說，是完全不可碰觸的禁忌，因爲當時國民黨政府的基本國策是「反共抗俄」，宣傳共產主義就是「爲匪宣傳」，可能因此入獄，甚至被判處死刑。因此在口述訪談與檔案中呈現的，大多是遣返過程中，以及回到臺灣後，受到政府追蹤的相關內容，極少提及思想上受到的影響。這與選擇直接定居日本的人有所不同。例如，吳正男除了提到返臺探親時被調查局約談，也認爲在思想上部分受到《日本新聞》的影響，不過從調查局的檔案可知，西伯利亞戰俘經驗，並不是他被約談的主因，這點會在本章說明。另外，「民主運動」機關報《日本新聞》，對於臺灣的報導內容與取向，可能對西伯利亞戰俘營中的臺灣人造成什麼影響，也列入本章討論。

一、
西伯利亞戰俘中的積極分子

　　對蘇聯來說，要對外界展現前日本軍人已經改變厭惡蘇聯及共產主義思想，最直接的證明，就是戰俘回國後表現出對蘇聯的支持，甚至加入共產黨。回到日本後若有上述作為，表示戰俘不是受到強迫，或是擔心不參加思想教育會影響遣返而偽裝，而是真的成為堅定的「反法西斯」主義者。不意外的，蘇聯的戰俘檔案中，有許多這樣的敘述，例如：「1949 年 7 月 3 日抵達舞鶴的 2,000 名被遣返的日本戰俘中，有 1,827 人加入日本共產黨」；或是引用巴黎親共產黨報紙《晚報》敘述遣返船「高砂丸」抵達舞鶴時，[1] 船上的日本戰俘唱起《國際歌》（Интернационал）的情形。《國際歌》日文版歌譜曾刊登在《日本新聞》，《國際歌》是社會黨或共產黨的著名歌曲，曾為蘇聯的國歌，被譯成多國語言。[2] 表示戰俘在蘇聯期間應該被教唱過這首歌，檔案並引述戰俘登上陸地後的發言：「我們大家都宣誓要為與蘇聯的友好而奮戰！我們是在沒有任何強迫的情況下做出這個決定！總而言之，可以說，所有將要返國的十萬名日本人都會和我們有相同的想法，也會做出和我們一樣的決定。」[3]

圖十七：《日本新聞》刊登《國際歌》日文版歌譜
資料來源：《日本新聞》，1947/6/26(4)，276期

7月1日京都版《每日新聞》，和巴黎《晚報》有相近的報導：「第一艘船高砂丸到達時，我們的船一靠近，就聽到甲板上響起了勞動歌。」第二艘遣返船永德丸於6月30日抵達時，報社記者在船靠岸前進行訪問，歸國者不僅唱了勞動歌，甚至跳起異國（應指蘇聯）的舞蹈：

　　各家媒體的相機一起對準了返鄉者……所有人開始唱勞動歌，隨後，甲板上到處有人跳著異國的舞蹈，靴子踏響甲板，彷彿狂喜的亂舞……有人問道「那邊的生活怎麼樣？」「生活很愉快，比起這邊，我們過得很民主，不需要擔心，但日本的現狀是怎樣呢？」他們的語氣急切。記者試圖對他們說：「我來是代替你們的家人聽聽你們的聲音，不是來辯論的。」但他們的表情就像是來自不同世界的人，毫無感動之情。[4]

　　「舞鶴地方引揚援護局」將上述乘高砂丸、永德丸的歸國者舉動，記錄為「列隊在敵前登陸、歌舞示威」。在昭和24、25年納霍德卡遣返者動向資料中，有多筆類似的記錄，除了敵前上陸、歌舞示威，多艘遣返船的歸國者也達成多項決議以及對引揚援護局提出要求，例如：反對思想調查、拒絕對蘇聯國內情況的調查；集體加入日本共產黨；確實執行「波茨坦宣言」、立即全面締結對日和平條約，並在締約後立即撤退所有占領軍；保障言論、集會、出版和遊行示威的自由等，不僅對政府提出抗議，歸國者之間也處於激烈的鬥爭狀態，導致遣返業務進行困難，最後不得不實施「關於維持被遣返者秩序的政令」。[5]

圖十八：京都版《每日新聞》報導「永德丸」歸國者
資料來源：《每日新聞》，京都，1949（昭和24年）/7/5(3)

　　可見，以同類型事件來說，蘇聯戰俘檔案的敘述並未過分誇大，部分戰俘在剛抵達日本時的表現，顯示他們的確受到「民主運動」的影響。7月2、5日，京都版《每日新聞》接續報導了乘高砂丸、永德丸入港的 1,829 名歸國者中，有 204 名首先到達車站，準備搭車返回北海道，他們在京都車站再度唱起《國際歌》等勞動歌，其中 190 人在京都共產黨的勸說下，集體入黨，但過程中和來自各行業的工會成員和政府職員爆發衝突，警察逮捕了部分共產黨員，歸國者要求警察立即釋放他們，否則拒絕上車，因此有兩節車廂空車出發，引起轟動。[6] 7月9日的《日本新聞》[7] 也刊登相關報導。

130　冰封的記憶

對照「民主運動」的三個階段，1949 年 6 月底回到日本的戰俘中有此表現，可說是反應了他們經歷了「民主運動」最激烈的階段，如本書第三章第四節中提及的「吊起來」(吊し上げ)時期，歸國者中「積極分子」的舉動，與 1949 年 9 月蘇聯內務人民委員部報告的宣傳重點大致相符，例如「日本共產黨的鬥爭目標；美國帝國主義在日本的殖民政策；為民主的日本和日蘇兩國人民之間的友誼而奮鬥的意義」等訴求。[8] 京都車站的這起衝突事件，也被中華民國駐日代表團寫進「日本政情週報」提供給外交部，這類情報對於當時已從蘇聯回到臺灣的臺籍日本兵而言，是非常負面的消息，詳細內容會在第三節討論。

二、
遣返後定居日本者

在討論思想教育對於從蘇聯遣返後定居日本的臺灣人的影響之前,先概述與其處於同樣局勢的日本人,在歸國後對於「民主運動」經驗的看法。研究西伯利亞戰俘歷史的長勢了治指出,「一般士兵直覺上將《日本新聞》和『友之會』的活動視為『共產主義教育』或『紅色活動』。因此,最初《日本新聞》也被用來做為捲菸草（マホルカ）的紙」。[9] 吳正男在訪談中提過類似的描述,因為戰俘營中缺紙的緣故,他會將每個月拿到一頁的《日本新聞》讀完後,做為廁紙使用,由於《日本新聞》是被拘留期間唯一以活版印刷的資訊,所以他很愛讀。[10] 對於像吳正男這樣對外界資訊有渴望的戰俘,即使一開始認定《日本新聞》是蘇聯的宣傳工具,內容不盡可信,但若長期閱讀,成為日常一部分,是否在思想上還能保持不受其影響呢？

長勢了治引用了日本促進西伯利亞戰俘權益的組織「全國強制抑留者協會」（以下簡稱「全抑協」）在1989年至2003年間,針對隨機選出的3,334名具西伯利亞戰俘經驗者的問卷調查結果,[11] 該問卷內容分為三大項目,分別為:（一）強制勞

動的實際情況（工作種類及工時等）；（二）對於被拘留者的控制和管理的實際情況；（三）被拘留期間的生活和極端困難情況下的心理狀態、思想活動和精神狀況。關於「民主運動」的調查是在第二大項中，調查結果節錄如下：

> **主動參加民主運動的有 86 人**（2.8%），**屬於少數，但如果加上被強迫參加的 907 人**（29.4%），**以及為改善回國條件而參加的 1,212 人**（39.3%），**有 71.5% 的人參加了民主運動；許多人參加了民主運動，但大部分人並沒有受到思想上的影響。這可以解釋為，參加原因是因為被強迫，或是認為會改善回國條件而參加……另外，如問卷第 53 題第 3 項**（紅色標籤）**所顯示，對共產主義感到失望的人數很多。**[12]

調查結果中，思想上大部分沒有受到影響的比例是 58.8%，受到一些影響的是 9.1%，受到很大影響的是 29.6%，換句話說，不論程度的話，受到影響的有 38.7%，其實比例並不是非常低。

而問卷第 53 題的題目是「在您的人生中，您如何看待『抑留』生活？請簡要描述您的想法」，在第 3 項（紅色標籤）部分，有 17 人（0.6%）回答：（一）切身感受到共產主義的理念與現實之間的差距；（二）在人生的選擇中，沒有選擇共產主義是幸運的；（三）見識到了共產主義的實態。[13] 但該調查報告只以 17 人這個數字，得出「對共產主義感到失望的人數很多」的結論，似乎有些站不住腳。

故姑且不論戰俘在歸國後如何定位「民主運動」，就被拘

留期間的參與狀況而論,如長勢了治指出,許多人即使不是積極參與「民主運動」,仍在思想上受到共產主義的影響,他認為這是因為「共產主義為人們對於『為什麼戰爭會失敗,為什麼會處於這樣的際遇』這類問題,提供了一種解答」。[14]

那麼,從蘇聯遣返後定居日本的臺灣人,對思想教育的想法,跟上述針對日本人的調查結果是否類似呢?目前所知西伯利亞戰俘中的臺灣人,在遣返過程中選擇不回臺灣、直接定居日本的,有吳正男、陳旺、鄭慕鐘(香川博司)等 3 位,同樣定居日本的許敏信,是先回臺灣之後再前往日本定居。而以上 4 位中,只有吳正男提及與「民主運動」相關的影響,就是《日本新聞》。他認為自己除了《日本新聞》之外,沒有「民主運動」經驗,原因是他被拘留的地點在中亞的哈薩克,以及被拘留的時間較短。

(一)目前唯一僅存者吳正男的證言

據說第二年開始,所謂的「active」(積極分子)就會進到營區,今天做完,明天就去別處。我在收容所二年,還沒有 active 進來,可能是待得不夠久,或是因為附近沒有其他拘留日本人的收容所,這個單獨設立在中亞的收容所,並沒有推行民主運動。但收容所裡面有「不工作就不給飯吃」、「反對軍國主義」、「反對天皇制」等標語。唯一的報紙《日本新聞》也有「反對天皇制」、「日本是侵略國家」等內容,我對於那些否定皇室神格化的文章非常感興趣,是被這樣的方式洗腦。回到日本後,我也認為這是事實。[15]

圖十九：吳正男（第一排左一）攝於
澀谷高等學校　資料來源：吳正男提供

　　吳正男因未意識到《日本新聞》是推行「民主運動」的工具，「打倒天皇制」是「民主運動」初期的重點之一，而認為自己沒有「民主運動」經驗。但若參考葉海森、唐中山的口述，事實上他是經歷了強度上較為溫和的「民主運動」，也可以說他是在不自覺的情況下接觸「民主運動」，既非

圖二十：吳正男攝於法政大學
資料來源：吳正男提供

第四章　「思想教育」對臺籍日本兵的影響　135

主動、也不是被強迫、或是因為擔心不參加會影響遣返而參與,「民主運動」是在無形中影響他的思想。

　　我回到日本後,感覺自己有點被赤化。1950、1951年是「反對美日安保條約」、「贊成與蘇聯在內的全面和平協議」、「反對天皇制」等示威遊行經常和警察發生衝突的時期,我也參加了在皇居前的示威遊行。先不論當時我是否討厭蘇聯或史達林,我是反對美國。在昭和二十年代,就是一直在參加示威遊行,那時候大家都在「反對天皇制」、「反對日美同盟」,我也是這群人裡的一分子,就是被教育成這樣。[16]

　　「反對天皇制」的呼聲,讓吳正男覺得天皇制有瓦解的可能,1950年他報考大學時,雖然當時「學習院大學」入學容易,但因為被視為「皇族大學」,他認為天皇制一旦瓦解,「學習院大學」便隨時會消失,因而未考慮報名該校。吳正男認為被「赤化」的部分,還包括:對日本共產黨的野坂參三從中國回到日本感到期待;[17] 1949年1月第24屆日本眾議院議員總選舉時,[18]「二名連記」的選票投給當時擔任日本共產黨書記長的德田球一、[19] 日本社會黨的鈴木茂三郎;[20] 1950年進入法政大學市谷(市ヶ谷)校區就讀時,是GHQ（General Headquarters）對日本共產黨「red purge」(赤色清洗)的時期,[21] 當時他參與了上杉捨彥教授主持的研討會,[22] 吳正男指出上杉捨彥曾因「赤色清洗」被法政大學開除過,自己如果不是「紅色」,是無法參加該研討會的。

　　吳正男的上述舉動,表示他贊同《日本新聞》針對建設

「新日本」的部分主張，因此將選票投給左翼政黨，他支持的日本共產黨的野坂参三、德田球一，以及日本社會黨的鈴木茂三郎，在 1949 年日本眾議院議員總選舉中皆當選。[23] 該屆日本共產黨當選人數，從戰後首次眾議院議員總選舉時的 5 人，增加至 35 人。[24] 日共當選人數大幅成長，自然成為蘇聯肯定思想教育成效的宣傳，蘇聯的戰俘檔案記錄了日本戰俘回到家鄉後，積極結合農民從事鬥爭，因此提高選舉時共產黨的票數，例如：新潟縣某村莊的農民，在 1 月的國會議員選舉時投給共產黨的票數，是上一屆的 10 倍；福井縣吉田村的一位歸國者，與鄰近的黨組織合作，揭露了配給的不公，並結合當地農民對抗不公平制度；滋賀縣湯田村的歸國者，其積極行動取得了良好的成果，在（1949 年）1 月的國會議員選舉時，該村的農民投給共產黨的票數，比上屆多了 11 倍等等。[25]

與上述檔案中歸國者的積極行動相較，吳正男受到「民主運動」影響的程度，如以「全抑協」的問卷答題選項來區分，應算是「受到一些影響」。他認為被蘇聯拘留三年或四年後才歸國的人，與他相較，受到更多共產主義的「洗腦」：

> 這些較晚遣返的人抱有共產主義思想，動不動就遊行示威跟罷工，也聽聞有集體加入共產黨的舉動，所以，（從蘇聯遣返的人）在求職時經常受到公司的歧視。我因為先回學校求學，還不需馬上求職，所以才沒有被歧視。[26]

吳正男認為現在自己對共產黨已經完全沒有興趣，他形容：「以不是很正面的方式來說的話，我現在是『右派』，不

是『左派』。」他會強調「現在」，或許是因爲他曾對中國共產黨建立的「新中國」很嚮往，並因爲在橫濱華銀任職的關係，跟親中共人士有來往，他覺得自己被中國洗腦，加上聽聞「蔣介石在二二八事件前就做了許多壞事」，所以非常討厭蔣介石跟他領導的國民黨，他覺得當時在日本的臺灣人大都討厭蔣介石政權，比較支持中共。大學期間他曾兩次前往舞鶴，以「我畢業後就去找你們，你們先去那裡等我」的心情，爲前往中國的朋友送行，但後來發現不對勁，大家也逐漸瞭解中國的情況，留在這邊的人就覺得幸好沒有去，而轉變成討厭中國共產黨。[27]

也就是說，吳正男被遣返後，定居日本初期的政治立場偏左，原因之一是受到《日本新聞》的影響，這點應與從蘇聯遣返的部分日本人相似，而雖然他日後認爲對「新中國」感到嚮往是被中國洗腦，但應可理解爲是對實行共產主義的「新中國」抱有期待，其中也參雜了對蔣介石政權的厭惡，這點可說是臺灣人才會思考的問題。而吳正男對於中共以及蔣介石與國民黨的態度，是否有可能也受到《日本新聞》的影響，這與《日本新聞》在報導兩方時所持的立場有關，這部分會在本章第四節討論。

(二)成為可疑分子

吳正男的妹妹吳照在訪談中提到，吳正男曾被調查局約談，陳旺的太太陳淑娃在轉述先生回憶時，也提及陳旺被調查局約談並拘留。許敏信的姪子許嘉宏則是在部落格中寫道：

圖二十一：吳正男與妹妹吳照　　　　　　　　　　資料來源：郭又寧提供

「從西伯利亞回來的戰俘每週需接受兩天思想教育，(許敏信)實在受不了這種洗腦，於是又返回日本。」²⁸ 以下分別討論上述三例與他們思想教育經驗的關聯性。

1. 吳正男

　　吳正男曾被調查局約談一事，他在初次接受我訪談時並未提及，我是在訪談他的妹妹吳照時才得知。吳照提到，有一次吳正男返臺探親暫居她家時，她接到調查局來電，表示想見吳正男。家人不放心讓吳正男單獨前往，所以由吳照的先生陪同前往調查局，不過細節已不記得。²⁹ 聽聞吳照所述，我直接聯

第四章　「思想教育」對臺籍日本兵的影響　139

想到調查局約談吳正男的舉動，是否與其西伯利亞經驗有關，因為從蘇聯遣返的臺灣人，至少有9位在抵臺後，被政府以從蘇聯地區返臺為由，被列為「可疑分子」。[30] 之後我再次訪談吳正男，他證實曾與妹婿前往調查局，不過並未被進行任何調查：

> 我們兩人到了調查局，被帶到一個房間，等了一會兒，五、六個人走進房間。因為我在日本認識很多人，我以為會被調查局詢問有關那些人的事，結果完全沒問，他們只是端茶點出來，我問起要我過來的原因，他們說是想跟我變熟，問我什麼時候回日本，他們可以去送行，還說「沒事啦，改天約吃飯」，所以大家就真的約了一次去調查局的宴席，吳照也一同前往。結果我下一次回臺灣的時候，一下飛機就看到其中兩個調查局的人來接機，送我到吳照家。[31]

吳正男猜測，可能是一位曾跟他應酬過的國大代表，以他與親中共人士有往來為由，向調查局通報，調查局才開始接近他。他也因此跟調查局的人員有交情，外派日本的調查局人員會以學生身分到新宿某語言學校就讀，因入學需要保證人，他會以公證人身分為他們擔保。他也知道那些學生不是單純在日本停留，是定期會去找他，這種情況大約持續十到十五年。

換句話說，西伯利亞戰俘經驗並不是吳正男認為自己被調查局追蹤的原因，而是因為與親中共人士往來。至於親中共人士可能是哪些人呢？在吳正男提供的資料中，有一篇題目為〈第八章　對中國現狀的淺見〉的文章，是賴正山（東京華僑

總會理事）根據他 1973 年 6 月 20 日的演講內容增補而成，[32] 文章第一頁蓋有「中日國交建立一周年紀念日」等字的章，從目次內容可看出作者的親中共立場，例如：「毛主席與蔣介石——做為政治家有何不同」、「對『為人民服務』的徹底實踐深切感激」。我以賴正山為關鍵字搜尋相關檔案，找到一筆檔案管理局所藏的「賴正山案」，雖因檔案未公開全文影像無法閱覽內容，但從內容摘要可知，賴正山被調查局列為親共華僑、東京華僑總會為親共團體。[33] 之後我請問吳正男與此人關係，得知賴正山是他高中時期兼職的小鋼珠店出資者之一。為參與建設新中國，1952 年賴正山的四個子女前往中國，當時就讀大學三年級的吳正男前往舞鶴送行，原計畫大學畢業後也前往中國。1953 年賴正山夫妻擔任吳正男婚禮的媒人，之後吳正男夫妻每年皆探訪子女不在身邊的賴正山夫妻，持續二十多年，[34] 可見兩人互動密切。

　　進一步搜尋「東京華僑總會」相關文獻，可從外交部「匪共在日活動」檔案中，看到賴正山名列 1956 年「偽東京華僑總會」監察委員名單中，「匪共」指的應該就是中國共產黨，當時會長在檔案中被記錄為「匪人民代表大會日本華僑代表」，而東京華僑總會在同卷宗檔案中也被稱為「匪東京華僑總會」，[35] 內容多為中華民國駐日單位呈報其協助「匪方」的情報。吳正男應該很清楚賴正山以及東京華僑總會的立場，所以當他被調查局約談時，自然聯想到調查局可能是要從他那裡獲取與立場支持中共的朋友有關的情報。

　　吳正男在 1973 年，也就是臺日斷交後的隔年，就任橫濱臺灣同鄉會會長。雖然從臺日斷交前「僑務委員會」相關檔

案顯示，該會立場是親中華民國，[36] 但臺日斷交後有部分華僑團體轉而支持中華人民共和國，例如兵庫縣臺灣同鄉會。[37] 當時的外交部長沈昌煥指出，「中日斷交後，在旅日僑胞與僑團中，擁護我國政府及堅強反共者眾，但為環境所迫，轉而附匪者亦屬不少。橫濱向為匪我鬥爭最激烈之地⋯⋯（後略）」，[38] 吳正男擔任橫濱臺灣同鄉會會長，其立場必定受到相關單位的注意。1988年1月13日時任總統的蔣經國過世，日本《世界日報》在1月30日刊登僑界悼念廣告，吳正男便以該會會長名義名列其中。[39] 那麼，調查局接近他的原因，是否也有可能是要確認他的立場有無受到親共人士影響？

　　我在檔案管理局所藏檔案中，找到吳正男名列在調查局一件〈海外反滲透案〉的人名索引中，因全文影像未公開，吳正男同意由我代理提出申請附卷後取得該檔案，內容摘要為「本案為（民國）77至82年間，法務部調查局雲林縣調查站等單位陳報法務部調查局有關多位海外反滲透對象暨其家屬言行動態，並陳請該局准予將當中部分人員停偵，調查局予以同意。附名片影本、反滲透對象名冊、注偵等級調整報告表等文件資料」，吳正男被列在「雲林縣站反滲透對象名冊」中，類別為「丙 一般」。[40] 在該案中，「丙級」為注偵等級中最低等級，吳正男被稱為「旅日涉嫌分子」。依該案內容顯示，吳正男及其部分家屬的動態，至少從1980年開始就被追蹤，1985年的檔案中寫道：「吳嫌自從六十九年（1980）回國探親，接受本局招待並曉以大義後，已深自悔悟，對政治已絕口不提，亦不再與匪打交道了。」[41] 此記錄應該就是吳正男在前文所述，他與妹妹吳照前往調查局招待的飯局一事。至於「曉以大義」以

及「已深自悔悟」的敘述，吳正男表示並無此事。[42] 不過從檔案中可知，調查局接近他，的確與他和被稱之為「匪」的人士來往有關。但該檔案並未說明「匪」是那些人，也許是調查局並未掌握到確切對象，不像被列為甲級對象者有「涉嫌情節」。不過，每份書函中皆提到吳正男臺灣同鄉會會長的身分，應是他被列為反滲透對象的主要原因之一。

> 旅日涉嫌分子吳正男於本（七）月十六日與日本臺灣同鄉會會員蔡仲秋等七人在東京召開「全日本臺灣同鄉聯誼會議」……與會人士一致認為臺灣為中華民族興衰存亡所繫的復興基地，會中決議全體一致支持政府，與「臺獨」野心分子對抗到底，並發表聲明，駁斥今（74）年八月將於東京舉行的「世界臺灣同鄉會議」，係少數偏激叛國分子欲遂其政治野心所煽動的「臺獨」活動……（後略）。[43]

這份 1985 年的書函顯示，調查局監控吳正男所參與的事務，以確認他支持國民黨政府、反對中共、反對「臺獨」的立場。從「反滲透」的詞義來說，應是要防止他立場轉換並「滲透」其他在日本的臺灣同鄉。調查局不只在他回臺灣時到機場接機，應該也監聽他與臺灣家人通信與通話內容，[44] 並透過吳正男斗六的友人鍾炳輝（即為前文吳正男提及的國大代表）1985 年赴日觀光時，前往吳宅探視。[45] 當時吳正男外出，吳太太與鍾炳輝的對話內容，被記錄在檔案中：「渠夫年事已高……雖早年曾與當地之臺獨分子有過接觸，但現已無聯絡，且已不再過問政治了」，[46] 檔案中依然未說明「臺獨分子」指的是誰。

第四章　「思想教育」對臺籍日本兵的影響　143

從調查局「吳正男案」內容來看，吳正男被列為注偵對象，應與他的思想教育經驗無直接關聯，這點與定居臺灣被列為「可疑分子」的 9 人不同，也顯示思想教育經驗的影響，因定居日本或臺灣而有明顯的差異。而吳正男與嚮往「新中國」的賴正山之間的密切互動，以及就讀大學三年級時計畫畢業後前往中國，皆可能與他在思想上受到《日本新聞》的影響有關，尤其是賴正山的文章，親中共的立場極為明確，內容除了對「新中國」的支持，甚至包括「解放臺灣」的相關內容。吳正男在 1973 年就任橫濱臺灣同鄉會會長時，當時臺灣處於戒嚴時期，如果調查局掌握到他擁有這些資料，他可能會因此受到更嚴密的監控與調查。

2. 陳旺

目前我蒐集到的陳旺相關資料非常有限，[47] 其中並沒有與思想教育有關的內容，但我訪談陳旺的太太陳淑娃時，她提到陳旺在回彰化溪湖探親時，被調查局約談並拘留，因為有人向調查局檢舉他和親共人士有往來，後經同為溪湖人的空軍將官陳肇敏出面具保才獲釋。[48] 因此，有必要探究陳旺是否也與吳正男一樣，曾被調查局列為「反滲透對象」或「旅日涉嫌分子」、被調查的原因為何，以及與思想教育經驗是否有關連。

由於調查局一事發生在兩人結婚之前，陳淑娃所知的經過是聽陳旺所述，因此資訊非常有限。除了被約談、拘留以及陳肇敏的協助，她還記得陳旺某位友人的女兒在空難中罹難，[49] 她與陳旺前往悼念時，該友人對陳旺坦承，向調查局舉發的人就是自己，並跟陳旺致歉，但她已不記得該友人的姓名。由於

陳旺已在2019年過世，無法向他本人求證此事。

據陳淑娃所述，陳旺曾擔任千葉縣中華總會副會長，參照吳正男的例子，如果陳旺被調查局追蹤、約談，應當會留下檔案記錄，但我在國史館、檔案管理局、中研院近史所檔案館館藏檢索系統，皆未查到相關資料，僅找到幾筆與千葉縣中華總會有關的信件與公文，並且都屬外交部檔案，而非法務部調查局，內容多在呈現該組織為親華團體，例如1976年千葉中華總會成立，陳旺於該年結束訪臺行程後，寫給亞東關係協會秘書長吳玉良的感謝信，其中寫道：「兩週停留，增廣見聞，並獲深刻印象。祖國進步，民生樂利，旅外僑民，猶蒙蔭惠。」該信由會長等成員署名，[50] 其中包括副會長陳旺。該會親中華民國的立場也明載於官網的「成立宗旨」：

> 自從我們的祖國中華民國與日本斷交三年以來，在我們居住的千葉縣內，缺乏一個守護自由、民主主義以及中華民國傳統文化的總會。因此，我們決定成立這樣的一個總會。本總會的成立旨在促進我們僑胞的互助團結、加強親睦和福祉的實現、強化與祖國中華民國的聯繫、以及發展與當地社會的關係。[51]

該會1976年訪臺期間，曾前往慈湖「蔣公陵寢」謁陵，陳旺亦在其中，並擔任副團長。[52] 另外，1978年亞東關係協會東京辦事處發電文給外交部，請境管局同意「千葉總會」陳旺等三人赴臺案，[53] 理由為「鼓勵其對千葉僑界進一步盡力」。上述文獻皆顯示，在外交部對日本地區「僑情」的報告

圖二十二：陳旺、陳淑娃夫妻　　　　　　　　　　資料來源：陳淑娃提供

中,千葉中華總會一直是親華組織,陳旺擔任副會長,其立場與該會一致,並未被列入注意對象。陳淑娃轉述陳旺被調查局約談、拘留一事,因缺乏相關檔案佐證,難以探求原委。不過,從吳正男、陳旺的例子,可見臺日斷交後,外交部對日本地區「僑情」與「僑務」的工作重點,是要防止親華組織轉向支持中華人民共和國,所以臺灣人在華僑團體中擔任要職者,被舉發與親共人士有來往而被調查局注意,此舉並不意外。

雖然受限文獻,無法討論陳旺是否與親共人士有往來、他思想上是否受到影響,不過值得一提的是,陳旺被拘留在西伯利亞的地點是「第4收容所」,[54] 位於哈巴羅夫斯克地區,[55] 哈巴羅夫斯克即是「民主運動」機關報《日本新聞》的出版地,受到《日本新聞》的影響,該地區「積極分子」在1946年成立類似「友之會」的組織:「民主日本支持者」、「民主同盟」、「反軍國主義小組」、「士兵委員會」等,[56] 而陳旺回到日本的時間為1947年7月24日,也就是說,陳旺被遣返的前一年,上述組織已在他被拘留的地區推行「民主運動」。若與吳正男被拘留的地點對照,陳旺受到思想教育影響的程度可能高過吳正男,可惜他未留下相關的訪談記錄,無法驗證上述推測。

3. 許敏信

已知具西伯利亞戰俘經驗的19人中,許敏信可能是唯一的軍官(陸軍中尉),被拘留時間最長(4年多),他是19人中軍階最高並完整經歷「民主運動」的人,在本書論及「民主運動」第三階段時,曾提到「對舊天皇制軍隊體系進行形式上的

民主改革」是「反軍鬥爭」的重點之一,[57] 在原日本軍隊中擔任軍官的許敏信,其思想教育經驗以及所受到的影響,與其他的臺灣人應有不同之處。他入伍前已自東京工業大學畢業,接受過完整日式教育。他應對「紅色」、「蘇聯」的態度是否更為明確?加上他的父親許丙是政商關係雄厚、擁有大量財富的仕紳,[58] 許敏信在面對「民主運動」中推翻資本家政權的宣傳時,其看法為何?另外,許敏信被拘留的時間長達4年多,是否與他在「民主運動」中所扮演的角色有關,值得深究。例如畢業自建國大學的朝鮮籍日本軍人董玩(廣川隆基),在被拘留期間擔任作業大隊長,起初頗獲隊友肯定,但隨著民主運動的激化,他因為前日本軍官的身分,被指控為「反動分子」,1948年12月蘇聯集中遣返朝鮮籍日本戰俘時,他因此未被列入,直到1949年10月底才被遣返。[59] 許敏信至1950年1月才被遣返,有沒有可能是因為遇到類似董玩的情況?

許敏信的女兒許瑛子在接受我訪談時提到:父親「非常反共產黨,反到可能已經寫入我們的DNA的程度」,也聽他說過「總之共產黨就是不可以!」[60] 那麼,許敏信反共產黨,是因為原本就不認同共產主義,還是經歷「民主運動」後形成的?可惜在目前蒐集到與他相關的文獻中,並沒有與「民主運動」有關內容,僅有他少量的對於西伯利亞嚴酷生活條件的描述,以及接受許雪姬訪談時,提到回臺後被警總約談的口述。

許雪姬在專書中寫道,1996年8月她在東京訪談許敏信,但文中只有以下內容:「1950年才獲釋回臺,回臺後第三天,即被警總叫去問在蘇聯的情形,而後常住在日本」,[61] 關於許敏信的西伯利亞戰俘經驗、遣返經過、被警總約談的

詳情、離開臺灣前往日本定居的理由等,皆未提及。許敏信日記中的確有一筆許雪姬來訪的記錄,但日期是 1995 年 12 月 5 日,與許雪姬所述時間不同,至於訪談內容,許敏信只寫道「許雪姬來訪,問起父親的弟弟,我大致說明了情況」,僅此一句,[62] 並未提到被警總約談一事。從雙方的記錄推測,許雪姬訪談許敏信的目的,可能不在於他的西伯利亞戰俘經驗。

　　從許敏信日記的日期來看,許雪姬訪談他的目的,也許與她主編《許丙‧許伯埏回想錄》此書有關。[63] 許敏信會在回臺後第三天被警總約談詢問在蘇聯的情形,其原因若對照前文提到的 9 位被列為「可疑分子」的臺灣人,應該是因為他自共產主義國家歸來,情治單位必須確認他在思想上是否受到共產主義影響。不同的是,這 9 位臺灣人是搭船前就被政府追蹤,但搜尋國史館及檔案管理局資料庫,並無許敏信從日本返回臺灣過程的相關文獻,也沒有被警備總部約談的檔案。根據許瑛子的記憶,許敏信是搭飛機回到臺灣,但許丙認為他「參加了敵國的戰爭,不准回來」,許敏信即直接折返回日本。[64] 許敏信的姪子許嘉宏則有不同的說法,他在部落格中寫道:「從西伯利亞回來的戰俘每週需接受兩天思想教育,(許敏信)實在受不了這種洗腦,於是又返回日本。」據許嘉宏的記憶,上述內容來自許敏信與親友的對話。[65]

　　綜合上述說法,許嘉宏的敘述與許雪姬所寫內容較為一致,而許敏信回臺後接受思想教育的情況,並未見於 9 位臺灣人被列為「可疑分子」的檔案或口述訪談記錄中。須接受思想教育,是否與許敏信被蘇聯拘留長達 4 年多的時間有關,或是警總約談後認為他須接受思想教育?此外,與他不同於一

般人的家族背景有無關聯？畢竟戰時他志願入伍的決定，曾被刊登在臺灣的報紙；[66] 他的父親許丙在戰後因參加「臺灣獨立事件」嫌疑被捕並被判刑。[67] 1963 年許丙過世後，他的家人仍被警察追蹤，1968 年警務處發給臺北市警察局的公文中寫道：「……其三男許敏信、五男許敏忠涉有『偽臺獨』嫌疑……惟對其家屬平日活動及與許敏信、許敏忠通信情形請多加注意，若有發現可疑，隨時通告。」[68] 但何謂「偽臺獨」？許敏信決定離開臺灣的主因，是否是無法忍受思想教育？以上疑問因查無相關檔案，許敏信也未在日記中提及，因而難以定論。

除了「反共產黨」，許瑛子還提到，父親告誡她們「絕對不能對政治有興趣」。不過，許敏信一生從未告訴女兒他曾被警備總部約談，卻在 1995 年跟許雪姬提到此事，許瑛子猜測其原因可能是因為他知道周圍的人可能會被調查，為了不牽連家人，乾脆甚麼都不說，這是許敏信設下的一道防線，[69] 為避免情治機關的追蹤，離開臺灣是最有效的方法。但畢竟從蘇聯遣返的臺灣人，不是每個人都有條件這樣做，沒有離開的人所要面對的，即是政府的長期追蹤。

三、
遣返後定居臺灣者

　　從口述訪談與檔案來看，思想教育對他們的影響，主要集中在從日本返回臺灣的過程以及日後受到政府追蹤的史料，雖然極少提及思想層面，但其實各單位認為從蘇聯歸來的人，可能在思想上受到共產主義影響，可以說就是導致他們在遣返過程中，屢次受刁難被拘留，以及之後被長期追蹤的主因，尤其他們面對的是當時反共立場非常堅定的國民黨政府。討論蘇聯的思想教育對他們造成的影響之前，先概述終戰之後，國民黨政府對被蘇聯所俘的日本軍隊、臺籍日本兵的掌握過程及立場。

　　首先，國民黨政府是否知道，終戰後對蘇軍投降的日本軍隊中有臺灣人？1945年10月30日，臺灣省行政長官公署曾發電文給同盟國中國戰區中國陸軍總司令何應欽，電文中提到臺籍日本兵的派駐地：

> 臺胞被日軍徵調服軍役者為數甚多，茲擬請將（一）臺籍及高砂族（即生番）軍人軍屬之在國內各戰區者請通飭分別集中管理，從優待遇並懇設法及早運臺；（二）其在日本本土及菲

律賓、馬來亞、婆羅洲、爪哇、蘇門答臘、荷屬東印度、新幾內亞、暹羅、緬甸、安南、香港暨太平洋各島嶼者,請轉請麥帥通令亦准分別集中優遇、迅准運回臺灣,藉振臺胞傾向祖國之情⋯⋯(後略)。[70]

電文中「臺胞被日軍徵調」的派駐地,包括日本、南洋、中國等戰區,並無滿洲和北朝鮮,這是否表示國民黨政府尚不知情終戰後對蘇軍投降的日本軍隊中有臺灣人?1947年5月28日國防部呈報給蔣介石「蘇聯控制下日俘現狀」,列出蘇軍在遠東地區、外蒙及東北地區,以及「奸匪」(應指中共)在佳木斯區、嫩江區、大連的日軍戰俘人數及利用概況,並在附註處提到戰俘總人數:

一、據東北蘇軍司令官史丹愷維基透露,蘇聯曾自東北運往遠東五十萬日俘⋯⋯綜合各方情報所列之人數,似極相符。二、另據合眾社東京四月廿三日電稱,截至四月十五日止,西伯利亞境內尚有日俘六十八萬一千零二十人。[71]

此報告顯示,國民黨政府在注意蘇聯及中共控制下的日軍戰俘動態,其中並未提到戰俘中有臺灣人。但其實許敏信、陳以文、賴興煬、陳旺、吳正男被蘇聯拘留期間的戰俘營,就在報告所列的部分地區中,分別為:烏蘭烏德(許敏信,烏蘭烏德第28、30地區)、[72] 伊爾庫次克(陳以文,第7收容所)、[73] 蘇城(賴興煬)、[74] 伯力(即哈巴羅夫斯克。陳旺,第4收容所)、[75] 哈薩克共和國(吳正男,第468收容所)。[76] 當然就如本書中所述,蘇聯戰

俘檔案中並無臺灣人的資料,因此中華民國國防部應該也難以得知實情。此報告的重點在於日軍戰俘總數,以及評估被用來聲援中共的可能性,結論中提到,可能該批日俘目前正分布於外蒙及東北各地秘密編練部隊,以聲援「奸匪之叛亂」,並指出少數遣返的日軍戰俘,大多接受共產主義思想教育,在日後將扮演赤化日本工作中的重要角色。這份呈給蔣介石的報告,簽呈日期為 1947 年 5 月 28 日,而吳正男、陳旺先後在 7 月 12 日、7 月 24 日抵達舞鶴,但他們兩位都未返回臺灣,可能因此並未被國民黨政府追蹤,否則他們應該會被認為與回到日本的日軍戰俘一樣,已接受過共產主義的思想教育。

(一)陳以文等九人

1. 崎嶇返鄉路

1948 年 6 月 24 日,外交部情報司向蔣介石呈報「蘇俄在伯力訓練中共韓共空軍及日俘情形」,文中提到蘇聯對日軍戰俘實行思想教育的方式:「本市(伯力)日俘約有五千餘人,每日分別列隊早出晚歸,手執紅旗或唱頌揚蘇聯及共匪主義之日語歌,或邊行邊由隊長演講共產主義,此輩日俘似已受到蘇方相當之訓練。」[77] 這份報告簽呈日期前後,包括唐中山、葉海森、陳以文在內等從蘇聯遣返的臺灣人,陸續抵達舞鶴,由於他們皆要返回臺灣,因而被送到佐世保的引揚援護局分局候船。根據葉海森口述,他們一行人被美軍憲兵逮捕,理由是他們是來自共產主義國家的歸國者,不能回臺灣。[78] 他們在佐世

中華民國駐日代表團快郵代電

事由：為呈送乘海遼輪歸僑名單事

外交部鈞鑒：被遣華僑五十一名將於九月七日由橫濱港啟程九月十日可抵滬內陳以文陳忠華葉登盛彭武進等八名台民係由蘇聯地區遣返日本此次將由滬返台除已電請台灣省政府暨鈞部駐滬辦事處通知有關單位對彼等行動加以注意外理合將五十一名歸僑名單一紙隨電附呈敬祈鑒察駐日代表團僑

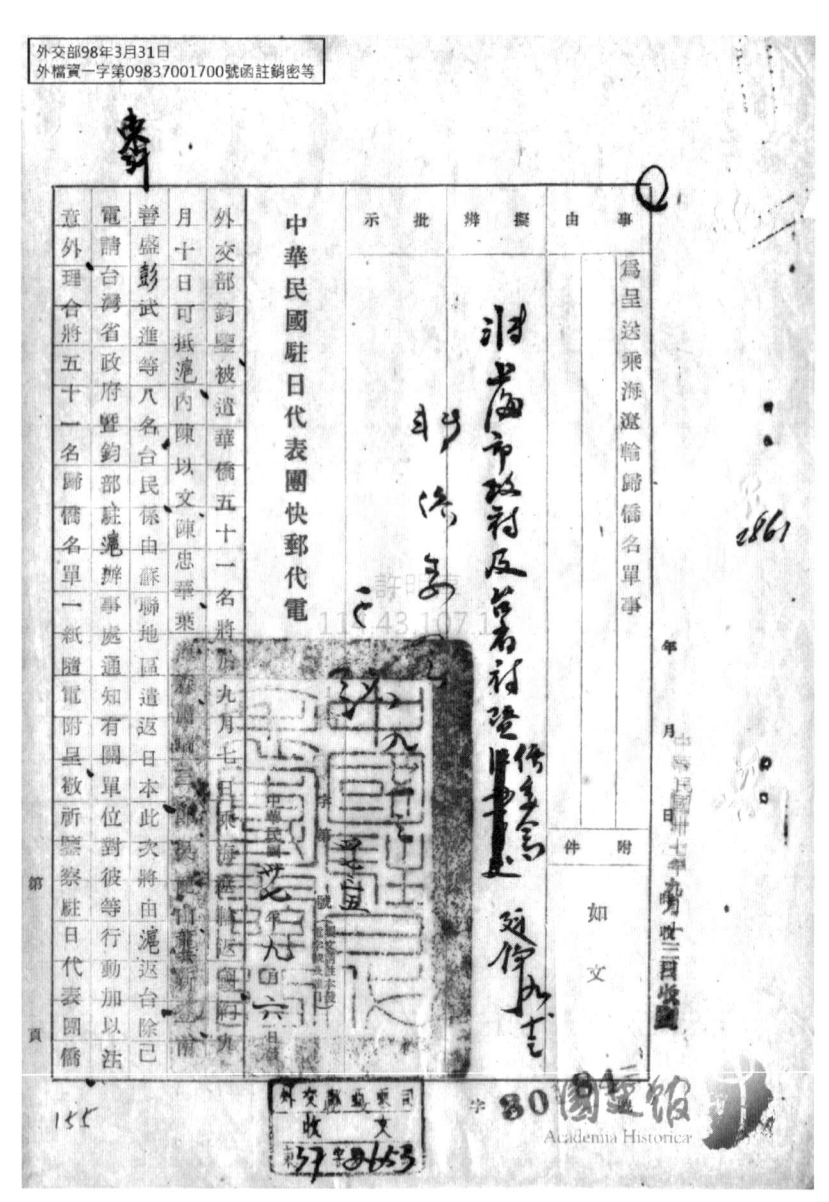

圖二十三：〈我國駐日代表團遣送華僑返國〉
資料來源：《外交部》，國史館藏，數位典藏號：020-010108-0026

保會受到這樣的對待,與日軍戰俘在遣返過程中反「民主運動」的右派勢力與「民主運動」指導者之間的對立狀態有關。

1948年上半,歸國者在遣返過程中,分兩派相互鬥爭,右派勢力占優勢,對民主運動的指導者施加壓力,因此發生私刑暴力事件。同年秋季,因民主運動激化,左派勢力壯大,反法西斯委員會開始領導歸國者,在遣返過程中發展的鬥爭,甚至影響遣返業務。[79] 葉海森等人可能是被美軍懷疑,他們返臺後會策動類似的抗爭,因此將他們拘留,後經蕭瑞郎用英語向美軍解釋,才被釋放。21天後,9月7日他們從佐世保搭乘海遼輪前往上海,9月10日抵達後,一行人被國民黨政府的外事警察逮捕,外事警察認為「他們在日本造反,被當成不良的外國人遣返,是共產黨的間諜」。[80] 警察逮捕的主要原因,可

第四章 「思想教育」對臺籍日本兵的影響 155

能是因為國民黨政府在他們搭乘海遼輪前,已知道他們是從蘇聯遣返的臺灣人,而前述已有國防部、外交部先後呈給蔣介石關於日軍戰俘接受共產主義思想教育的報告,再加上從蘇聯歸國的「民主運動」積極分子上岸後的鬥爭行動,這8位臺灣人應該很難不被注意。

中華民國駐日代表團在9月6日發快郵代電給外交部,通知相關單位注意他們的行動。這應該是國民黨政府首次提到西伯利亞戰俘中的臺灣人:

> 外交部鈞鑒,被遣華僑五十一名將於九月七日乘海遼輪返國,約九月十日可抵滬,內陳以文、陳忠華、葉海森、蕭瑞三郎、吳龍山、龔新登、南善勝、彭武進等八名臺民,係由蘇聯地區遣返日本,此次將由滬返臺,除已電請臺灣省政府暨鈞部駐滬辦事處通知有關單位對彼等行動加以注意⋯⋯(後略)。[81]

在上海被逮捕的這些臺灣人,沒有人會說北京話,無法幫自己辯駁。根據葉海森的回憶,蕭瑞郎父親請友人營救,他們在上海被監禁一週獲釋,搭船(海黔輪)從上海出發,[82] 在基隆上岸後,一行人又被警察以「非法入境」為由關押在看守所,[83] 要三個保證人才能釋放,最後同樣由蕭瑞郎的父親出面作保,在基隆被拘留五天後獲釋。[84] 葉海森回到彰化家裡時,已是1948年10月20日,從6月23日接到遣返通知算起,已相隔將近四個月。[85] 而葉海森接到遣返通知的時候,陳以文已抵達舞鶴(1948年6月20日),[86] 也就是說他比葉海森等了更長的時間才回到臺灣。單從日本到臺灣就相隔三個多月,與選擇

圖二十四：遣返列車與歡迎民眾　　　　　　　　資料來源：舞鶴引揚記念館

留在日本的吳正男在舞鶴的歸國者宿舍只停留一晚，[87] 隔天即搭乘遣返列車離開相較，他們的返家之路可說是備受屈辱。對比吳正男搭乘遣返列車的經驗，更是極大的反差：

> 在途中每停一站，月臺就有婦人會的成員奉茶給我，說「辛苦了」、「真的辛苦了」，非常的受到款待，讓我感到很開心。我對於大家在車站這樣迎接我，對我說「辛苦了」，印象非常深刻。[88]

1948 年 10 月初從舞鶴搭火車要前往長崎佐世保候船的賴興煬，也有類似的回憶，那是與他抵達臺灣後的返家過程，完全相反的待遇：

第四章　「思想教育」對臺籍日本兵的影響　157

我們從舞鶴坐火車到長崎去。火車每經過一站，車上就會廣播我們從軍的事蹟，所以一路上連正在稻田中工作的農夫，看到我們都會一鞠躬，表示他們的感謝之意，火車所經過的縣市政府也準備了便當讓我們吃。日本人對復員的軍人是很尊重的。[89]

葉海森等人抵達舞鶴後，並沒有參與和「民主運動」積極分子有關的任何行動，只因臺灣已被與共產主義為敵的國民黨政府「接收」，即使他們沒有任何犯罪行為，卻受到猶如嫌疑犯般的對待。類似情況也發生在朝鮮籍日本軍人身上。根據金孝淳的研究，《東亞日報》從 1949 年 2 月 8 日開始陸續刊登從蘇聯遣返要回鄉的青年，經由朝鮮越過北緯 38 度線，進入南韓時被拘留在仁川並接受嚴密調查的報導。[90] 越境人數從起初的一百八十幾名陸續增加，由於當時南北韓雙方都已建立政府，並正面對峙。報導中提到，其中有人透露北韓「傀儡政權」資助他們每人兩千韓元旅費、對他們進行 40 天的訓練後，將他們送往南方，調查當局因此懷疑他們之中是否有叛亂分子、是否有北韓在俘虜中安插的工作隊。相關報導節錄如下：

根據消息來源，此次被蘇聯釋放的韓國青年俘虜約有兩千名，其中在南韓登記戶籍的就有數百名。蘇聯正在分批協助他們越境南下，這一事實令人難以理解。鑑於目前叛亂分子潛入非常頻繁，調查當局表現出緊張的態度也屬實。[91]

金孝淳引用《東亞日報》的報導指出，這些人在仁川收容所接受了大約 50 天以上的調查，並於 3 月 26 日大部分被釋放。459 人根據他們的出身地區，被分別移交給各道的警察或道廳機關。其餘 18 人則因為被視為「犯罪嫌疑人」，而未列入釋放名單。[92] 但他們被懷疑的罪名是什麼，以及之後的情況如何，仍然不明確。金孝淳另引述催其亨的回憶：「當時有 17 個調查機構……有 CIC（防諜隊）、CID（犯罪搜查隊）、韓國國軍、美軍、警察等，所有人都不停的調查。他們認為我們是從蘇聯來的，我們明明什麼都沒做。」[93] 思想教育經驗對於分別回到南韓、臺灣的朝鮮籍、臺灣籍日本軍人來說，如同撕不掉的「紅色標籤」，他們曾被灌輸「紅色」是魔鬼，想不到這張標籤，在返鄉過程中反而被貼在他們身上。

　　美軍憲兵、上海外事警察逮捕葉海森等人的依據為何，因找不到相關文獻無法得知。在基隆拘留他們的則是「基隆港務警察所」，是奉中華民國駐日代表團代電進行查辦，檔案中並未提及葉海森所述的「非法入境」，只提到他們是從蘇聯遣返，拘留人數為 9 人（陳以文、陳忠華、葉海森、蕭瑞三郎、吳龍山、龔新登、彭武進、阮彰和、賴英書），比搭乘海遼輪的人數多一位，[94] 名單略有不同。辦理該案的單位，除了基隆港務警察所，還包括基隆市警察局、臺灣省警務處刑事室以及警備司令部，警務處刑事室並派員攝影登記，但檔案管理局所藏之該檔案中只遺留相片信封套，上面寫道「返國僑胞陳以文等相片共八人」，檔案內容節錄如下：

經詢該據陳以文等係由蘇聯地區遣回日本再由日本遣送返

第四章　「思想教育」對臺籍日本兵的影響

臺,戰時被日本徵召服役,曾輾轉作戰於華北等地,嗣為蘇軍所俘遣回日本。本案除經鈞處（指警務處）派員會同警備部（應指警備總司令部）來所訊其筆錄,並留存僑民回國登記證及中華民國駐日代表團僑務處證明,暨通知其原籍地警局注意渠等行動外,業已將該陳以文等玖名予以開釋⋯⋯（後略）。[95]

2. 被考管的可疑分子

　　雖然被釋放,但警務處已通知他們的原籍地警察局注意其行動,而卷名為「我國駐日代表團遣送華僑返國」檔案中,9月6日駐日代表團發給外交部的快郵代電,則被收入後續內政部警政署的相關檔案,以「可疑分子考管──遣返臺民陳以文等九名」為案名,也就是說他們9位回到臺灣後,被警政署列為「可疑分子」。從全案的檔案日期來看,他們被「考管」的時間,從1948年9月13日至1977年6月25日,長達28年多。[96]

　　何謂「可疑分子」與「考管」,參見人權議題研究者李禎祥在其研究中引用的「臺灣警備總司令部漁民特殊份子及可疑份子考管辦法」,白色恐怖時期的「可疑分子」是指「起義份子、俘獲保釋份子、被俘歸來份子和『可疑份子』」,但定義中的第四類對象指涉模糊,似乎是要將不屬於前三類卻又被認定可疑的人納入,李禎祥也提到「這句有點奇怪,但檔案如此,據實照抄」。李禎祥並未說明「俘獲保釋份子」的定義,若依該辦法中的語意推測,陳以文等9人應屬「被俘歸來份子」,令人不解的是,他們竟與「起義份子」同列。至於考

管，李禎祥指出：「據官方說法，考管是『考核管理』之意，實爲複雜的監控措施。」[97] 雖然前引的檔案中並未說明陳以文等人爲何可疑，但文中強調他們是從「蘇聯地區遣回」，因此有必要進行「考管」。而 9 人中的賴英書，不只此案將他列入考管，有另一件「可疑分子考管」案，他也牽涉其中。

前面曾提及 1948 年 11 月 20 日，賴英書與李水清和另一位同學林慶雲被臺灣省警務處刑事警察總隊逮捕，賴英書被列爲「臺灣共黨武裝組織『愛國青年會』」「奸嫌人犯」林慶雲之有關人犯，相關檔案被納入「可疑分子考管——共黨武裝組織愛國青年會案」。警務處在捕獲經過說明中，針對賴英書寫道：「事發檢查其給李水清之信，發覺其自稱被蘇聯俘虜達兩年之久，前兩個月將自蘇回臺者——查蘇聯及共黨對俘虜例須加以赤化，將准自由。」換句話說，警務處認爲賴英書能被蘇聯釋放，是因爲他已「被赤化」。此外，他就讀建國大學的經歷也被寫在「奸嫌人犯名冊」中，而建國大學的經歷會被特別記錄的原因，可從同案中黃進福、紀慶生被列出的可疑事項中看出：「查黃紀二人所肄業之僞滿建國大學學生，現多加入匪幫、任匪之幹部。」[98] 賴英書之後被列爲「共黨武裝組織愛國青年會案」的首要分子，移解警備司令部合併偵訊，他被蘇聯俘虜兩年以上的經歷被寫入「罪嫌」內容中。[99] 在移送的部分資料裡，他被稱爲「匪要份子」、「共匪」、「共黨首要份子」。[100] 愛國青年會案在 1950 年 4 月由高等法院判決，檢察官將 12 位被告提起公訴，賴英書未在其中，12 位被告中，有 9 人以「共同陰謀意圖以暴動之方法顛覆政府」爲由被判刑，其餘 3 人無罪。刑期最重的是林慶雲，被判有期徒刑五

年、褫奪公權五年，與林慶雲、賴英書一同被捕的李水清，被判處有期徒刑二年、褫奪公權二年。[101]

此案被告的刑期與白色恐怖案件相較之下較「輕」，許雪姬認為是因為案發時尚未發布戒嚴令，以及未取得林慶雲是共產黨的確實證據之故。[102] 而賴英書未被列為被告的原因，由於在該案檔案中沒有找到相關資料，無法得知，推測是因為警務處並沒有找到賴英書參與愛國青年會的證據。根據李水清口述，賴英書是因為剛回到臺灣，想在臺北找工作，暫住李水清家，因而一同被捕。[103] 1949年5月20日起，臺灣進入戒嚴時期，前述之愛國青年會在判決文中被認定為「共匪之細胞組織」，也就是說如果該案是在實施戒嚴之後發生，賴英書若被認定參加該組織，根據1949年6月21日公布的《懲治叛亂條例》第5條，他可能會被處無期徒刑或十年以上有期徒刑，[104] 而被列在其罪嫌中的蘇聯經歷，對他而言應該是非常不利的事實。

本章曾提及1949年7月初從蘇聯遣返的部分歸國者在京都引發衝突，這類的事件發生在臺灣實施戒嚴之後，對於同樣從蘇聯遣返、已被列為「可疑分子」的9人，可說是非常負面的事件。1949年7月，中華民國駐日代表團將此寫入「日本政情週報」：

京都僑俘與共黨之騷擾──
據傳此次由蘇聯返日僑俘中受蘇聯訓練而加入共產黨者，佔百分之六十以上。僑俘火車到達一地，共產及工會成員即大舉歡迎，邀其參加人民大會，舉行黨籍登記。四日在京都車站

二工會會員因歡迎僑俘,不服警察指揮被捕。僑俘全體拒絕換車,致去迎火車空車而返,由此可知僑俘同情共黨及工會成員之熱烈。

駐日代表團認為,「鑒於去年七、八月間由蘇遣返之日僑大都係共產主義信徒,回國後備極騷擾,可知政治訓練一事決非捏造事實」。[105] 外交部亞東司在 1950 年「關於蘇境日俘案之說明」,提到政治訓練的內容:

1949 年八月由蘇返國僑俘曾在舟車中大事騷擾,據當局調查分析之結果,大半係受蘇聯指使所致,據稱,蘇聯對於返國僑俘施以下列三種之一部或全部政治訓練。(1)一般教育,授以蘇聯之歷史知識告以革命之必然性;(2)特別政治訓練,增加其對共產主義之信念;(3)政治學校訓練,其最後目標在使彼輩策動加入蘇聯對美作戰。[106]

說明中還提到,「凡受此三項完全訓練者被任為返國僑俘之指導員」,以及僑俘回國後,其行動所須遵守的規範,其中一項是「擴大蘇聯式之民主運動與和平主義」。外交部這份報告,等於是把接受政治訓練、受蘇聯指使、共產主義信徒與從蘇聯遣返者連結在一起,可想而知,從蘇聯遣返的臺灣人身上的紅色標籤,會更加難以去除。

以此推測,1950 年 1 月抵臺的許敏信,「從西伯利亞回來的戰俘每週需接受兩天思想教育」的說法,應極為可信,如果他沒有離開臺灣,可能會被警察長期追蹤。陳以文曾告

一、陳以文之307.11卷宗，請注意是否同姓名者

二、其餘各員均無紀錄

抗戰時為蘇聯所俘遣回日本後返台立戶籍（日本）尚無涉嫌資料及年籍，是否與嘴虎者同屬一人，無法決定，本資料不提出

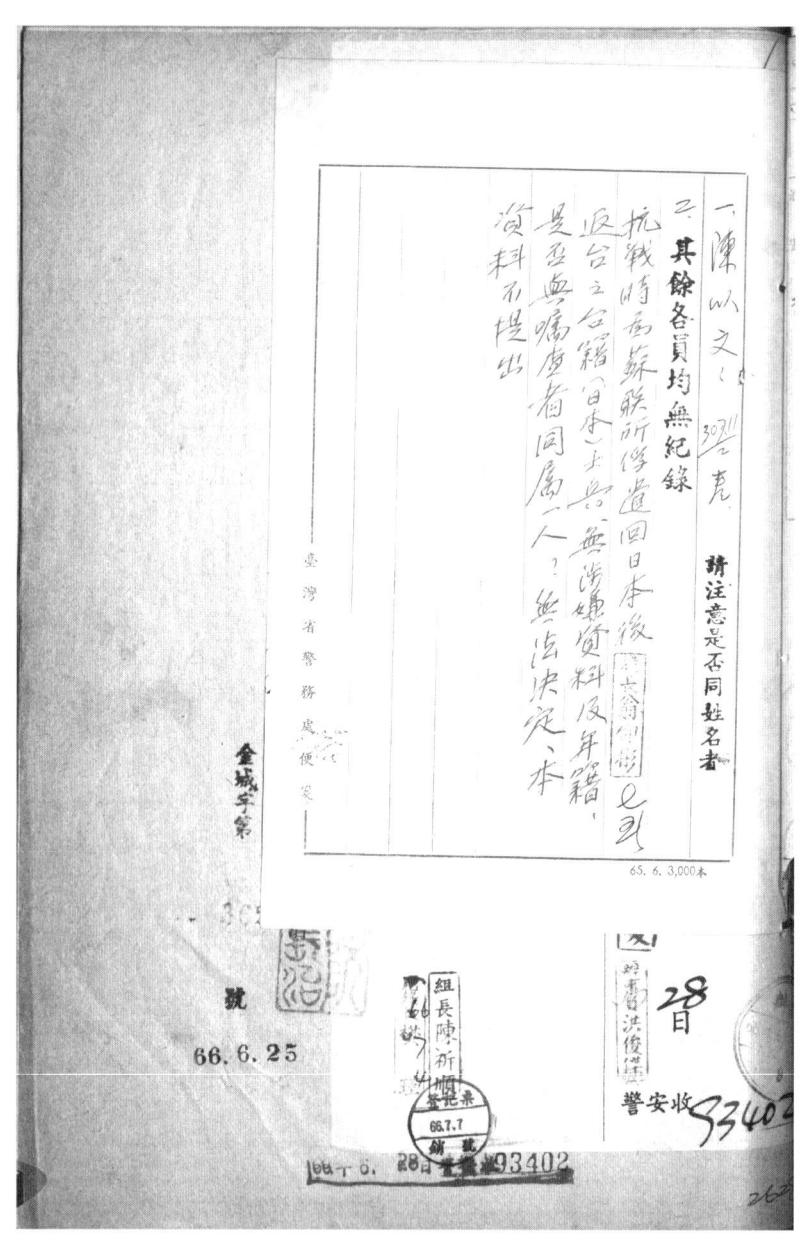

▲➡圖二十五：〈可疑分子考管──遣返臺民陳以文等九名〉
資料來源：《內政部警政署》，國家發展委員會檔案管理局藏，檔號：AA01010000C/0037/307.11/0002

廠商名稱	姓名(原名)	性別	出生年月日	籍貫(國別)	身份證字號(護照號碼)	住址	備註
協發机電有限公司	陳以文	男	12.3.20	台灣	F102483281	北市松山區美仁里14鄰八德路3段37巷11號	
〃	郭廣三	〃	31.1.27	台北	F101435240	北縣石門鄉阿巷梅村	
〃	陳龍河	〃	24.9.19	〃	F101435995	北縣石門鄉台地27號	
〃	李國賢	〃	40.2.16	〃	F101435823	北縣三芝鄉埔坪村4鄰埔頭105號	
〃	楊清火	〃	17.9.3	〃	F101385279	北縣三芝鄉埔頭村6鄰埔頭街88號	
〃	余木梨	女	45.9.7	〃	F223047858	北縣石門鄉崁子腳路87號	
〃	沈春桃	〃	40.3.25	台灣基隆	C220068001	北縣石門鄉富基村崁子腳路71號	〃

訴姪子,「回到臺灣後,我像罪犯一樣被監視著」。[107] 我訪談陳以文兒子陳明亮時,曾問及他的父親是否曾被警察追蹤,他回答:「有,我聽說他在派出所登記有案,但我祖父是醫生,醫生在那時候蠻有地位的,我祖父就去跟派出所講,就沒事了,就解除監管、監視之類的。」[108] 陳明亮已想不起來他從何處得知此訊息,不過從以下的檔案可知（圖二十五）,陳以文從蘇聯遣返的記錄並未被刪除。1977 年臺灣電力公司核能一廠金山工程處對廠商員工 115 名進行安全查核,行文臺灣省警務處及刑事警察局查復,警務處回文:「一、陳以文 ── 請注意是否（爲）同名同姓者。二、其餘各員均無記錄」,另針對第一項,說明如下:「抗戰時爲蘇聯所俘,遣回日本後返臺之臺籍（日本）士兵。無涉嫌資料及年籍,是否與囑查者同屬一人？無法決定,本資料不提出」。「陳以文」名列於「協發機電有限公司」員工名冊中,1923 年出生,籍貫爲臺北市,[109] 其出生年和籍貫與本書之陳以文均不同。本書之陳以文,1927 年出生於宜蘭。這份 1977 年的檔案顯示,距離陳以文 1948 年遣返回臺已近 29 年,他仍在警務處的查核資料中。

3. 反共自覺運動

被列爲「可疑分子」的 9 人中,除陳以文外,彭武進也在警政署檔案中。1962 年 4 月 23 日花蓮縣警察局行文臺灣省警務處,針對「反共自覺運動三月 21-26 日各單位受理表白案件名冊」彭武進名列其中提出說明。花蓮縣警察局指出,1961 年 8 月及 11 月「先後據警員殷茂官報告以彭武進可能曾被蘇聯俘虜,但因資料空泛,未呈報列偵,僅令原報人繼續偵辦而

已」。花蓮縣警察局為證明該警員所報屬實,提出彭武進的自述:「曾於三十四年(1945)服務日關東軍時,曾被蘇俄俘往俄境三年,受俄方毒素思想宣傳」,[110] 並說明未轉報列偵是因為資料空泛。從該檔案內容可知,花蓮縣警察局受理表白是源自「反共自覺運動」。

「反共自覺運動」自 1962 年 3 月 1 日起實施,根據國防部「反共自覺運動實施要點」,實施此運動的目的是「為號召曾交接叛徒,或已受叛徒脅迫欺騙之在臺人士,解除其內心隱憂獲得安全保障,有表明心跡效忠國家之機會,藉以團結反共力量」。[111] 自動表白的對象包括三類:

一、凡曾涉有「懲治叛亂條例」第二條至第七條,[112]「戡亂時期檢肅匪諜條例」第九條、第十三條,[113] 各條款情事之一者;

二、凡曾涉有「共匪及附匪份子自首辦法」第二條、[114] 及「前在大陸被迫附匪份子辦理登記辦法」第二條,[115] 各條款情事之一者,而未辦理「自首」或「登記」,與「自首」「登記」不誠者;

三、凡確信某人在臺有匪諜嫌疑,因缺乏有力證據,而有向政府報告之必要者,亦可自動表白,以免涉有知匪不報之嫌。

我在檔案管理局所藏檔案中,並未發現彭武進有任何涉案記錄,也就是說他並不是第一類與第二類對象。不過由於 1961 年 8 月及 11 月花蓮縣警察局的警員已開始注意他,之後

第四章 「思想教育」對臺籍日本兵的影響 167

並取得他的自述,彭武進可能擔心警員以第三類為由向政府提出他有匪諜嫌疑,或是受警員為「拚業績」策動而辦理自動表白,[116] 他被編列在 1964 年 10 月警備總司令部印製的「反共自覺表白人簡冊」中,[117] 其表白內容為「曾為俄軍所俘,充作勞工間亦聽講解共產主義」,審查結果為「准予表白」。但彭武進表白內容中的「被俄軍所俘、充作勞工間聽講解共產主義」,與前段引文中的法條並無關聯,何以仍構成表白條件?而且該簡冊中亦有與彭武進類似的表白內容:「卅八年七月至卅九年十一月曾在匪區大同職校習裁縫,每日有三小時政治課,由匪幹擔任,並經常開批評會『學習毛列主義』至卅九年十一月止。」、「卅五年元月及卅八年五月兩次剿匪作戰被匪俘虜八天,匪幹每天給其上政治課二小時。」[118] 以上兩位表白人應該是認為自己涉及「戡亂時期共匪及附匪份子自首辦法」第二條、「前在大陸被迫附匪份子辦理登記辦法」第二條中的部分條文:

「戡亂時期共匪及附匪份子自首辦法」第二條第一項、第三項:[119]

凡有下列情形之一者,應即辦理自首。

(一)已入匪黨組織或匪黨外圍組織者。

(三)支援共匪活動,或直接間接接受共匪或附匪份子之運用或利用者。

「前在大陸被迫附匪份子辦理登記辦法」第二條第一、二、三項:[120]

凡在大陸因共匪武裝叛亂，被迫投匪、或附匪有下列情事之一者，均應辦理登記。
　　（一）參加匪幫各級行政機構或團體工作者。
　　（二）接受匪幫訓練者。
　　（三）受共匪或附匪份子直接間接利用者。

　　雖然彭武進表白內容中的地區不是在「大陸」，但由於在警備司令部出版的《反共自覺運動文獻》中提到：[121]「反共自覺表白的事實，無論其發生的時間，遠在共匪武裝叛亂以前，其發生地域，不僅指臺灣，即大陸、國外，都包括在內。」可見構成自動表白的條件不限於「反共自覺運動實施要點」中所訂之內容，地區更可以說是涵蓋全球，依此定義的話，「共匪」應該不只限於「中共」，表白人在心態上較接近「反共自覺運動實施要點」中提到的，是為「解除其內心隱憂獲得安全保障」、「表明心跡效忠國家」，其保障在該要點中所述如下：[122]「凡經表白之事實，應代為保密，不公佈其姓名，並保障其原有職業及私有財產。其情節如合於『自首』或『登記』者，特准其補辦『自首』或『登記』……（後略）。」
　　雖然自我表白不代表就可去除匪諜嫌疑，但政府透過反共自覺運動「勸誘」表白人，以自動認錯的方式，來獲取諒解與法律層面不追究的空間。以彭武進為例，即使接觸共產主義思想並非出於自願，但若不趁此機會表白，被檢舉為匪諜的恐懼可能揮之不去。政府也透過該運動取得大量的表白人資料，彭武進名列其中、於1964年10月印製的「反共自覺表白人簡冊」，共編列了3,077人。[123]

圖二十六：反共自覺表白人簡冊
資料來源：〈警總防諜案〉,《國防部》,國家發展委員會檔案管理局藏,檔號：A305000000C/0053/378.7/8890

曾涉及愛國青年會案的賴英書也在「反共自覺表白人簡冊」之中，其表白內容為「卅二年參加日軍，卅四年在東北為俄軍俘獲拘送北韓集中營二年，接受勞動教育，卅六年因病被遣回日本經滬來臺」，其中並未提及曾涉及愛國青年會案，審查結果與彭武進不同，為「准予備查」。[124]

　　在我蒐集到與西伯利亞戰俘中的臺灣人相關文獻中，上述彭武進的兩件檔案，首次將被蘇聯俘虜或從蘇聯地區遣返與受到俄方毒素與共產主義宣傳畫上等號。賴英書在涉及愛國青年會案時，被稱為「匪要份子」、「共匪」、「共黨首要份子」，他的表白內容反而未提到俄方毒素思想或共產主義，只寫道他接受勞動教育，但在蘇聯的戰俘檔案中並無「勞動教育」這個詞，本書引用的口述訪談資料，也沒有受訪者提及該詞。參閱國防部1968年頒布的《戡亂時期預防匪諜與叛亂犯再犯管教辦法》，[125] 勞動教育應是指以強制方式進行思想感化。以此意來論，與彭武進「充作勞工間亦聽講解共產主義」並無明顯差異，何以賴英書之審查結果為「准予備查」，而非「准予表白」？根據蔣尚彤的統計，第一期反共自覺表白人審查結果中，約91.25%為「准予表白」，為情節輕微者，較有危險的「備查」（即待情治單位查證）、「表白不實」和「投案」占約1.5%。[126] 可見賴英書的表白內容雖未提及愛國青年會案，他的審查結果可能還是因此受到影響。

(二)賴興煬等三人

　　前面曾提到唐中山、賴興煬、蕭冬等3人在納霍德卡候船

時，蘇聯以他們是「中國人」為由，應直接回臺灣，不應搭乘開往日本的遣返船，經過爭取後才得以上船一事。他們在1948年10月初從舞鶴前往佐世保候船，約一個月後，搭乘運鹽的日本貨船，在日本警察隨同下前往臺灣，在11月底、12月初左右，從嘉義布袋港上岸。[127] 他們在佐世保沒有像葉海森等人受到美軍憲兵的調查，途中因未經過上海，所以也沒有被外事警察拘留。根據賴興煬口述，美國大使館事先通知國民黨政府有臺灣人在船上，所以船入港後有人員上船，由於語言不通被搜身。最後，日本警察將他們的出生年月日及住家地址等證明資料交給上船的人員後，他們才得以上岸。賴興煬從布袋港返回關西家裡的過程，與他從舞鶴前往長崎途中受到日本人尊重的待遇相較，可說是備受侮辱。

賴興煬等3人在布袋港待了一天一夜後，陸續被拘留在朴子、新營的拘留所，之後被送到臺北第一分局（應指臺北市警察局第一分局）拘留所，拘留十多天後，再從臺北移送到桃園，途中賴興煬雙手被上銬，唐中山和蕭冬兩人銬在一起。之後賴興煬由家人接回關西，時間已是新曆年過年之後。[128] 但因為賴興煬、唐中山、蕭冬等3人在國史館、檔案管理局所藏檔案中都未找到任何相關資料，難以推測被拘留、上銬，是否與從蘇聯地區遣返有關，故其返家過程不在此詳述。與此推測有關聯的口述，應是林榮代訪談唐中山的記錄：[129]「抵達基隆後，他跟葉先生（應指葉海森）一樣接受了港務局警察的審訊。被迫寫了一份誓約書，內容是『今後不得談論任何社會問題』。」林榮代接著寫道：「從那時起，唐先生做為從社會主義國家回國的人，受到當局一年的嚴密監視。」[130] 但對照賴興煬的口

述,他提到拘留期間並沒有人盤問他「服役及勞改」的過程,至於受到監視的部分,賴興煬有相近的描述:

> 對於初回臺灣被當成犯人那件事,我非常不滿。回到家後,我心裏很害怕,擔心別人會因為我到過西伯利亞這件事而歧視我,所以也不敢外出找工作。那時已是二二八事件之後,局勢比較緊張。有時刑事人員會到家裡來盤問我或是暗中訪察我的行動,這種情形持續了好多年。有人問起我以前當兵的事,我都避而不答。即使家人問我,我也不說。[131]

唐中山、賴興煬的口述顯示,他們雖然沒有像陳以文等9人回到臺灣後被警政署視為可疑分子列為考管對象,但他們回到家後仍被警察長期追蹤。從布袋港上岸後,受到像犯人般的待遇,讓賴興煬不解「臺灣政府和警察為什麼這樣對待我們,我們三人又沒犯法,卻被綑綁著關在拘留所中」,賴興煬曾問將他上銬的警察,他們沒有犯罪,為什麼要用手銬銬住他們,但警察沒有回答。[132]

賴興煬等3人是在1948年11月底、12月初左右抵臺,這大約就是賴英書涉入愛國青年會被逮捕的時間(1948年11月20日),以上兩個時間點,都是發生在1948年秋季開始,從西伯利亞返回日本的歸國者中,左派勢力凌駕右派並策動鬥爭行動後。在陳以文等人從日本前往上海時,發文給外交部的中華民國駐日代表團,應該都有掌握相關事件。從警務處所寫逮捕賴英書等人的經過,可以看出政府認為被蘇聯或共產黨所俘者,必須經「赤化」後,才能獲得釋放。雖受限於文獻,無法

得知賴興煬等 3 人為何被拘留，但從布袋被一路帶到臺北市警察局第一分局拘留十幾天，其理由應該不會只是因為他們沒有身分證。賴興煬認為，如果被別人知道他去過西伯利亞，他可能會被歧視，他是擔心被人懷疑是「匪諜」或「共產黨」嗎？其原因不得而知。而返家過程形成的恐懼，讓他決定隱瞞這段經歷，包括戰時被徵調派往南洋的大哥。[133] 賴興煬的決定，如同許敏信的女兒許瑛子所述，為了不牽連家人，父親乾脆甚麼都不說，這是許敏信設下的一道防線。

1948 年後，從蘇聯遣返的臺灣人陸續抵臺，他們被警察拘留、甚至被列為可疑分子，表示政府已知西伯利亞戰俘中有臺灣人。1950 年 8 月中華民國駐日代表團團長何世禮，在盟國對日委員會中（以下簡稱盟委會），關於蘇聯遣返日俘問題發言稿中，對蘇聯政府提出要求：「為了因戰爭而生活和家園破碎的日本人民，必須讓他們失散多年的丈夫和兄弟回到日本。對他們和全人類來說，蘇聯政府至少應該仁慈的告知他們俘虜的狀況。」[134] 但何世禮並未向蘇聯提出日本戰俘中有臺灣人，或進一步提出應將其遣返的要求。1950 年 6 月韓戰爆發，1951 年中華民國駐日代表團「美日情報摘要（第二二九號）」中，提到中共外交部亞洲司司長沈瑞先曾透漏：

> 「日本投降後，至 1950 年 6 月底止，由蘇聯撥交我們（指共匪）接管的日俘……目前祇有十六萬四千一百三十名日俘可資利用」。又據東北瀋陽出版的日文報紙「民主新聞」去年(1949)春天發表稱：「在大陸逗留的日僑約有十三萬左右」。日俘大多係過去的「關東軍」，共匪除選拔有技術訓練者作為

飛機駕駛員、修械士、砲兵教官、潛艇駕駛員、雷達教練者，其餘多編成機械化部隊，日僑從軍者達三、四萬人……（後略）。[135]

可見，政府關切日本戰俘的重點在於「蘇聯將多少戰俘交由中共利用」。如果在這之後還有被蘇聯所俘的臺灣人返臺，對於中華民國政府而言，他們可能受蘇聯、中共的赤化。

四、
《日本新聞》中有關臺灣的報導

　　根據我既有的文獻，西伯利亞戰俘中的臺灣人在遣返過程中，皆是先自納霍德卡抵達舞鶴，接著決定要留在日本或是返臺，在這考慮過程中，有幾位提到他們在抵達舞鶴前，並不知道臺灣的狀況，有人告訴他們臺灣局勢，包括二二八事件，也有人勸他們不要回去。賴興煬有以下的回憶：

　　我們一群十個臺灣人中，有九個人在知道發生過二二八事件後，都不想回臺灣。大家說，若是早一點知道臺灣發生過二二八事件，下船時便不會申請回臺灣。[136]

　　先選擇回臺灣，聽聞臺灣局勢後，改變主意的狀況，也發生在鄭慕鐘和陳以文身上。鄭慕鐘是在候船期間聽到臺灣近況，包括「臺灣的二二八事件、暴政惡政的情況，還有當日本人離開後，進入臺灣的是外省人和殘敗的軍人，讓臺灣島民飽受折磨，淚水不斷」。他因此決定不回臺灣，只是多次與收容所負責人交涉、懇求，都遭拒絕。對方表示，日本政府已經提交遣返者名單。當收容所告知三天後前往臺灣的遣返船將抵達

時，鄭慕鐘結識一位名為陳阿三的臺灣人，陳阿三急於返臺探望重病父親，但名單寄送與手續來不及辦妥，於是鄭慕鐘與他交換身分，雙方記住對方的戶籍地地址、出生日期、父母兄弟的姓名與年齡等所有身分相關訊息，陳阿三以鄭慕鐘的身分登船前往臺灣，鄭慕鐘以陳阿三的身分通過美軍的審查，最終得以留在日本。[137]

陳以文是在舞鶴的時候，一位終戰前曾在基隆任職的日本警察跟他說：「回去的話，三民主義、ㄅㄆㄇㄈ都要學」，還唱中華民國的國歌給他聽，陳以文想說怎麼會有這種歌，這時才知道臺灣被「他們」統治。之後陳以文得知父親希望他留在日本繼續升學，他跟父親都認為，戰爭結束後過了三年，他不會說國語（指北京話），回臺灣也沒用，但交涉結果失敗，日方以他已經是中華民國的人為由，不肯讓他「歸化」。[138]

綜上所述，臺灣的局勢，的確影響他們返臺的意願。在此，我想進一步探究臺灣人在被蘇聯拘留期間，是否能得知臺灣的情況。《日本新聞》是戰俘營中唯一可獲取外界消息的管道，這份「民主運動」的機關報，是否曾報導終戰後臺灣的消息，像中華民國政府接收、或是發生二二八事件的消息。如果《日本新聞》有相關報導，那麼臺灣人在抵達舞鶴前，可能更多人會決定留在日本。

但首先須確認陳以文的說法是否正確，也就是臺灣人因為是中華民國國民而無法留在日本，如果有此規定，表示即使他們在舞鶴登陸時表明要留在日本，也無法如願。參閱《舞鶴引揚援護局史》對遣返者中的非日本人的處理措施，其中提到「非日本人」是指臺灣、朝鮮、沖繩、北緯三十度以南的南西

第四章　「思想教育」對臺籍日本兵的影響　177

諸島出身者：

　　在這些被遣返者中，打算返回其出身地的人被安置在森崧等待，根據中央的指示，逐步由佐世保引揚援護局進行遣返。遣返人數共計 1,635 名（約占遣返人數的 48%），其他的人放棄了返回故鄉的打算，定居在日本本土。除了奄美大島外，臺灣、朝鮮和沖繩因為戰後當地情況不穩，選擇回國的人並不多。[139]

　　以上說明顯示，應該沒有如陳以文所述，臺灣人不能留在日本的規定，也指出部分「非日本人」因出身地局勢不穩定，而選擇定居日本的事實。推測陳以文與賴興煬、鄭慕鐘的情況類似，都是先決定返臺，聽聞局勢不穩後反悔，但木已成舟無法更改，如賴興煬所述：「聽說當時申請留在日本的人不在少數。可是在日本下船時，日本方面已經詢問過每個人的意思，而我那時說的是要回臺灣，無法再更改，只好依照原先的決定回臺灣。」[140] 賴興煬的口述也符合吳正男、陳旺的情況，[141] 他們都是一開始就決定留在日本，而鄭慕鐘以臺灣人陳阿三之名通過美軍審查後留在日本，也與賴興煬的說法大致相符。所以，如果他們從舞鶴登陸時即表示要留在日本，雖然是「非日本人」身分，應仍可留在日本，吳正男的「引揚證明書」、「復員證明書」上登記的本籍皆為「臺灣省」亦為佐證。[142]

　　那麼，臺灣人有沒有可能從《日本新聞》獲知戰後臺灣的局勢呢？根據既有文獻，吳正男剛抵達舞鶴時，他並不知道二二八事件，至於《日本新聞》是否有刊登相關報導，他已不記得，「但有聽說中華民國去了臺灣」，他說道：「畢竟

蔣介石做的壞事是在二二八事件之前就聽了很多，所以無法喜歡他。」[143] 吳正男與陳旺抵達舞鶴的時間都是在 1947 年 7 月，[144] 比賴興煬、陳以文都早了將近一年，距離二二八事件發生時間不過約四個月，吳正男雖已不記得《日本新聞》是否刊登相關報導，但他在戰俘營期間「聽說」的「中華民國去了臺灣」、「蔣介石做的壞事」，也有可能是來自《日本新聞》，因爲這份報紙可說是西伯利亞戰俘獲取外界訊息的唯一來源。

前面曾提到《日本新聞》每月發行 10 期，從 1945 年 9 月 15 日至 1949 年 12 月 30 日，共發行 662 期，逐期查閱後，其中有 5 則與臺灣相關的報導，說明如下。

(一)新臺灣穩步建設中

1945 年 11 月 3 日的報導，引用「24 日東京廣播」，以「新臺灣穩步建設中」爲標題，報導「新臺灣主席陳儀」於 10 月 23 日從重慶出發時的談話，[145] 其中提及「駐臺約二十五萬日本軍的投降簽署儀式將於 10 月 25 日舉行，未來的統治政

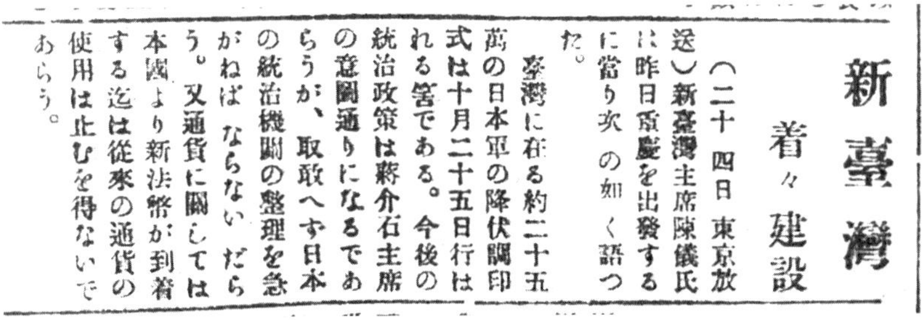

新臺灣

着々建設

（二十四日東京放送）新臺灣主席陳儀氏は昨日重慶を出發するに當り次の如く語つた。

臺灣に在る約二十五萬の日本軍の降伏調印式は十月二十五日行はれる筈である。今後の統治政策は蔣介石主席の意圖通りになるであらうが、取敢へず日本の統治機關の整理を急がねばならないだらう。又通貨に關しては本國より新法幣が到着する迄は從來の通貨の使用は止むを得ないであらう。

圖二十七：《日本新聞》報導「新臺灣穩步建設中」
資料來源：《日本新聞》，1945/11/3(2)，22期

策將遵循蔣介石主席的意圖」，並提到本國新法幣到達之前，臺灣恐怕只能繼續使用現行的貨幣。

(二)臺灣民族要求解放 打倒國民黨獨裁！

1947年4月15日的報導，以「臺灣民族要求解放 打倒國民黨獨裁！島內各地暴動爆發」為標題，報導2月28日臺灣爆發「起義」的始末，包括事件起因以及3月6日、7日、9日、10日的事件整理。[146] 這則新聞與前一則相較，其立場已完全改變：

> 大約十八個月前，臺灣再次被歸還給中國。臺灣島的居民欣然歡迎中國的軍隊。然而，熱愛勤勞的臺灣民族很快就不得不承認，臺灣僅僅是形式上被解放。據《新民報》報導，由中國政府任命為臺灣廳長官的陳儀將軍自視為島嶼的領主，將臺灣視為殖民地，並將臺灣民族當作殖民地民族對待。陳儀確立了與日本占領時毫無區別的剝削、掠奪和以暴力鎮壓的統治。

除了陳儀的暴力統治，報導中指出事件導火線是「國民黨當局實施了鹽的專賣制度，警察開始檢查，沒收商人所持有的『走私』鹽。原本因中國的行政措施而日益增長的不滿，因為這件事進一步尖銳化，並在臺灣首都臺北爆發起義，迅速蔓延到全島」。文中提及蔣介石表示中國政府考慮「合理解決臺灣事件，將以和平和寬大的立場」處理。同時，為了「恢復秩序」，中國政府迅速派遣軍隊到臺灣。根據臺灣人協會代表的

聲明,幾天內派遣的軍隊數量達到兩萬人。這些不承諾和平解決問題的軍隊抵達,無法避免引起居民的抗議,之後陳儀下令解散「二月二十八日事件調停委員會」(應為「二二八事件處理委員會」),引發新一波的人民起義:

> 尤其在恆春及其他地區,當地居民遭到殘酷的鎮壓,並對中國政府當局進行頑強的反抗。在西海岸的大甲、東海岸的花蓮港等地,也正在進行戰鬥。甚至,越來越多地區團結組成強大的戰鬥組織,掀起了對現今政權的反抗。《大公報》也記載如下:「全島實際上都在『二月二十八日事件調停委員會』的指揮之下……」。

這則新聞是《日本新聞》中關於二二八事件的報導,而由於《日本新聞》是蘇聯對日本戰俘進行思想教育的主要工具之一,所以不論是報導戰俘營、蘇聯、日本及國際新聞的原則,都是以強調社會主義優勢為準則,故姑且不論《日本新聞》內容的正確與否(例如二二八事件的導火線應為緝煙事件,不是報導中的警察沒收走私鹽),[147] 重點放在此事件所傳達的內容。前文引用的第一段《日本新聞》載明是根據《新民報》,經比對後,其內容應是引自1947年3月11日《新民報》南京日刊的頭版,上海六個臺灣團體代表等組織,對新聞界發表書面報告的報導:

> (前略)……不料祖國政府所施於臺灣者依然為種種之束縛與層層之剝削,對於臺灣接管完全抄襲舊日日本治臺方法,頒佈所謂臺灣省行政長官公署組織大綱,以行政財政立法軍事之

第四章　「思想教育」對臺籍日本兵的影響　181

大權,集中于長官一人之身,形成新殖民地總督之變相。[148]

　《日本新聞》幾乎沒有引用本日頭版頭條「對臺灣不幸事件 主席指示處理方針」,例如蔣介石認為臺灣發生二二八事件,其中有臺籍日本兵中的共產黨員煽動:「惟最近竟有昔被日本征兵調往南洋一帶作戰之臺人,其中一部分為共產黨員,乃藉此次專賣局取締攤販,乘機煽惑造成暴動,並提出改革政治之要求」,《日本新聞》亦未提及蔣介石主張中央不承認「二二八事件處理委員會」的態度。[149]

　至於前文引用的第二段《日本新聞》,提到臺灣各地居民受到鎮壓、持續反抗情形,載明引自《大公報》。我沒有找到內容完全相符的報導,但3月14日的《大公報(上海)》中有類似內容,為「旅滬臺各團體代表」中陳碧笙的陳述:

> 國軍八日到臺北,陳儀解散「二二八」處理委員會,逮捕民眾領袖。曾任國大代表或參政員參議員之臺胞或被監視或失蹤,某教授及學生二十餘人且被槍殺。現臺中嘉義兩地軍民已激戰三日,臺東花蓮港則由民眾占領,在政府控制之下者僅有七個城市……廣大的農村全在臺灣人民掌握之中,高山民族則乘機出兵平原。[150]

　1947年4月15日《日本新聞》這則報導二二八事件引用的中國報紙內文,主要皆截取自3月10日上海六個臺灣團體代表抵達南京向政府請願的書面報告或發言,較少提及政府說法,例如刊登於《新民報》南京日刊同版,以「臺省再度

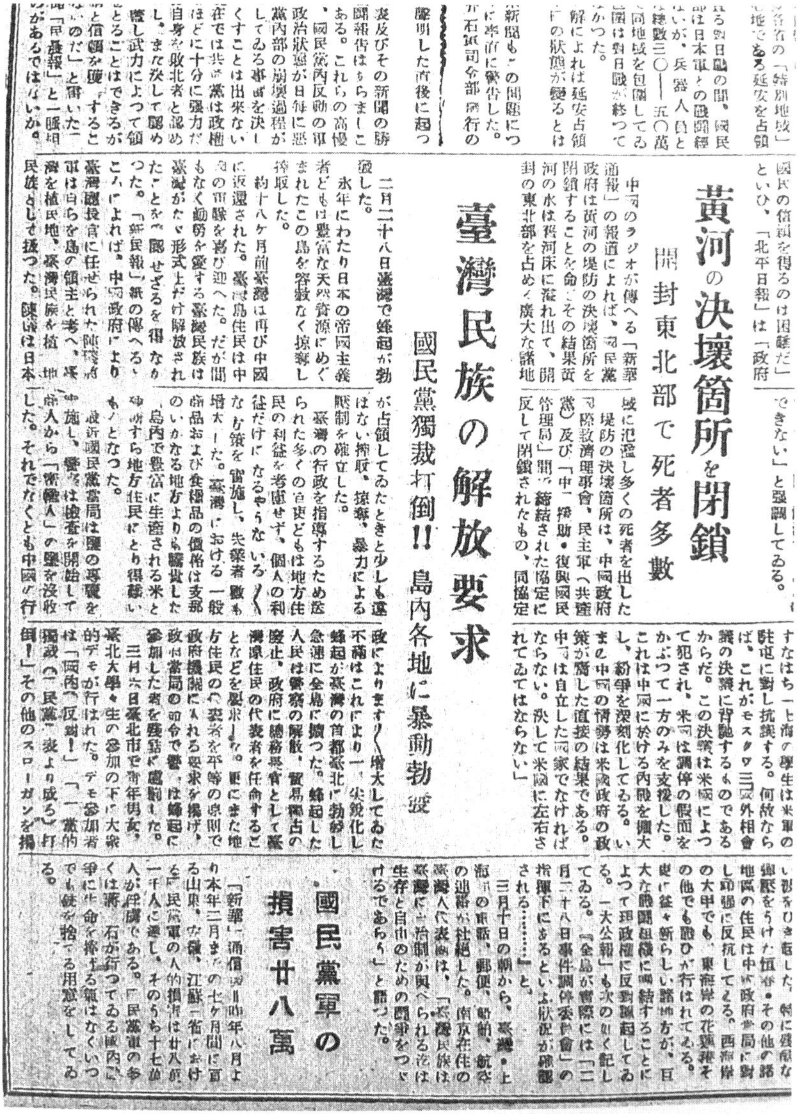

圖二十八：《日本新聞》報導臺灣發生二二八事件
資料來源：《日本新聞》，1947/4/15(1)，245期

戒嚴」為標題的報導，在副標題寫道「一般情形已趨安定」，另一則報導標題為「臺灣共產黨 向臺北進擾」，[151] 這些報導《日本新聞》皆未提及，而是將二二八事件定義為臺灣民族反抗「中國政府當局」的「起義」，報導最後引用在南京的臺灣人代表團的陳述：「臺灣民族將為了生存與自由，繼續奮鬥，直到在臺灣建立自治制度為止」，呼應「臺灣民族要求解放 打倒國民黨獨裁！」的新聞標題。

前文提到，鄭慕鐘在候船期間聽聞「臺灣的二二八事件、暴政惡政的情況」後，決定不回臺灣，而他的聽聞與《日本新聞》內容大致相似，雖然這則新聞之後，我沒有在《日本新聞》中找到關於二二八事件後續報導，但仍顯示西伯利亞戰俘中的臺灣人可能透過《日本新聞》或經讀過這則報導的日本人轉述，而得知臺灣發生二二八事件。

(三) 美國奪取臺灣

1947年12月27日《日本新聞》的頭版頭條，以「美國奪取臺灣」為標題，報導中國國民黨政府將臺灣賣給美國，並以此為代價，要求美國進一步加強對蔣介石的援助。報導指出，「世界性基地網絡」的架構旨在全球建立軍事基地，美國帝國主義者因此對臺灣特別關注。第二次世界大戰日本戰敗後，臺灣實際上並未歸還給中國。美國掌控了臺北、臺南、基隆等地的海、空軍基地，並最終達成對臺灣的控制。同時，美國壟斷資本魔掌也延伸至臺灣工業，現今完全受其支配。也就是說，報導重點在於臺灣被國共內戰下渴望獲得美國援助、以

蔣介石為首的中國國民黨政府當成抵押品,臺灣在戰後雖然擺脫殖民地地位,卻被美國的「侵略之手」「奪取」。

此報導還搭配以「下一個是輪到誰?!臺灣一島價值○○美元……那麼日本四島算十五億美元如何……?」為圖說的政治漫畫,諷刺美國「利用資本進行領土擴張的野心」。同版也刊登了幾則類似的新聞,例如:「不要被對日馬歇爾計劃欺騙

圖二十九:《日本新聞》諷刺美國援助蔣介石的漫畫
資料來源:《日本新聞》,1947/12/27(1),356期

了！日本必須堅決維持做為獨立國的地位」、「美國在對日和約中的陰謀 這是剝奪民族獨立的狡猾侵略計劃」、「美國不可容忍的干涉 義大利各報激烈抨擊」。

(四)中國人民解放軍解放福州 進軍至臺灣對岸

1949年8月25日的頭版頭條，以「中國人民解放軍解放福州 進軍至臺灣對岸 像怒濤般的推進 逼近廣東」為標題，引用新華通訊來自福建省戰線的報導：「8月17日，中國人民解放軍解放了福建省省會福州」。文中提到，人民解放軍在8月11日至15日的戰鬥中，解放了福州周邊的數個城市，並特別強調福州與臺灣的淡水港，相隔僅有128海里，似乎在暗示解放軍離臺灣不遠了，與下一則與臺灣有關的新聞有類似的訴求。

(五)臺灣對岸的廈門也被解放

1949年10月25日，以「臺灣對岸的廈門也被解放」為標題，引用新華通訊的報導：「10月17日，人民解放軍解放了福建省南部的廈門港。國民黨軍除了從廈門撤退的小部隊外，其餘部隊皆被殲滅。」與前一則新聞相同，強調被解放軍「解放」的廈門，距離臺灣147海里。同版頭條標題則是「中國人民解放軍解放廣東！ 國民黨地方匪賊團最後據點被攻破 全中國解放的旗幟正向前推進」。

(六)《日本新聞》對臺灣戰俘的影響

另外，有關國民黨或蔣介石的新聞，《日本新聞》以負面報導居多，標題如下：「國民黨軍叛亂」、[152]「國民黨政府的偽善改造」、[153]「違反三民主義的國民黨政府」、「殲滅國民黨軍一百一十萬」、「美國的狗 蔣介石」、「蔣介石 從南京逃亡」、「人民解放軍解放南京 為國民黨反動政權畫下句號」、「中國人民解放軍解放南京 國民黨反動政權的末日將近」、「國聯不承認廣東政府代表 蔣政權是殘敗的匪賊團」。1949年10月25日，有一則以「迅速承認新中國政府 伊朗人民要求如此」的報導，文中將中國國民黨政府稱為「逃亡的蔣介石流亡政府」。

上述《日本新聞》中有關臺灣、蔣介石、中國國民黨軍隊及政府的報導，顯示臺灣戰俘是有可能透過《日本新聞》得知故鄉局勢，尤其是二二八事件，以及對蔣介石及政府的負面印象。但必須強調的是，戰俘到達拘留地點時間不一，可能晚於上述新聞的刊載日，例如「新臺灣穩步建設中」的報導刊登於1945年11月3日，許敏信在該日前已到達戰俘營，[154] 但陳以文仍在前往戰俘營途中，[155] 應該不太可能收到《日本新聞》。而目前能確認臺灣人從蘇聯遣返後，抵達舞鶴、上海或臺灣的日期，大多集中於1947下半年至1948年，也就是接近1948年底之後的《日本新聞》，他們已無法取得，只有許敏信有機會讀到（1950年1月才抵達舞鶴）。

其次，也應考量《日本新聞》在戰俘營中的普及狀況。

根據蘇聯戰俘檔案記錄，每 7 至 8 名戰俘才發放一份新聞，[156]但戰俘實際上收到報紙的次數更少，如吳正男每個月只收到一頁，[157]陳以文也提過「看到這份報紙的次數很少」。[158]就算他們取得報紙，在每日重度勞動之後，已無精力閱讀。另外，《日本新聞》中，有關臺灣或中華民國的報導則數，遠低於中國共產黨及人民解放軍「解放」各地的新聞，西伯利亞戰俘營中的臺灣人，有無可能受到《日本新聞》影響，形成對「新中國」的嚮往，甚至在到達舞鶴後轉往中國，都是值得探究的問題。

嚴格來說，西伯利亞戰俘中的臺灣人，其思想教育經驗，或在政府檔案中被稱為「從蘇聯地區遣返」的身分，實不應成為一張標籤，他們被冠上「受俄方毒素思想宣傳」、「被赤化」等類似「嫌疑犯」的形象，若引用社會心理學的概念，就是一種「污名化」（stigma），也就是以暗示刻板印象和偏見的標記，讓人們快速對群體成員形成負面印象，而造成歧視。國民黨政府這種貼標籤的手段，造成他們回臺後受到臺灣社會的排斥和邊緣化，如同被「公共污名化」（public stigma），[159]戰後他們被蘇聯帶往西伯利亞長期拘留、強制勞動的「受害者」經歷，反而被刻意忽視。

1945 年 8 月 14 日中蘇曾簽訂「中蘇友好同盟條約」，其中提到兩國「願以同盟及戰後善鄰合作加強蘇聯與中國素有之友好關係⋯⋯又為兩國及一切愛好和平國家人民之利益對於維持和平與安全之目的表示其堅定不移之合作意願⋯⋯（後略）」，[160]《日本新聞》在 9 月 20 日也以「蘇聯與中華民國之間的友好與同盟條約」為標題，刊登該條約全文。[161]但隨

著國民黨軍在國共內戰中接連退敗的局勢,該條約中所陳述兩國的友好關係,已不復存在。當西伯利亞戰俘中的臺灣人開始被遣返時,「迎接」他們的,已是對其充滿敵意的中華民國政府。

註

1. 報紙原文名稱為：Ce Soir (1937/3/1-1953/3/1)。CE SOIR OF PARIS, RED PAPER, TO QUIT, *THE NEW YORK TIMES*. Feb. 22, 1953, p.21. https://www.nytimes.com/1953/02/22/archives/ce-soir-of-paris-red-paper-to-quit-publisher-sets-march-1-date.html。1949 年 6 月底、7 月初進入舞鶴的「高砂丸」只有一班，入港日期為 6/27。出處：加藤聖文監修・編集，《海外関係史料集成 (国內篇) 第 4 卷「舞鶴地方引揚援護局史」》，頁 531。

2. 日文版歌名在《日本新聞》中譯為「インタナショナル」。出處：《日本新聞》，1947/6/26(4)，276 期。收入朝日新聞社編，《復刻日本新聞 2》，頁 156。

3. Загорулько М.М., Главное управление по делам военнопленных интернированных НКВД-МВД СССР. 1941–1952. Том4, с.694-695.

4. 《每日新聞》，京都，1949 (昭和 24 年)/7/1(3)。国立国会図書館蔵。

5. 加藤聖文監修・編集，《海外関係史料集成 (国內篇) 第 4 卷「舞鶴地方引揚援護局史」》，頁 68-78。「引揚者の秩序保持に関する政令 (厚生省)」JACAR (アジア歴史資料センター) Ref.A17111637100、第 3 次吉田内閣次官会議書類綴 (その 10) 昭和 24 年 8 月中 (昭和 24 年 8 月 1 日～ 8 月 18 日) (国立公文書館)：https://www.digital.archives.go.jp/img.pdf/2820779。

6. 《每日新聞》，京都，1949 (昭和 24 年)/7/2(3)、7/5(3)。国立国会図書館蔵。

7. 《日本新聞》，1949/7/9(4)，598 期。收入朝日新聞社編，《復刻日本新聞 3》，頁 604。

8. 參見王學禮，〈在蘇戰俘問題研究（1941-1956）〉，頁 124。出處：Загорулько М.М., Главное управление по делам военнопленных интернированных НКВД-МВД СССР. 1941–1952. Том4, с.935.

9. 長勢了治，《シベリア抑留全史》，頁 389。「マホルカ」是蘇聯的一種菸草，在戰俘營中做為勞動報酬的配給，也可以購買，是珍貴的奢侈品。「舞鶴引揚記念館」X：https://x.com/maizuru_hikiage/status/1591952750950371328。能用報紙捲菸的日本戰俘可能是少數，如大坂喜久治所述：蘇聯人用撕成小片的報紙捲著抽，日本戰俘會等著撿那些丟棄的煙蒂來抽。出處：大坂喜久治，〈ヤポンスキー〉。收入：《労苦体験手記 シベリア強制抑留者が語り継ぐ労苦 (抑留編) 第 5 卷》(東京：平和祈念事業特別基金，1991 年)，頁 41。

10. 許明淳訪問、記錄，〈吳正男訪談記錄〉，未刊稿。
11. 該組織全名為「一般財団法人 全国強制抑留者協会」：https://zaidan-zenyokukyo.or.jp/。〈問卷調查（アンケート）結果〉，收入「平和祈念展示資料館 労苦体験手記 シベリア強制抑留者が語り継ぐ労苦（抑留編）第4卷」：https://www.heiwakinen.go.jp/library/shiryokan-yokuryu04/。《戦後強制抑留者に係る労苦調査研究受託業務結果報告書 平成15年度》（出版地不明：全国強制抑留者協会，2003年）。
12. 勾選「其他」的有171人（5.5%）。〈問卷調查（アンケート）結果 3. 抑留者の管理の実態〉，頁66-67。https://www.heiwakinen.go.jp/wp-content/uploads/archive/library/roukunote/yokuryu/04/S_04_038_1.pdf。
13. 〈問卷調查（アンケート）結果 5. その他〉，頁78。https://www.heiwakinen.go.jp/wp-content/uploads/archive/library/roukunote/yokuryu/04/S_04_076_1.pdf。
14. 長勢了治，《シベリア抑留全史》，頁393。
15. 許明淳訪問、記錄，〈吳正男訪談記錄〉，未刊稿。
16. 日本稱為〈日本国とアメリカ合衆国との間の相互協力及び安全保障条約〉，收入「外務省」：https://www.mofa.go.jp/mofaj/area/usa/hosho/jyoyaku.html。許明淳訪問、記錄，〈吳正男訪談記錄〉，未刊稿。許明淳訪問、記錄，〈吳正男筆答傳真稿〉，未刊稿。
17. 野坂參三曾擔任日本共產黨中央委員會第一書記。出處：「日本共産党中央委員会第一書記野坂参三外2名の中共渡航について（外務省）」（1956年08月30日），国立公文書館デジタルアーカイブ，請求番號：平14内閣00666100。https://www.digital.archives.go.jp/item/3274600。
18. 昭和24年（1949）舉行的第24屆眾議院議員總選舉，是日本憲法施行後的第一次選舉，日本共產黨的席位大幅增加，有35人當選。〈昭和24年（1949）はっきりした 政界の新分野〉，收入「NHKアーカイブズ 時代」：https://www.nhk.or.jp/archives/jidai/special/today/0123/。
19. 吳正男在1949年前已登錄為外國人，應無投票權，他猜測可能是有關單位未更新其資料，他才會收到選票。許明淳訪問、記錄，〈吳正男訪談記錄〉，未刊稿。「二人区の二名連記制」，參見稻田雅洋，《総選挙はこのようにして始まった：第一回衆議院議員選挙の眞實》（東京：有志

舍，2018年），頁159-160。〈徳田球一〉，收入「国立国会図書館 近代日本人の肖像」：https://www.ndl.go.jp/portrait/datas/407/。

20. 〈もめる社会党大会〉，收入「NHKアーカイブズ ニュース」：https://www2.nhk.or.jp/archives/movies/?id=D0009182552_00000。

21. 1950年6月6日，麥克阿瑟將軍下達指示，命令首相吉田茂解除所有共產黨高級官員的公職，此舉被稱為「レッドパージ」(赤色清洗)。〈The Red Purge〉，收入「日本国立国会図書館 Modern Japan in archives」：https://www.ndl.go.jp/modern/e/cha5/description12.html。

22. 上杉捨彦於1948年任職法政大學經濟學部的專任教員，負責教授社會政策論，同時兼任大原社會問題研究所研究員。出處：早川征一郎，〈上杉捨彦先生のご逝去を悼む〉，《大原社会問題研究所雑誌》，480號（1998年11月），頁63。

23. 衆議院，《衆議院議員総選挙一覽 第24回》（東京：衆議院事務局，1949年），頁249、251。国立国会図書館デジタルコレクション：https://dl.ndl.go.jp/pid/1350470/1/129、https://dl.ndl.go.jp/pid/1350470/1/130。

24. 第22、23屆日本衆議院議員總選舉(1946、1947年)，日本共產黨當選人數分別為5人、4人。總務省自治行政局選舉部，〈衆議院議員総選挙—最高裁判所裁判官国民審查 結果調〉，平成31年(2019)3月，頁28。

25. Загорулько М.М., Главное управление по делам военнопленных интернированных НКВД-МВД СССР. 1941–1952. Том4, c.696.

26. 許明淳訪問、記錄，〈吳正男訪談記錄〉，未刊稿。

27. 許明淳訪問、記錄，〈吳正男訪談記錄〉，未刊稿。

28. 許嘉宏，〈老爸的童年回憶——62.西伯利亞戰俘營(三)〉(2015/12/22)，收入「Hsu的部落格」：https://hsu042.pixnet.net/blog/post/95031355。許明淳訪問、記錄，〈許嘉宏口述訪談記錄〉，未刊稿。訪問日期：2022年9月27日。訪問地點：臺北市復興南路一段323號(星巴克咖啡興南門市)。

29. 許明淳訪問、記錄，〈吳照訪談記錄〉，未刊稿。訪問日期：2024年8月14日。訪問地點：臺北市大安區吳照宅。

30. 〈可疑分子考管——遣返臺民陳以文等九名〉，《內政部警政署》，國家發

展委員會檔案管理局藏,檔號:AA01010000C/0037/307.11/0002,頁22。

31. 許明淳訪問、記錄,〈吳正男訪談記錄〉,未刊稿。

32. 本文為賴正山以 1973 年 6 月 20 日在國際資本移動調查會(華僑經濟研究會)之演講內容增補而成。賴正山,〈第 VIII 章 中国の現状管見〉,《華僑の研究》,第 1 集 特別調査 No.2(1973 年 8 月),頁 141-163。吳正男提供。

33. 「本案為 46 至 62 年間親共華僑偵監事,司法行政部調查局函請所屬桃園縣調查站及日本組查報親共之東京華僑總會常務理事在日之地址及言行活動、在臺之財產及親屬動態等情事,獲該站及該組配合辦理,後桃園縣站將其在臺之姪子列為注偵對象,至 62 年時,因多年查無其姪之具體涉嫌情節而予以停偵結案。」出處:〈賴正山案〉,《法務部調查局》,國家發展委員會檔案管理局藏,檔號:AA11010000F/0046/301/04238。

34. 許明淳訪問、記錄,〈吳正男筆答傳真稿〉,未刊稿。

35. 〈匪共在日活動〉,《外交部》,國家發展委員會檔案管理局藏,檔號:A303000000B/0044/5.21/24,頁 126、231。

36. 〈駐橫濱總領事館僑務〉(1956/7/9~1968/12/30),《外交部》,國家發展委員會檔案管理局藏,檔號:A303000000B/0045/61/33,內容摘要中提到:橫濱臺灣同鄉會名簿及會則。「為橫濱臺灣同鄉會購置會館事報請鑒察由」(1970 年 7 月 4 日),〈僑團活動〉,《僑務委員會》,國家發展委員會檔案管理局藏,檔號:A319000000B/0058/001102/52/0003/074。

37. 「據報兵庫縣臺灣同鄉會近改改變立場,形成有利共匪宣傳聲勢……(後略)。」出處:〈關東、關西地區僑情匪情親華團體等〉,《外交部》,國史館藏,典藏號:020-190500-0010,頁 6。

38. 〈日本地區僑情與僑務(二)〉,《外交部》,國史館藏,典藏號:020-210501-0002,頁 39。

39. 廣告內容為「故 蔣経国総統のご逝去を悼み 心よりご冥福をお祈り申し上げます。」(謹此悼念已故蔣經國總統 並由衷祈願他安息),《世界日報(The Sekai Nippo)》,東京,1988/1/30(4)。出處:〈日本報刊發行蔣經國追思特集〉,《蔣經國總統文物》,國史館藏,典藏號:005-010401-00083-004。

40. 〈海外反滲透案〉,《法務部調查局》,國家發展委員會檔案管理局藏,檔號:AA11010000F/0077/3/73869,頁 90。

41. 「吳正男案」,〈海外反滲透案〉,《法務部調查局》,國家發展委員會檔案管理局藏,檔號:AA11010000F/0074/3/55229,頁 16。

42. 許明淳訪問、記錄,〈吳正男訪談記錄〉,未刊稿。

43. 「吳正男案」,〈海外反滲透案〉,《法務部調查局》,國家發展委員會檔案管理局藏,檔號:AA11010000F/0074/3/55229,頁 7-8。

44. 該案書函中,有 1985 年 8 月 11 日吳正男與住在斗六的堂妹通電話、8 月 15 日通信的內容。

45. 調查局檔案記錄鍾炳輝為斗六婦產科醫院院長。1971 年出版的《中華民國醫師名鑑》則記錄鍾炳輝為鍾婦產科診所院長,雲林縣人,臺大醫學院畢業,診所位於斗六鎮。出處:中華民國醫師名鑑編輯委員會編輯,《中華民國醫師名鑑》(臺北:廬山,1971 年),頁 373,陳力航提供。鍾炳輝 1978 年被中國國民黨列入增額國大代表選舉提名雲林縣候選人建議名單。出處:〈卸任總統後:六十七年增額中央民代選舉〉,《嚴家淦總統文物》,國史館藏,數位典藏號:006-010901-00001-006,頁 1。

46. 「吳正男案」,〈海外反滲透案〉,《法務部調查局》,國家發展委員會檔案管理局藏,檔號:AA11010000F/0074/3/55229,頁 14。

47. 片倉佳史,〈臺湾籍シベリア抑留者を訪ねる〉(2016 年 6 月 18 日),收入「臺湾特捜百貨店 片倉佳史の臺湾体験」:http://www.katakura.net/xoops/html/modules/wordpress/index.php?p=2156。黃郁傑,〈第 4 章 在千葉臺湾人〉,為黃郁傑的國立大學法人千葉大學文學部行動科學系學士論文中的一章(2018 年),未發表。陳淑娃提供。

48. 許明淳訪問、記錄,〈陳淑娃訪談記錄〉,未刊稿。訪問日期:2024 年 1 月 14 日、7 月 15 日。訪問地點:彰化縣田中鎮陳淑娃母親自宅、日本千葉縣陳淑娃自宅。陳肇敏,中華民國空軍二級上將,曾任空軍總司令、國防部部長。中華民國政府官職資料庫 https://gpost.lib.nccu.edu.tw/display.php?&q=%E9%99%B3%E8%82%87%E6%95%8F。

49. 據陳淑娃回憶為 1994 年 4 月 26 日中華航空名古屋空難。這場空難造成 264 人死亡。出處:〈昔奪 264 命…華航名古屋空難 30 周年 日罹難者家屬追憶至親〉,《聯合新聞網》,臺北,2024 年 4 月 26 日。https://udn.com/news/story/6809/7925974。

50. 〈關東、關西地區僑情匪情親華團體等〉,《外交部》,國史館藏,典藏

號：020-190500-0010，頁 12、13。

51. 〈成立宗旨〉，收入「千葉県中華総会」：https://cscp.mmweb.tw/?ptype=info#menu_rwd。

52. 〈關東、關西地區僑情匪情親華團體等〉，《外交部》，國史館藏，典藏號 020-190500-0010，頁 69、70。

53. 〈日本地區僑情與僑務（二）〉（1972/05/03~1978/05/09），《外交部》，國史館藏，典藏號：020-210501-0002，頁 4。

54. 陳旺「登錄簿」，陳淑娃提供。

55. 〈第 4 收容所・タランジャ医院付属墓地〉，收入「厚生労働省」：https://www.mhlw.go.jp/topics/bukyoku/syakai/soren/chihou/habarrofusuku/html1/2026.html。

56. Загорулько М.М., Главное управление по делам военнопленных интернированных НКВД-МВД СССР. 1941–1952. Том4, с.692.

57. 《日本新聞》，1947/10/28(4)，329 期。收入朝日新聞社編，《復刻日本新聞 2》，頁 368。

58. 許雪姬總策畫，《臺灣歷史辭典》（臺北：文建會，2004 年），頁 802。

59. 金孝淳，《朝鮮人シベリア抑留　私は日本軍・人民軍・国軍だった》，頁 230。

60. 許明淳訪問、記錄，〈許瑛子口述訪談記錄〉，未刊稿。訪問日期：2023 年 2 月 8 日、2024 年 2 月 4 日。訪問地點：東京許瑛子自宅。

61. 許雪姬，《離散與回歸：在滿洲的臺灣人（1905-1948）》（下冊），頁 492。

62. 日記原文為：「許雪姬が訪ねて来る。父の弟を聞いてくる。概略話す」。《許敏信日記》，1995 年 12 月 5 日，許瑛子提供。

63. 許雪姬主編，許伯埏著，《中央研究院近代史研究所 史料叢刊(31) 許丙・許伯埏回想錄》（臺北：中央研究院近代史研究所，1996 年 9 月）。

64. 許明淳訪問、記錄，〈許瑛子口述訪談記錄〉，未刊稿。

65. 許嘉宏，〈老爸的童年回憶── 62. 西伯利亞戰俘營（三）〉（2015/12/22），收入「Hsu 的部落格」：https://hsu042.pixnet.net/blog/post/95031355。許明淳訪問、記錄，〈許嘉宏口述訪談記錄〉，未刊稿。訪問日期：

2022 年 9 月 27 日。訪問地點：臺北市復興南路一段 323 號（星巴克咖啡興南門市）。

66. 《興南新聞》第 4589 號，昭和 18 年（1943）10 月 25 日，國立臺灣圖書館藏。

67. 許雪姬總策畫，《臺灣歷史辭典》，頁 802。

68. 〈可疑分子考管──許丙臺灣托管運動案〉，《內政部警政署》，國家發展委員會檔案管理局藏，檔號：AA01010000C/0036/304.6/0009。

69. 許明淳訪問、記錄，〈許瑛子口述訪談記錄〉，未刊稿。

70. 麥帥，應指盟軍最高統帥道格拉斯・麥克阿瑟（Douglas MacArthur）。出處：許雪姬總策畫，《臺灣歷史辭典》，頁 868。「日方將臺胞徵用服軍役者迅造名簿呈報」（1945 年 10 月 30 日），〈臺灣區日俘（僑）處理案〉，《國防部史政編譯局》，國家發展委員會檔案管理局藏，檔號：B5018230601/0034/545/4010/12/009，頁 2。

71. 「俞濟時呈蔣中正據鄭介民呈報蘇俄控制下之日俘現狀」，〈革命文獻──處置日本〉，《蔣中正總統文物》，國史館藏，數位典藏號：002-020400-00052-089，頁 3-4。

72. 「許敏信兵籍調查」，東京都福祉保健局。許瑛子提供。

73. 陳以文登陸簿，陳力航提供。〈第 7 收容所・第 23 支部〉，收入「厚生労働省」：https://www.mhlw.go.jp/topics/bukyoku/syakai/soren/chihou/irukutuku/html/4025.html。

74. 蔡慧玉編著、吳玲青整理，《走過兩個時代的人：臺籍日本兵》，頁 160。

75. 陳旺登錄簿，陳淑娃提供。〈第 4 收容所・タランジャ医院付属墓地〉，收入「厚生労働省」：https://www.mhlw.go.jp/topics/bukyoku/syakai/soren/chihou/habarrofusuku/html1/2026.html。

76. 吳正男登錄簿，吳正男提供。收容所所在地區，參見〈麻上峯雄〉，收入「旧ソ連邦抑留中死亡者名簿 50 音別索引 あ」：https://www.mhlw.go.jp/topics/bukyoku/syakai/soren/50onjun/h03/html/a.html。

77. 〈革命文獻──戡亂軍事：一般共情〉，《蔣中正總統文物》，國史館藏，數位典藏號：002-020400-00011-103。

78. 林えいだい，《臺灣の大和魂》，頁 208-209。

79. 加藤聖文監修・編集，《海外関係史料集成（国內篇）第 4 卷「舞鶴地方引揚援護局史」》，頁 68。
80. 林えいだい，《臺灣の大和魂》，頁 208-209。
81. 〈我國駐日代表團遣送華僑返國〉，《外交部》，國史館藏，數位典藏號：020-010108-0026，頁 159。
82. 林えいだい，《臺灣の大和魂》，頁 209。
83. 海黔輪抵達基隆的時間是 10 月 1 日。出處：出處：〈可疑分子考管──遣返臺民陳以文等九名〉，《內政部警政署》，國家發展委員會檔案管理局藏，檔號：AA01010000C/0037/307.11/0002，頁 23。
84. 蕭瑞郎，〈祕めなる人生〉，《堵南會報》，第三號（2000 年 10 月），頁 16，陳力航提供。根據陳以文口述，他們在基隆被拘留的天數是一週，營救他們的蕭瑞郎父親爲石礦公司董事長。出處：陳力航，〈陳以文先生訪談紀錄〉，頁 160。經查詢，蕭瑞郎的父親應爲瑞芳礦業經營者蕭參。出處：「蕭氏族譜查詢系統」：http://www.xiao.idv.tw/search_info.php?genno=151111112112112213&root_table_name=root1&x_rootname=%E6%9B%B8%E5%B1%B1。蕭參先生，收入「中研院臺灣史研究所臺灣史檔案資源系統」，識別號：T1067_02_09_0018：https://tais.ith.sinica.edu.tw/sinicafrsFront/search/search_detail.jsp?xmlId=0000336718&checked=&unchecked=0000323232,0000323292,0000327371,0000327372,0000327404,0000327296,0000336922,0000336718。張偉郎，〈永安煤礦〉，收入「國家文化記憶庫收存系統」：https://cmsdb.culture.tw/place/0CB13404-D7FB-41E9-A278-DEB2719E9D46。〈蕭參請轉讓礦區〉，《臺灣省政府》，國家發展委員會檔案管理局藏，檔號：A375000000A/0038/0475/0007。
85. 林えいだい，《臺灣の大和魂》，頁 209-210。
86. 陳以文抵達舞鶴的時間有幾種說法，最先訪談陳以文的林榮代，記錄爲 1948 年 6 月，未提到日期，搭乘船隻爲「高砂丸」。對照〈舞鶴入港的遣返船一覽表〉，1948 年 6 月只有一班「高砂丸」，入港日期爲 6 月 5 日。陳力航在 2007 年發表的〈陳以文先生訪談紀錄〉中的日期爲 1948 年 6 月 20 日，搭乘船隻爲「遠州丸」。陳力航在 2021 年出版的專書，記錄爲 1948 年 5 月 9 日，船隻爲「信濃丸」。對照陳以文登錄簿，他是在 1948 年 6 月 8 日離開蘇聯的「380 歸還收容所」，以此推測，較爲正確的日期應爲 1948 年 6 月 20 日，對照舞鶴引揚記念館提供的〈舞鶴入港的遣返船一覽表〉，6 月 20 日入港船隻爲「遠州丸」無誤。出處：林えいだい，

《臺灣の大和魂》,頁 197。陳力航,〈陳以文先生訪談紀錄〉,頁 159-160。陳力航,《零下六十八度:二戰後臺灣人的西伯利亞戰俘經驗》,頁 108。陳以文登錄簿,陳力航提供。〈舞鶴入港の引揚船一覽表〉,舞鶴引揚記念館提供。

87. 吳正男於 1947 年 7 月 13 日在舞鶴上岸,7 月 14 日離開。出處:吳正男「引揚證明書」、「復員證明書」,吳正男提供。

88. 許明淳訪問、記錄,〈吳正男訪談記錄〉,未刊稿。

89. 蔡慧玉編著,吳玲青整理,《走過兩個時代的人:臺籍日本兵》,頁 166。

90. 金孝淳,《朝鮮人シベリア抑留 私は日本軍・人民軍・国軍だった》,頁 42-45。〈被蘇聯拘留的青年 一百八十名大舉南越 以北朝鮮銀券非法交付〉,《東亞日報》,首爾,1949/2/8,第 7819 號,版 2。

91. 〈被蘇聯帶走的青年不斷南越 戰俘中有工作隊嗎?在仁川收容所進行嚴密調查〉,《東亞日報》,首爾,1949/2/12,第 7823 號,版 2。

92. 金孝淳,《朝鮮人シベリア抑留 私は日本軍・人民軍・国軍だった》,頁 49。〈被蘇聯俘虜的朝鮮青年們 今天有四百餘人同時離開 回到了各自思念的故鄉〉,《東亞日報》,首爾,1949/3/26,第 7858 號,版 2。

93. 金孝淳,《朝鮮人シベリア抑留 私は日本軍・人民軍・国軍だった》,頁 48。

94. 搭乘海遼輪於 1948 年 9 月 7 日前往上海的歸僑名單中有 8 名是由蘇聯地區遣返,分別是陳以文、陳忠華、葉海森、蕭瑞三郎、吳龍山、龔新登、南善盛、彭武進。出處:〈我國駐日代表團遣送華僑返國〉,《外交部》,國史館藏,數位典藏號:020-010108-0026,頁 159-160。搭乘海黔輪於 1948 年 10 月 1 日抵達基隆、曾被蘇軍所俘等 9 名,其中與海遼名單重複者有 7 名,新增阮彰和、賴英書 2 名,南善盛則未在搭乘海黔輪名單中。出處:〈可疑分子考管——遣返臺民陳以文等九名〉,《內政部警政署》,國家發展委員會檔案管理局藏,檔號:AA01010000C/0037/307.11/0002,頁 22-27。

95. 出處:〈可疑分子考管——遣返臺民陳以文等九名〉,《內政部警政署》,國家發展委員會檔案管理局藏,檔號:AA01010000C/0037/307.11/0002,頁 22。

96. 〈可疑分子考管——遣返臺民陳以文等九名〉,《內政部警政署》,國家發展委員會檔案管理局藏,檔號:AA01010000C/0037/307.11/0002。

97. 參見李禎祥,〈白恐時期的特殊份子與考管〉,《臺灣史研究》,第 30 卷第 3 期(2023 年 9 月),頁 108、104。

98. 「政治檔案 林慶雲」,〈可疑分子考管 —— 共黨武裝組織愛國青年會案〉,《內政部警政署》,國家發展委員會檔案管理局藏,檔號：AA01010000C/0037/306.7/0141,頁 64、73、85。

99. 賴英書罪嫌：「一、與共黨首要份子林慶雲及李水清同時在李水清住宅被捕。二、在李宅抄獲知信件中,知賴在蘇聯有兩年以上之時日,新近始來臺活動。三、身上搜出臺灣大學學生証章一枚,乃係林慶雲向臺大學生蘇大川取得而交賴佩掛以資掩護者。四、利用建國大學之各同學關係,在臺灣青年中發展組織。」出處：「政治檔案 林慶雲」,〈可疑分子考管 —— 共黨武裝組織愛國青年會案〉,《內政部警政署》,國家發展委員會檔案管理局藏,檔號：AA01010000C/0037/306.7/0141,頁 91-92。

100. 「政治檔案 林慶雲」,〈可疑分子考管 —— 共黨武裝組織愛國青年會案〉,《內政部警政署》,國家發展委員會檔案管理局藏,檔號：AA01010000C/0037/306.7/0141,頁 133、143、164。

101. 〈內亂案件判決〉,《臺灣高等法院》,國家發展委員會檔案管理局藏,檔號：A504000000F/0039/ 簿 /122。

102. 許雪姬,〈白恐研究中檔案與口述歷史間的實與虛〉,《記錄聲音的歷史：臺灣口述歷史學會會刊》,第 7 期(改版第 1 期,2016 年 12 月),頁 232。

103. 許雪姬、黃子寧、林丁國等訪問,藍瑩如等記錄,《日治時期臺灣人在滿洲的生活經驗》,頁 18。

104. 《懲治叛亂條例》第 5 條 參加叛亂之組織或集會者,處無期徒刑或十年以上有期徒刑,收入法務部「全國法規資料庫」：https://law.moj.gov.tw/LawClass/LawAll.aspx?pcode=C0000010。

105. 「檢呈寄往蔣代表資料副本」(1950 年 10 月 2 日),〈遣返日僑俘問題〉,《外交部》,國家發展委員會檔案管理局藏,檔號：A303000000B/0038/075.1/002/1/020,頁 5、4。

106. 「關於蘇境日俘案之說明」(1950 年 9 月 4 日),〈遣返日僑俘問題〉,《外交部》,國家發展委員會檔案管理局藏,檔號：A303000000B/0038/075.1/002/1/016,頁 5。

107. 陳力航訪問、記錄,〈景山洋志訪談記錄〉,未刊稿。訪問日期(通訊軟

體）：2024 年 9 年 26 日。陳力航提供。

108. 許明淳訪問、記錄，〈陳明亮訪談記錄〉，未刊稿。訪問日期：2024 年 7 月 30 日、8 月 8 日、8 月 14 日。訪問地點：宜蘭市陳宅。

109. 〈可疑分子考管──遣返臺民陳以文等九名〉，《內政部警政署》，國家發展委員會檔案管理局藏，檔號：AA01010000C/0037/307.11/0002，頁 3、18。

110. 〈可疑分子考管──遣返臺民陳以文等九名〉，《內政部警政署》，國家發展委員會檔案管理局藏，檔號：AA01010000C/0037/307.11/0002，頁 22。

111. 〈反共自覺運動實施要點及實施情形〉，《國防部軍法局》，國家發展委員會檔案管理局藏，檔號：B3750347701/0052/3131343/43/1/005。

112. 《懲治叛亂條例》，收入法務部「全國法規資料庫」：https://law.moj.gov.tw/LawClass/LawAll.aspx?pcode=C0000010。

113. 《戡亂時期檢肅匪諜條例》，收入法務部「全國法規資料庫」：https://law.moj.gov.tw/LawClass/LawAll.aspx?pcode=C0000012。

114. 「戡亂時期共匪及附匪份子自首辦法」，〈釋字第 129 號〉，《司法院》，國家發展委員會檔案管理局藏，檔號：A500000000F/0057/13-0-2/1/0001/004。

115. 〈前在大陸被迫附匪份子辦理登記辦法及總登記實施綱要〉，《國防部軍法局》，國家發展委員會檔案管理局藏，檔號：B3750347701/0045/3131331/31/1/001。

116. 情治人員似乎在「反共自覺運動」有「拚業績」現象。參見：蔣尚彤，〈自首與自新──1962 年反共自覺運動之研究〉。臺北：國立東華大學歷史學系碩士論文，2022 年，頁 151。

117. 封面為「反共自覺表白人簡冊」，內文為「『反共自覺運動』表白名冊」。出處：〈警總防諜案〉，《國防部》，國家發展委員會檔案管理局藏，檔號：A305000000C/0053/378.7/8890，頁 32、37。

118. 〈警總防諜案〉，《國防部》，國家發展委員會檔案管理局藏，檔號：A305000000C/0053/378.7/8890，頁 38、44。

119. 「戡亂時期共匪及附匪份子自首辦法」，〈釋字第 129 號〉，《司法院》，國家發展委員會檔案管理局藏，檔號：A500000000F/0057/13-0-2/1/0001/004。

120. 〈前在大陸被迫附匪份子辦理登記辦法及總登記實施綱要〉,《國防部軍法局》,國家發展委員會檔案管理局藏,檔號:B3750347701/0045/3131331/31/1/001。

121. 〈怎樣辦理反共自覺表白〉,收入《反共自覺運動文獻》(臺北:臺灣警備司令部,1963年),頁17。

122. 〈反共自覺運動實施要點及實施情形〉,《國防部軍法局》,國家發展委員會檔案管理局藏,檔號:B3750347701/0052/3131343/43/1/005,頁3。

123. 「反共自覺表白人分類統計表」,收入「反共自覺表白人簡冊」,出處:〈警總防諜案〉,《國防部》,國家發展委員會檔案管理局藏,檔號:A305000000C/0053/378.7/8890,頁36。

124. 〈警總防諜案〉,《國防部》,國家發展委員會檔案管理局藏,檔號:A305000000C/0053/378.7/8890,頁192(彭武進)、263(賴英書)。

125. 《戡亂時期預防匪諜與叛亂犯再犯管教辦法》第二條:匪諜與叛亂犯判處徒刑或受感化教育,已執行期滿,而其思想行狀未改善,認有再犯之虞者,得令入勞動教育場所,強制工作嚴加管訓。出處:「有關戡亂時期預防匪諜與叛亂犯再犯管教辦法辦理案」(1968年4月9日),〈保防安全維護事項〉,《臺中市政府警察局》,國家發展委員會檔案管理局藏,檔號:A387130000C/0057/B001811/2/0001/005,頁4。

126. 參見蔣尚彤,〈自首與自新──1962年反共自覺運動之研究〉,頁14、173。

127. 蘇詠瀅,〈日帝軍國主義下臺灣兵在西伯利亞勞改口述歷史之研究──以臺籍日本兵賴興煬為例──〉,頁120。唐中山所述的出發地點為門司,上岸地點為基隆,出處:林えいだい,《臺灣の大和魂》,頁213。

128. 出處:蔡慧玉編著,吳玲青整理,《走過兩個時代的人:臺籍日本兵》,頁166-167。蘇詠瀅,〈日帝軍國主義下臺灣兵在西伯利亞勞改口述歷史之研究──以臺籍日本兵賴興煬為例──〉,頁120-124。

129. 賴興煬等3人的遣返過程,在賴興煬口述訪談中的描述較為完整,推測「基隆」、「港務局」警察,應為唐中山記憶錯誤,或是林榮代誤植。

130. 林えいだい,《臺灣の大和魂》,頁213。

131. 蔡慧玉編著,吳玲青整理,《走過兩個時代的人:臺籍日本兵》,頁169。

132. 蔡慧玉編著，吳玲青整理，《走過兩個時代的人：臺籍日本兵》，頁167。
133. 賴興煬的大哥，在昭和 18 年（1943）以「海軍工員」的名義被徵調到海南島。出處：蔡慧玉編著，吳玲青整理，《走過兩個時代的人：臺籍日本兵》，頁 156。
134. 「盟委會未冬開第 119 次例會蘇方仍未出席主席報告日戰俘問題首斥蘇對此重要問題僅引塔斯社新聞答復美國殊屬奇特等後主席強調本會仍應喚起世界輿論以促此案」（1950 年 8 月 2 日），〈遣返日僑俘問題〉，《外交部》，國家發展委員會檔案管理局藏，檔號：A303000000B/0038/075.1/002/1/015，頁 5。
135. 「日戰俘歸國請願團代表十九人為蘇匪區內日俘事來團請願」（1951 年 8 月 2 日），〈遣返日僑俘問題〉，《外交部》，國家發展委員會檔案管理局藏，檔號：A303000000B/0038/075.1/002/1/027，頁 2。
136. 蔡慧玉編著、吳玲青整理，《走過兩個時代的人：臺籍日本兵》，頁 166。
137. 鄭慕鐘，〈偽名入國〉，收入《臺湾研究資料》，57 號（2011 年 1 月），頁 8-10。
138. 陳力航，〈陳以文先生訪談紀錄〉，頁 160。
139. 加藤聖文監修・編集，《海外関係史料集成（国內篇）第 4 卷「舞鶴地方引揚援護局史」》，頁 284-285。
140. 蔡慧玉編著、吳玲青整理，《走過兩個時代的人：臺籍日本兵》，頁 166。
141. 「遣返時選擇留在日本的陳旺，當時為『無國籍者』，但取得等同於永久居留權的特別在留權。」出處：黃郁傑，〈第 4 章 在千葉臺湾人〉，為黃郁傑的國立大學法人千葉大學文學部行動科學系學士論文中的一章（2018 年），未發表。陳淑娃提供。
142. 吳正男的「引揚證明書」上的本籍為臺灣省臺中縣斗六鎮，「復員證明書」上的本籍為臺灣省臺南州斗六郡斗六街。吳正男提供。
143. 許明淳訪問、記錄，〈吳正男訪談記錄〉，未刊稿。
144. 舞鶴港上岸日期，吳正男為 1947 年 7 月 13 日，陳旺為 1947 年 7 月 24 日。出處：吳正男引揚證明書，吳正男提供；陳旺軍歷記錄，陳淑娃提供。

145. 《日本新聞》，1945/11/3(2)，22 期。收入朝日新聞社編，《復刻日本新聞 1》，頁 52。
146. 《日本新聞》，1947/4/15(1)，245 期。收入朝日新聞社編，《復刻日本新聞 2》，頁 17。
147. 〈行政院《「二二八事件」研究報告》摘要〉，收入「二二八事件紀念基金會」：https://www.228.org.tw/incident-research1。
148. 「滬六臺灣團體 代表來京請願」，《新民報（南京）》，南京，1947 年 3 月 11 日，第一版，收入 Internet Archive：https://archive.org/details/xinminbao-nanjing-1947.03.11/mode/2up。團體代表包括陳碧笙、楊肇嘉、張邦傑、林松模、王麗明等人。
149. 「故本次不幸事件，本已告一段落，不料上星期五（七日），該省所謂『二二八事件處理委員會』突提出無理要求，有取消臺灣警備司令部，繳械武器，由該會保管，並要求臺灣陸海軍皆由臺灣人充任，此種要求，已逾越地方政治之範圍，中央自不能承認……（後略）。」收入「對臺灣不幸事件 主席指示處理方針」，《新民報（南京）》，南京，1947 年 3 月 11 日，第一版，收入 Internet Archive：https://archive.org/details/xinminbao-nanjing-1947.03.11/mode/2up。
150. 「臺灣目前情況 旅滬臺各團體代表在京報告」，收入 Internet Archive：https://archive.org/details/dagongbao-shanghai-1947.03.14/page/n1/mode/1up。
151. 「臺省再度戒嚴 解散『二二八』事件處委會 取消非法團體禁集會遊行 一般情形已趨安定」；「臺灣共產黨 向臺北進擾」，《新民報（南京）》，南京，1947 年 3 月 11 日，第一版，收入 Internet Archive：https://archive.org/details/xinminbao-nanjing-1947.03.11/mode/2up。
152. 《日本新聞》，1946/9/10(1)，154 期。收入朝日新聞社編，《復刻日本新聞 1》，頁 487。
153. 《日本新聞》，1947/5/20(1)，260 期。收入朝日新聞社編，《復刻日本新聞 2》，頁 89。
154. 許敏信在 1945 年 10 月 21 日到達位於烏蘭烏德的戰俘營。出處：「許敏信兵籍調查」，東京都福祉保健局，許瑛子提供。
155. 陳以文於 1945 年 11 月 4 日抵達泰舍特，大約 13 天後才抵達戰俘營。出處：陳力航，《零下六十八度：二戰後臺灣人的西伯利亞戰俘經驗》，頁 66、67。

156. Загорулько М.М., Главное управление по делам военнопленных интернированных НКВД-МВД СССР. 1941–1952. Том4, с.690.
157. 許明淳訪問、記錄,〈吳正男訪談記錄〉,未刊稿。
158. 陳力航,〈陳以文先生訪談紀錄〉,頁 158。
159. James E. Maddux, June Price Tangney (eds.), *Social psychology of stigma for mental illness: Public stigma and self-stigma* (New York, London: The Guilford Press, 2010), pp. 51-53.
160. 〈革命文獻──雅爾達密約有關交涉及中蘇協定〉,《蔣中正總統文物》,國史館藏,數位典藏號:002-020300-00048-101。
161. 《日本新聞》,1945/9/20(1),3 期。收入朝日新聞社編,《復刻日本新聞1》,頁 13。

第五章

隱身在臺灣史邊緣的緘默少數

二戰結束後,蘇聯將投降的日軍送往戰俘營拘留並強制勞動,依循其傳統的征服手段,對戰俘營中的所有人員實行思想教育,目標是將他們轉變成共產主義者,並期待他們返回母國後推動「反法西斯」工作,如加入日本共產黨。可見,國際上不同意識形態陣營之間的對立,並未因戰爭結束而停止,而是在戰俘營中延燒。

　　戰俘營中的臺籍日本兵,先是接受皇民化宣傳,終戰後,他們在蘇聯期間恐懼被貼上反動標籤,不論內心是否接受社會主義思想,為了避免被鬥爭或被歸類為反動分子而無法遣返回國,行為上不得不配合思想教育,他們返國後,不論思想上是否受到影響,一律被貼上從蘇聯地區遣返的標籤。不同的是,選擇回到日本或臺灣的臺籍日本兵,分別面對的是盟軍、國民黨政府強度不同的另一套思想教育。以吳正男為例,即使回到日本初期,的確受到社會主義的影響,但並未因此受到日本政府的追蹤,其西伯利亞戰俘經驗不僅不需隱瞞,反而經常被刊登於報章雜誌,早在 1981 年日本 TBS 電視臺就曾播出他的專訪,[1] 而返回臺灣的唐中山、葉海森、陳以文、賴興煬等人,面對的則是充滿肅殺氣氛的國民黨高壓統治,在戒嚴體制下,對這段經歷選擇緘默是最安全的方法,這應該也是為什麼直到 1995 年,才有日本作家得知唐中山、葉海森、陳以文等 3 人有西伯利亞戰俘經驗,進而進行採訪並收入專書,賴興煬、陳以文個人的口述訪談記錄也陸續發表,[2] 臺籍日本兵的西伯利亞戰俘經驗才開始受到少數研究者的關注。但在臺籍日本兵的相關研究中,這緘默的少數仍是被漠視的對象。

一、
無確切人數統計

　　蘇聯的軍事俘虜登錄簿,是目前確認臺籍日本兵是否曾為西伯利亞戰俘,最有效的佐證文件,但研究者要透過此方式統計人數,實為窒礙難行。首先必須找到有相關記錄的臺籍日本兵或其家屬,接著須說服他們向日本厚生勞動省提出申請,或是研究者取得其委任代為申請。我在撰寫本書期間,同時製作紀錄片,為尋得更多個案,2023 年 1 月 4 日我在該紀錄片社群媒體的專頁,同時以中、日文貼文,並附上表單連結,[3] 徵求曾聽聞家中長輩提及西伯利亞戰俘經驗者與紀錄片製作團隊聯繫,但至 2024 年 11 月本書即將完成之日,沒有收到任何訊息。這其實是本末倒置,我認為日本厚生勞動省應主動提供西伯利亞戰俘中的臺灣人人數統計資料,我於 2024 年 8 月 6 日寫信詢問該單位,於 10 月 8 日得到以下回覆:

　　關於您詢問的「被抑留於西伯利亞的臺灣人數量或相關資料」,由厚生勞動省社會援護局援護業務課調查資料室進行如下回覆:

> 在約 20 萬 7000 名臺灣出身的舊軍人及軍屬中,被抑留於西伯利亞的臺灣出身者的具體人數尚無法掌握……(後略)。
>
> 此外,本單位保管有由俄羅斯聯邦政府等提供的舊蘇聯時期拘留期間死亡者名冊、個人資料(以俄語記載)、以及日本方面的「身上申告書」……等相關資料。出於隱私保護的考量,對於這些資料的查詢,需確認查詢者為被抑留者本人或其遺族,並會以書面方式回覆。[4]

以我取得的登錄簿以及軍歷相關資料為例,這兩種文件至少有一份會記錄臺籍日本兵的出生地或本籍地,例如陳旺的登陸簿中,其出生地為臺灣溪湖,[5] 許敏信的兵籍調查表,其本籍地為臺灣臺北市,[6] 湯守仁在「上海俘虜收容所留守名簿」上,其本籍為臺灣臺南州嘉義郡。[7] 厚生勞動省若能將所有出生地或本籍地為臺灣的臺籍日本兵姓名與所保管之登錄簿逐一比對,應可統計出西伯利亞戰俘中臺籍日本兵的大致人數,而只提供人數,應無洩漏個人資料的問題,況且日本的政府單位應有義務調查西伯利亞戰俘中的臺灣人資料,畢竟他們在終戰時是以日本軍人身分被蘇聯帶往西伯利亞,單以「隱私保護」為由,只允許本人或遺族查詢,我認為是不重視他們的處理方式。

平成２３年６月２９日

陳　　旺　様

　　　　　　　　　　　厚生労働省社会・援護局
　　　　　　　　　　　　業務課調査資料室

軍歴等に関する記録について（回答）

　ご照会のありました貴方様の軍歴等に関する記録については、当室保管資料によると下記のとおりです。
　また、ロシア政府から入手した旧ソ連邦抑留に関する資料については別添のとおり同封いたします。
　なお、関係書類は返送いたします。

記

氏　　名　　陳　旺
生年月日　　大正１４年５月１４日
本　　籍　　台中州員林郡渓湖街阿媽厝９３番地
所属部隊名　第７航空教育隊
　　　　　　　　昭和１９年８月１５日　編入
　　　　　　第９７飛行場大隊
　　　　　　　　昭和２０年１月２０日　編入
　　　　　　第１０野戦航空修理廠
　　　　　　　　編入年月日　不明
　　　　　　　　昭和２２年７月２４日　上陸帰還
身　　分　　陸軍軍人

（担　当）
厚生労働省社会・援護局業務課調査資料室
電話　０３－５２５３－１１１１　（代表）
　・調査第一係（軍歴）　　　　３４７４（内線）
　・調査第二係（抑留者資料）３４７１（内線）

圖三十：厚生勞動省回函給陳旺的軍歷資料　　　　資料來源：陳淑娃提供

二、
因人數過少而被忽視

　　本書在探究西伯利亞戰俘中的臺灣人人數時,以 1945 年日軍部隊中的臺灣人統計為推斷的依據之一,[8] 該資料是許文堂研究二戰終戰時期臺籍日本兵軍人軍屬分布所引用的文獻之一,但在派駐滿洲國之關東軍部分,他並未列出終戰時的所在地,他的理由是:「……(前略)日方認知在滿洲之臺灣人幾乎全是民間人士,而非軍事應用人員……由於關東軍中臺籍軍人、軍屬人數僅有 25 人,故不一一列出終戰駐在地。」[9] 許文堂引用的這份日方資料的人數應屬低估,我已在前文詳述,而即使實際人數真如日方資料所記錄,我認為也不應因此忽略其終戰時所在地,因為那是他們被蘇聯所俘的關鍵,尤其是本書中的 9 位海軍特別志願兵,結訓後起初的派駐地,並不是終戰時對蘇軍投降的地區。

　　許文堂在該研究的結論中寫道:「從前面臚列的若干部隊分散的駐地情況,可知臺籍軍人軍屬各自有不同的冒險歷程,在戰爭期間遭遇大不相同,歸鄉的歷程也大相迥異」、「蘇聯軍占領地區除少部分因在日軍服務,被俘往西伯利亞充當苦力外,滿洲的臺灣籍者大部分成為中國難民,因此得到聯合國救

濟總署之濟助,或臺灣同鄉會的協助,早日自滿洲回國」。由此顯示臺灣人的西伯利亞戰俘經驗,在先行研究中,因其人數過少而被忽視的事實。這點令人感到遺憾,尤其是他們被蘇聯俘虜的經過,以及在戰俘營中的經歷、遣返過程,特別是被貼上「紅色標籤」後回到臺灣的處境,與派駐至中國或南洋地區的臺籍日本兵皆有不同之處,如因人數過少而被忽視,等於在建構臺籍日本兵戰爭經驗的全貌時,遺漏極具獨特性的一面。

三、
比「小黑」還不受重視

　　我在撰寫本書及製作紀錄片過程中，前往舞鶴引揚記念館與位於東京的平和祈念展示資料館，皆得到館方的積極協助，但令人遺憾的是，這兩個以西伯利亞戰俘經驗為展示重點的主要單位，其展示資料對於臺籍日本兵皆隻字未提。2024 年 7 月，我為拍攝吳正男前往舞鶴，第二次進入舞鶴引揚記念館，吳正男特別攜帶引揚證明書、復員證明書影本，在參觀該館後，向學藝員出示這兩份文件，[10] 我詢問學藝員，館方是否收藏任何臺籍日本兵的資料，得到的回答是，館方並未掌握相關資料，因此並無與臺籍日本兵有關的藏品。言下之意就是，即使館方已親眼見到吳正男這兩份文件，也沒有意願收藏。我當下的感受是，西伯利亞戰俘中的臺籍日本兵的重要性，比「小黑」還不如。

　　「小黑」（クロ）是在哈巴羅夫斯克的戰俘營中，由日本戰俘飼養的狗，在 1956 年 12 月 24 日，與最後一批從西伯利亞遣返的歸國者，乘「興安丸」一同到達日本。展示板的介紹文字如下：

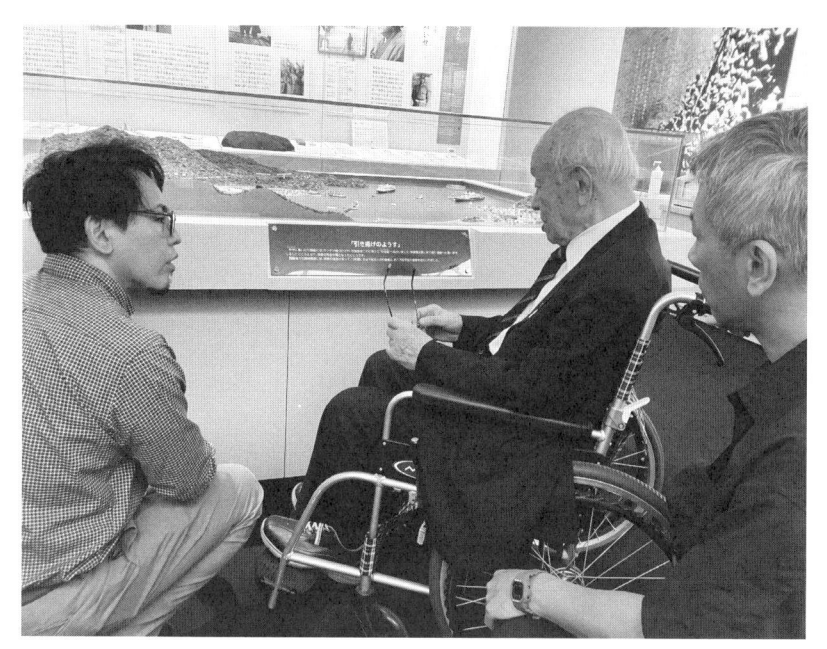

圖三十一：吳正男參觀舞鶴引揚記念館（2024/7/17）　　資料來源：李嘉雯攝

　　從西伯利亞來到日本的狗「小黑」

　　「小黑」是一隻在哈巴羅夫斯克收容所第三分所由日本戰俘飼養的母狗，全身黑色，因此得名「小黑」。牠性格親人，深受戰俘們的喜愛，並成為他們心靈的支柱。昭和31年（1956）12月24日清晨，西伯利亞最後一艘遣返船「興安丸」從納霍德卡港啟航時，小黑躍入漂浮著流冰的海中，似乎想要追隨船隻。隨後牠被接到船上，成為經歷西伯利亞苦難的同伴，隨船來到了日本。

第五章　隱身在臺灣史邊緣的緘默少數　213

舞鶴引揚記念館也在社群媒體上提醒民眾,「來館參觀時,請務必關注一下『小黑』的故事。我們今天也期待您的到訪」。[11] 同樣是經歷「西伯利亞苦難」的臺灣人,難道是因為在遣返時被日本政府列為「非日本人」,因此不列入紀念的對象嗎？2024 年 7 月,我拍攝許敏信的女兒許瑛子前往平和祈念展示資料館參觀,該館同樣沒有任何與臺籍日本兵有關的展示,雖然該館在 2024 年 11 月 19 日邀請吳正男以視訊方式分享戰爭經歷,[12] 但館內並未增設任何西伯利亞戰俘中有臺籍日本兵的說明。

四、
從「皇國臣民」到「非日本人」

　　1943年，日本政府宣告將於隔年實施海軍特別志願兵制度，《臺灣日日新報》以「皇國臣民的最高榮譽 承擔國家保護的重大使命」為標題，刊登高雄警備府、臺灣總督府的共同聲明，呼籲島民響應志願入伍，[13] 本書提及的9位具西伯利亞戰俘經驗的臺灣人，即是在1944年加入海軍特別志願兵，但在2010年日本眾議院針對「昭和二十年（1945）9月2日以後在蘇維埃社會主義共和國聯邦或蒙古人民共和國境內被強制抑留者」所制定的「戰後強制抑留者相關問題特別措施法」中，[14] 補償金發放對象卻將他們排除在外，可說是完全違背訂定此法的目的：

　　第一條　此法律旨在基於戰後強制抑留者因在酷寒之地被長期強制抑留，承受極度惡劣環境帶來的巨大痛苦，並從事嚴酷強制勞動等特殊情況，且考慮到戰後強制抑留的實際狀況尚未完全明朗的現狀，制定相關措施，以處理戰後強制抑留者相關問題。其目的在於向戰後強制抑留者發放慰藉其辛勞的特別給付金，並同時制定有關調查強制抑留實際狀況的基本方針。

臺籍日本兵被蘇聯拘留期間，面對惡劣環境、強制勞動與日本人並無不同，依此條文，該法適用對象理應包括他們，但在第三條卻將補償金發放的對象，限制為具有日本國籍者。[15] 與日本人同為西伯利亞戰俘的臺灣人，在終戰前響應承擔保護國家重大使命而入伍的「皇國臣民」最高榮耀，但在此法中被完全抹除，除非他們歸化為日本籍。

　　不只9位海軍特別志願兵，1943年即表態自願入伍並被刊登在《興南新聞》的許敏信、響應學徒出陣的陳旺、自願報考陸軍特別幹部候補生的吳正男和陳以文，皆無資格請領該補償金。[16] 許敏信的女兒許瑛子就曾聽父親說過，「因為變成不是日本人，所以沒有補償金」。[17] 此法所訂的補償金金額，是依據戰俘（條文中稱「戰後強制抑留者」）的歸國（指日本）時間區分，許敏信被遣返回到日本的時間是1950年1月，應領三十五萬日圓，吳正男是1947年7月抵達日本，應領二十五萬日圓。[18]

　　吳正男回到日本大約十年後，加入西伯利亞戰俘組成的組織，多次參與補償要求運動，他記得約二、三十年前，政府曾發放約十萬日圓的旅行券，[19] 他因未歸化日籍沒有資格領取。2010年5月，他以「臺灣人抑留者」身分出席「西伯利亞特措法緊急研討會」時，有以下發言：「雖然在座有國會議員，但選舉時外國人無法有效的吸引選票，因此，遺憾的是，刪除國籍條款的法案是不可能成立的。」[20] 該特別法通過後，他也沒有思考是否能領取的問題，因為他認為「金額也太小了，連日本人也只能獲得這樣一點點錢」。[21] 不過，無論補償金額的高低，既然前引的第一條條文中載明「其目的在於向戰後強制

抑留者發放慰藉其辛勞的特別補償金」，那麼爲何其辛勞有國籍之分，應當是能提出西伯利亞戰俘佐證資料者即可領取才是。

　　另外，第一條條文中提到「同時制定有關強制抑留實態調查的基本方針」、第十三條內容則有「政府應制定基本方針，以綜合性的進行強制抑留的實態調查等」，這兩條條文並未規定適用對象限於具日本國籍者，那麼統計西伯利亞戰俘中的臺灣人人數，難道不是所謂「實態調查」的內容之一嗎？可見，厚生勞動省不主動調查西伯利亞戰俘中的臺灣人資料，明顯違背了此特別法的宗旨。

五、
難以言喻的苦悶

　　本書在蒐集資料過程中，每當發現先行研究中未曾引用的當事者遺留文獻時，在細讀前總是先認定必能從中發現更多臺灣人的西伯利亞戰俘經驗，但經常是事與願違，這些資料顯示的，反而是當事者刻意隱藏被拘留期間的經歷以及戰後的心境。以蕭瑞郎為例，雖然本書因他未被蘇聯帶往西伯利亞，故未將他列入研究對象，但蕭瑞郎從佐世保、經上海到基隆的遣返過程，是與從蘇聯遣返的臺灣人同行，葉海森、陳以文在回憶一行人於遣返過程中被拘留時，皆提到蕭瑞郎以及營救他們的蕭瑞郎父親，如能取得他的陳述，應會有更多關於拘留及營救過程的細節。而蕭瑞郎在世時，曾寄給陳以文由日治時期就讀基隆中學的臺灣人組成的校友會所印製的《堵南會報》，[22] 此刊物自 2000 年 10 月開始，分六期刊登蕭瑞郎撰寫的類似回憶錄的文章〈隱密的人生〉，[23] 但內容幾乎都是從入伍後到終戰前的軍中經歷，關於終戰後的情形，只簡短提到他被蘇軍解除武裝後移交給北朝鮮的警察署，之後又被移送給蘇軍，因臺灣人身分獲釋、滯留在北朝鮮的心情：

無法直接回到臺灣的我，無奈之下暫時留在北朝鮮的咸興。對我而言，那是一片異域，猶如虛幻般的世界，孤單與無力的情緒不斷湧上心頭。然而幸運的是，我在那裡受到許多當地人們跨越國境熱情深厚的關照，這些情誼至今難以忘懷……（後略）。[24]

　　在我蒐集到的相關文獻中，蕭瑞郎是唯一一位被蘇聯解除武裝後獲釋滯留在北朝鮮的臺籍日本兵，其經驗應非常具歷史價值，他自己也寫道：「我這次想以文字留下〈隱密的人生〉的目的，是因為在大東亞戰爭結束前後的北朝鮮，我的生活既特殊又異樣」，但他被釋放後在北朝鮮以何為生、當地人如何幫助他度過約三年的時間、返臺的過程、父親如何營救等，在文中竟然完全未提。1948年返臺後，蕭瑞郎沒有跟父親和家人透露在北朝鮮的生活情形，因為他覺得「返鄉時的時局並非公諸過去的合適時機」，但「隱藏的真相一直縈繞於心，陷入兩難……內心也受到一種無法用言語表達的良心衝動所驅使。這次受到王堵南會長的鼓勵，才鼓起勇氣決定提筆記錄」。[25]從陳以文等9人被列為可疑分子，以及彭武進、賴英書名列「反共自覺表白人簡冊」的例子來看，不難想像當年蕭瑞郎為何要隱藏真相，而既然他在2000年決定公開，當時臺灣已解嚴13年，為何在文中仍未揭露在北朝鮮的生活及遣返過程，他究竟有什麼顧慮？

　　類似的情形也發生在許敏信身上，從他的女兒許瑛子提供的共14年份的日記中，[26]可知他遣返後對西伯利亞戰俘經驗是有掛念的，包括與友人聊西伯利亞的話題；參加日本各地的

▲➡圖三十二：《堵南會報》，第三號（2000年10月）　　資料來源：陳力航提供

日本殖民地台湾出身の私だけが釈放された。

わが隊員全部も共に釈放して欲しいと懇切に私から願いを申し出たけれども、蘇聯軍政治部員は、頑として聞き入れなかった。

「私も彼等と一緒に収容して下さい」と頼んだが、

「馬鹿！身分が異なるから君は釈放だ。」

我我が挺身斬込隊の厳格な特殊訓練で鍛えられ、苦労を共にした闘士と相別れることは、実に筆舌に尽くし難く号泣で抱き合った。

話が急に北朝鮮まで及び、日本各地に於ける私の軍隊生活に就いても前述のよう、他日の機会までお待ち下さい。

台湾へ直接帰れない私はやむなく、暫時北朝鮮咸興に在留し、私にとっては異域であり、夢幻を思わせる世界、心細いやせない気持が、常常、喚起してきた。

幸運にも私は、国を超えて、人情の厚い、現地の方方に取り巻かれて、永久に忘れ難く、私が帰郷する日まで、消光していたロマンス・冒険・恐怖・郷愁など、数多の想い出が今でも私の脳裏に生き生きとこびりついている。

自分史の貴重な一部分でもある。

当時私が恩恵を蒙った北朝鮮の先輩の方方は、今頃、どう余生を全うしておられるだろうか。

若しも存命でしたら、もう九十歳から百歳位になっているものと信じている。

今に至るまでも、感謝の念を捧げたい心情で一杯。

何時、北朝鮮へ報恩の旅が私に、実現出来ようか？

時期が既に遅いけれども、再会の日が一刻も早く到来するよう待ちあぐんでいる。

実はこの『秘めたる人生』を私が文字で遺したい目的は、大東亜戦争の終戦直後と直前の北朝鮮に於ける私の生命を蝋燭にまでた異様であり、現在我々の生活が、特殊例えば、だんだんと燃えつづけ徐徐に熔けてゆき、消える前に私に何とかして、北朝鮮で過ごした、当時の生活実態をありのまま書きとめたいのである。

一九四八年十月、私は悲無く帰郷し、父、妻子、兄弟、親戚、友人に対しても、私が北朝鮮で暮らした生活を濁らして実相をうちあけなかった。

帰省当時の時局が私の過去を公表するのに、相応しい時機ではなく、隠された事実がいつも気にかかり、ジレンマに陥った。また言葉で表現できない良心の衝動に駆られた。

シッケヨ
適適、今回われわれの王堵南会長様に慫憑されて、敢えてペンを執ることに決めた。

私がアルツハイマー病になる前まで、私の体験を最後まで拙文のまま書き続けたい信念である。

残念ながら、目下私の右手が筆写痙攣症に罹り、両手で支えながら、ゆっくりとまめに動かして、この原稿に向って字を書いているので、速度が非常に鈍く遅く見悪い。至っても無念で仕様がない。

こんな実状ですから、諸兄にご了解の上、私の駄文を完結するまで頑張り続け、今後ともご忌憚なく、ご叱正を切に仰ぎたい。

二〇〇〇年五月二十日

二〇〇〇年三月十八日

第十二回徐明同

二〇〇〇年三月十八日は偉大なる台湾人民が終に選挙により平和裏に中国国民党を打倒し、偉大なる民主の勝利を得た誠に意義の深い日である。台湾本土出身の民主の闘士や政治家等が過去半世紀以上にわたり、幾多の困難を克服し、やっと念願を遂げることができたのである。台湾人民の歓喜これに過ぐるものはない。

顧みれば十七世紀初頭より、我々台湾人の先祖は戦乱に明け暮れるシナ大陸沿岸部を脱し、危険極まりない台湾海峡の荒波、所謂黒水溝（黒潮の分流）を乗り越え、荒蕪の地台湾島の開拓を始めた。大航海時代

「平房會」聚會並一起唱軍歌;[27] 閱讀或收看與西伯利亞戰俘相關書籍、電視劇（如：《不毛地帶》、《來自雪國的遺書》）和紀錄片；參加座談會演講西伯利亞經驗，如日記中提到「去藏前會館參加懇話會……在金子先生的發表之後講了西伯利亞抑留的事」，演講內容如下：「1945年太平洋戰爭末期，他做為軍人前往滿洲，並經歷了被強制拘留於西伯利亞的艱難歲月。在滿洲期間，日蘇戰爭突然爆發，關東軍迅速崩潰，戰爭終結。武裝解除後，他被收押在奉天北陵的收容所，隨後被編入勞動大隊，押送至西伯利亞的バインゴール（位於蒙古北部）的收容所，並度過了漫長的拘留生活。當地嚴寒，氣溫在極端時可達零下40度。」[28] 如日記所述，他的書架的確遺留多本相關書籍。但這份掛念僅止於上述的條列式敘述，關於戰俘經驗的實際內容不曾記錄在日記中，加上他跟蕭瑞郎類似，幾乎不跟家人談此話題。他拘留長達四年多是否有特別原因、軍官階級的思想教育經驗、遣返經過、回臺後是否受調查、離開臺灣的理由、反對共產黨的立場等疑問，皆無法從日記得知。如果此作為真如他的女兒許瑛子所形容的，是「父親設下的一道防線」，那麼這道防線也許的確發揮了保護家人的作用，但卻也因此形成後代難以體會他們曾經歷「巨大痛苦」的鴻溝。

這樣的鴻溝，起初我以為應只存在於不願與家人透露戰俘經驗的研究對象，後來發現即使其戰俘經驗早已公開，他們的下一代對父親的這段經歷，不僅不感興趣，甚至是抱持負面的看法。例如吳正男提到，「兒子對我的過去完全沒有興趣，是到一種不可思議的程度」。在與吳正男兒子的聯繫過程中，我接收到的都是他對於父親的反感，[29] 是否因為吳正男雖定居日

本卻未歸化日籍的臺灣人身分對他造成困擾,或是不認同父親的參戰經驗,由於他堅持不接受訪問,無法探究其原因。雖然吳正男經常在公開場合分享其軍歷,但後代的態度讓他感到「非常孤獨」,[30] 這應該是他一直在尋找有同樣經歷的臺灣人的主要原因之一。從他 2010 年得知陳以文的經歷後立刻寫給對方的信,可感受其心境:

> 今日(5 月 21 日)**收到有光健先生的來信**(於本年 3 月 29 日初次見面),**我感到十分驚訝,並拿出了林榮代先生之前贈送的《臺灣的大和魂》,從第 183 頁開始細讀**,[31] **了解到您在被拘留期間的一些經歷。聽說您和我一樣,是從東京的中學進入特別幹部候補生的,還有在蘇聯被拘留的經歷……因此倍感親近,立刻提筆給您寫信。**
>
> **5 月 21 日夜 吳正男**

得知陳以文的經歷前,吳正男一直以為具西伯利亞戰俘經驗的臺灣人,只有他、陳旺、鄭慕鐘 3 位,因此收到有光健(西伯利亞抑留者支援記錄中心代表負責人)提供陳以文經歷的來信後,他當天晚上就寫信給陳以文,除自我介紹外,並附上多篇刊登他軍歷的報章期刊、照片,7 月 21 日他再度寫信,表示希望在 8 月回臺探親時能拜訪對方,之後也如願在宜蘭與陳以文見面。

除了吳正男,與陳以文保持聯繫的還有蕭瑞郎(寄《堵南會報》給他)、[32] 葉海森(常從花蓮寄水果給他)。[33] 賴興煬於 1996 年 6 月受訪時,提到他經常與邱華忠、唐中山、蕭冬(當時已去

世）聯繫，並且與葉海森參加了「臺籍日本兵遺族」的聚會，跟過去的戰友們偶而也會見面，互相鼓勵要保重身體，以期每年相會。[34] 可見，他們其中雖然只有部分在軍中隸屬同部隊，但因具有西伯利亞戰俘及遣返經驗的共同記憶，因而彼此建立起「戰友」般的感情，如同許敏信參加平房會時與戰友們一同唱軍歌的情景，如果他有不願對家人透露的苦悶，與戰友們齊唱軍歌，可能是他最能感到慰藉並值得記錄於日記中的一刻吧。

六、
撕不掉的紅色標籤

　　1953 年臺灣省新聞處印行《反共抗俄歌曲一百首》，列為第一首的「反共抗俄歌」，歌詞為蔣介石所寫，[35] 第一段寫道：「打倒俄寇，反共產，反共產，消滅朱毛，殺漢奸，殺漢奸。」[36] 陳以文的兒子陳明亮在接受我訪談時，舉這首歌為例，來形容他第一次聽父親提起去過蘇聯時，心裡感到的「巨大到難以消化的恐怖」，而他至今仍能完整唱完這首歌。[37] 陳明亮的記憶，在思想上凸顯西伯利亞戰俘中的臺籍日本兵被灌輸的意識形態，一次次被否定的無奈，他們被貼上被「洗腦」的標籤，猶如敵人的同路人。他們的第二代，所受的是黨國教育，以目的而論，與日本的皇民化運動與蘇聯對戰俘實行的「政治工作」類似，臺灣人在戰時及戰後的被動、被忽略的角色，具體反應在這些臺籍日本兵身上，即使終戰後已八十年，那種不被視為主體的卑微仍然延續。

　　2024 年 5 月，我以製作紀錄片為由，向俄國「濱海邊疆區電影支持與發展中心」提出拍攝申請，[38] 得到以下的回覆：

一、我們擔心由於俄國與日本之間的緊張關係，以及中國

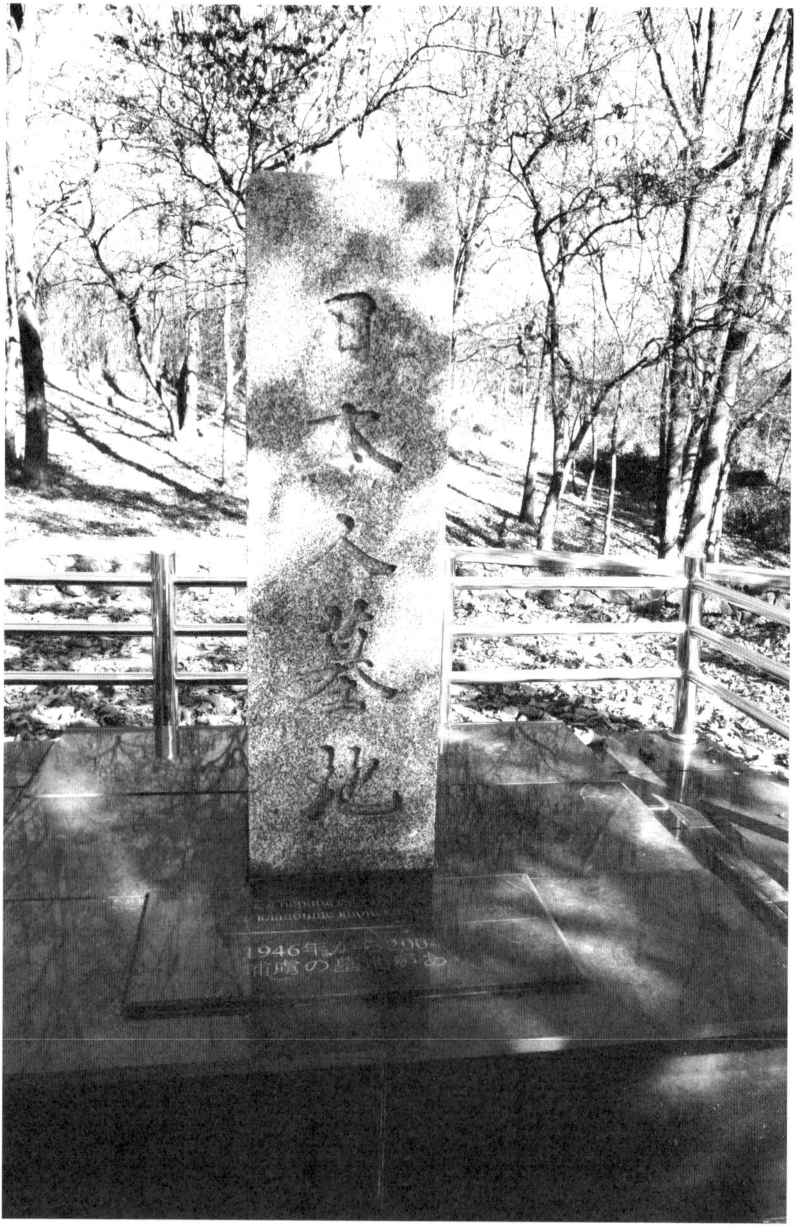
日本人墓地

圖三十三：日本人墓地（納霍德卡，左圖）、第7收容所第48支所日本人墓地（布拉茨克，右圖）
資料來源：許明淳攝

　　與臺灣之間的局勢，俄國支持中國的緣故，您可能無法在俄國拍攝這部影片。

二、有關參與修建「貝加爾—阿穆爾鐵路」的日本戰俘的故事。主管機關可能會認為這部影片會以負面的方式呈現這段歷史。

　　原因在於，您需要為所有事項獲得許可，並就拍攝事宜撰寫正式信函。對於一支來自臺灣、且影片主角為日本人的製作團隊來說，獲取拍攝許可將會非常困難。

　　這封回函是我進行本研究兩年多期間，不斷遭遇挫敗的「最佳寫照」，該單位將俄國支持中國的立場，列入不受理拍

第五章　隱身在臺灣史邊緣的緘默少數　227

攝申請的理由,並將臺籍日本兵視爲日本人。2024 年是「貝加爾─阿穆爾鐵路」「正式開工」50 周年,[39] 俄國的官方媒體不意外的未提到該鐵路在「正式開工」前有二戰戰俘參與興建,[40] 更不可能提到其中有臺灣人。[41]

我在 2024 年 10 月俄烏戰爭仍未結束時,以私人身分前往俄國,在莫斯科鬧區看到年輕人聚集街頭拍攝「TikTok」(抖音國際版)影片、舉行馬拉松路跑比賽,民眾生活如常,表面上無明顯戰爭氣氛,招募軍人廣告不時出現。我前往位於納霍德卡以及布拉茨克的日本人墓地時,感嘆著至今仍無法得知,臺籍日本兵被拘留在西伯利亞期間是否有人死亡。尤其是位於布拉茨克的日本人墓地,屬於「第 7 收容所第 48 支所」,而「第 7 收容所」就是陳以文曾經停留的戰俘營,凝視著墓碑上「日本人」幾個字,心中充滿著臺灣人在這場戰爭中沒有名字的感傷。

本書主要的研究目的,是希望能在西伯利亞戰俘研究中,爲臺籍日本兵建立研究的價值。從蘇聯遣返的臺籍日本兵,因抵臺後的局勢,西伯利亞戰俘營中的「政治工作」,也就是思想教育的經驗,已是不能說的禁忌,這是進行文獻蒐集後遭遇諸多限制難以突破的主要原因。本書雖然在先行研究的基礎上,初步確認 19 位具西伯利亞戰俘經驗的臺籍日本兵,並以思想教育爲主題,探究其戰俘經歷及其影響,但受限於數量極爲有限的檔案、口述訪談記錄等相關文獻,在撰寫過程中,常自覺有代表性不足、推論過於主觀或涉入過多情感的研究缺失。但仍期待本書提出的研究結果,能吸引更多的研究者投入,其目的無非是希望能發現更多具西伯利亞戰俘經驗的臺籍

日本兵，讓他們的經驗能被獨立研究且受到重視，不再只是隱形於日本西伯利亞戰俘的論述之下，並補足臺籍日本兵先行研究中極少被關注的一部分。更期盼有朝一日，日本厚生勞動省能遵循「戰後強制抑留者相關問題特別措施法」的立法宗旨，主動調查研究西伯利亞戰俘中的臺灣人資料，也期盼兩個主要展示西伯利亞戰俘經驗的場館，能加入關於臺灣人的說明，畢竟每一個姓名，不論國籍，都是曾歷經並承受極度惡劣環境帶來巨大痛苦的生命。

註

1. 該片段收入〈「解放区」祖国と母国——忘れられた臺湾籍日本兵〉，TBS (Tokyo Broadcasting System Television)，2023/12/4 播出。

2. 蔡慧玉編著，吳玲青整理，《走過兩個時代的人：臺籍日本兵》，頁 150-171。陳力航，〈陳以文先生訪談紀錄〉，《宜蘭文獻雜誌》，87、88 期（2011 年 6 月），頁 137-168。陳力航，《零下六十八度：二戰後臺灣人的西伯利亞戰俘經驗》（臺北：前衛出版社，2021 年）。

3. 〈尋找二戰後有蘇聯戰俘營經驗的臺灣人／シベリア抑留経験者だった臺湾人を探しています〉，收入「冰封的記憶」：https://www.facebook.com/share/96jH1DAmUCBsganP/。

4. 「厚生労働省社会・援護局　援護・業務課調查資料室調查係」回信，2024 年 10 月 8 日。

5. 陳旺的登錄簿，記錄出生地爲「臺湾ケイク市」（應指臺灣溪湖），陳淑娃提供。

6. 許敏信兵籍調查，東京都福祉保健局，許瑛子提供。

7. 「上海俘虜收容所留守名簿」，厚生勞動省，湯進賢提供。

8. 「臺湾人方面別（部隊別）人員統計表 昭和 28 年 1 月 留守業務部」JACAR（アジア歴史資料センター）Ref.C11110411300、臺湾人人員統計表 昭和 20 年 8 月 1 日（防衛省防衛研究所），頁 3、10。出處：https://www.jacar.archives.go.jp/das/image/C11110411300。

9. 許文堂，〈君在何方？——太平洋終戰時期臺籍日本軍人軍屬的分布〉，《臺灣風物》，第 71 卷第 2 期（2021 年 6 月），頁 61。

10. 吳正男的引揚證明書、復員證明書正本，已捐贈給「高雄市關懷臺籍老兵文化協會」。

11. 內容引自「舞鶴引揚記念館」X 貼文（2023/5/18）：https://x.com/maizuru_hikiage/status/1662610560951926784。

12. 〈11 月の定期語り部お話し会〉，收入「帰還者たちの記憶ミュージアム 平和祈念展示資料館【総務省委託】」：https://www.heiwakinen.go.jp/kataribe/20231015-1500/。

13. 「皇國民最大の榮譽 國家保護の大任へ 高雄警備府、臺灣總督府共同聲明」，《臺灣日日新報 夕刊》，15540 期，昭和 18 年（1943）5 月 13 日，

第一版。

14. 〈戰後強制抑留者に係る問題に関する特別措置法〉，收入「衆議院」：https://www.shugiin.go.jp/internet/itdb_housei.nsf/html/housei/17420100616045.htm。

15. 「第三條　對於在本法施行之日具有日本國籍且已歸國的戰後強制抑留者，由獨立行政法人平和祈念事業特別基金（以下簡稱「基金」）發放特別補償金。」收入「衆議院」：https://www.shugiin.go.jp/internet/itdb_housei.nsf/html/housei/17420100616045.htm。

16. 本書掌握的具西伯利亞戰俘經驗的 19 位臺籍日本兵中，目前所知僅有鄭慕鐘（香川博司）歸化日籍。

17. 許明淳訪問、記錄，〈許瑛子口述訪談記錄〉，未刊稿。

18. 依照 2010 年的平均匯率，1 日圓 =0.01142 美元，1 美元 =31.642 元新臺幣，350,000 日圓、250,000 日圓換算成新臺幣，分別約是 126,473、90,338 元。2010 年平均匯率參見：「Exchange-Rates.org」：https://www.exchange-rates.org/zh-hant/exchange-rate-history/jpy-usd-2010。〈新臺幣對美元銀行間成交之收盤匯率（資料來源：臺北外匯經紀股份有限公司）──年資料〉，收入【中央銀行】：https://www.cbc.gov.tw/tw/cp-2151-27029-FFC31-1.html。

19. 日本政府於 2007 至 2009 年間，針對西伯利亞戰俘，發放旅行券等兌換券（相當於 10 萬日圓）、座鐘、鋼筆、文具盒或紀念牌。出處：總務委員会調査室　廣松彰彦，〈シベリア抑留者に特別給付金～議員立法の戰後強制抑留者法が成立～〉，《立法と調査》，No.308（2010 年 9 月），頁 6。

20. 吳正男，〈戰後補償アレコレ〉，《臺湾協会報》，第 671 期（2010 年 8 月 15 日），頁 1。

21. 許明淳訪問、記錄，〈吳正男訪談記錄〉，未刊稿。

22. 〈「尋找足跡」基中校友 開心回娘家〉，《基中校訊》，第 19 期（2010 年 6 月），第四版。

23. 蕭瑞郎，〈祕めなる人生〉（一）至（六）分別刊登於：元 臺北州立基隆中學校《堵南會報》，第三號（2000 年 10 月）、第四號（2001 年 11 月）、第五號（2002 年 11 月）、第六號（2003 年 11 月）、第七號（2004 年 11 月）、第九號（2006 年 11 月），陳力航提供。

24. 蕭瑞郎,〈祕めなる人生〉,元 臺北州立基隆中學校《堵南會報》,第三號（2000 年 10 月）,頁 17,陳力航提供。

25. 蕭瑞郎,〈祕めなる人生〉,元 臺北州立基隆中學校《堵南會報》,第三號（2000 年 10 月）,頁 17,陳力航提供。

26. 許瑛子提供的許敏信日記年份為 1969、1972、1978 至 1980、1981、1993 至 1995、1996、1997 至 1999、2000 年。

27. 許敏信有多次參加「平房會」的記錄。出處：《許敏信日記》1969/4/20、1969/12/7、1972/5/14、1978/9/16、1979/10/20、1980/11/29、1996/9/25、1998/9/28,許瑛子提供。「平房」是許敏信所屬部隊終戰時所在的地點。平房會是類似戰友會的組織,席間許敏信會與戰友們一起唱軍歌,例如關東軍軍歌跟空之勇士,這些戰友中如果終戰時位在平房,應該就跟許敏信一樣是西伯利亞戰俘。1945 年 5 月許敏信被派至哈爾濱滿洲第 8372 部隊（第 12 野戰航空修理廠）,出處：〈兵籍調查資料〉,福祉保健局,許瑛子提供。第 12 野戰航空修理廠（羽第 8372 部隊）於昭和 13 年（1938）9 月 1 日在滿洲國浜江省ハルビン市平房編成,出處：「陸軍航空部隊略歷（その 5）付・航空部隊の隷指揮下にあったその他の部隊／分割 4」JACAR（アジア歷史資料センター）Ref. C12122423100、陸軍航空部隊略歷（その 5）付・航空部隊の隷指揮下にあったその他の部隊（防衛省防衛研究所）,頁 722。

28. 《許敏信日記》,1999/3/17,許瑛子提供。出處：〈蔵前懇話会報告（1999 年 3 月）〉,《東京工業大学同窓会誌》,第 940 期（1999 年 6 月）,頁 51。「バインゴール」應為 Bayangol,位於烏蘭烏德（ウランウテ）地區,許敏信 1945 年 10 月 21 日至 1948 年 9 月 11 日所停留的戰俘營位於該地區。〈兵籍調查資料〉,福祉保健局,許瑛子提供。

29. 「雖然您說想知道『有關於我對於父親經歷的想法』,但如果要我回答的話,會跟您期待的內容完全相反。」摘自吳正男兒子鄉先生回覆信函（2023/4/25）。

30. 吳正男迄今未歸化日本籍,他的兒子已歸化並改姓為「鄉」。許明淳訪問、記錄,〈吳正男訪談記錄〉,未刊稿。

31. 林えいだい,《臺灣の大和魂》,頁 183-213。

32. 許明淳訪問、記錄,〈陳力航訪談記錄〉,未刊稿。訪問日期：2024 年 1 月 18 日。訪問地點：新北市永和區住處。

33. 許明淳訪問、記錄,〈陳明亮訪談記錄〉,未刊稿。

34. 蔡慧玉編著，吳玲青整理，《走過兩個時代的人：臺籍日本兵》，頁171。
35. 侯坤宏，〈反共抗俄〉，收入「國家人權記憶庫」：https://memory.nhrm.gov.tw/NormalNode/Detail/82?MenuNode=14。
36. 李力泉、程其恆編，《反共抗俄歌曲一百首》（臺北：臺灣省新聞處，1953年再版），頁15，收入「臺灣記憶」：https://tm.ncl.edu.tw/article?u=007_104_000109。
37. 許明淳訪問、記錄，〈陳明亮訪談記錄〉，未刊稿。
38. Центр поддержки и развития кино Приморского края（濱海邊疆區電影支持與發展中心）：http://www.primoryefilm.ru/。
39. 「正式開工」日期被訂爲1974年7月8日，是根據蘇聯共產黨中央委員會和蘇聯部長會議發布的第561號決議「關於建設貝加爾—阿穆爾鐵路」。其實這條鐵路在1938年，西段就從泰舍特到布拉茨克開始興建。1945年8月23日發布的「蘇聯國防委員會第9898號決議 關於接收、安置和使用50萬名日本軍隊戰俘的決議」中，日本戰俘工作內容其中之一為：「在建設貝加爾—阿穆爾鐵路的各個區段（如伊茲韋斯特科維—烏爾加爾、巴姆站—滕達、烏爾加爾—共青城、泰舍特—烏斯季庫特）上工作，總共150,000人。」Байкало-Амурская Магистраль：https://www.pochet.ru/project/bam/history/。
40. 〈世界上最長的鐵路線之一：貝加爾—阿穆爾鐵路〉，收入「SPUTNIK俄羅斯衛星通訊社」：https://big5.sputniknews.cn/20240531/1059441322.html。
41. 陳以文參與該鐵路興建。出處：林えいだい，《臺灣の大和魂》，頁196。

參考文獻

一、基本史料

（一）官方檔案

〈內亂案件判決〉,《臺灣高等法院》,國家發展委員會檔案管理局藏,檔號：A504000000F/0039/ 簿 /122。

〈反共自覺運動實施要點及實施情形〉,《國防部軍法局》,國家發展委員會檔案管理局藏,檔號：B3750347701/0052/3131343/43/1/005。

〈日本地區僑情與僑務（二）〉,《外交部》,國史館藏,典藏號：020-210501-0002。

〈可疑分子考管 —— 遣返臺民陳以文等九名〉,《內政部警政署》,國家發展委員會檔案管理局藏,檔號：AA01010000C/0037/ 307.11/0002。

〈可疑分子考管 —— 許丙臺灣托管運動案〉,《內政部警政署》,國家發展委員會檔案管理局藏,檔號：AA01010000C/0036/ 304.6/ 0009。

〈我國駐日代表團遣送華僑返國〉,《外交部》,國史館藏,典藏號：020-010108-0026。

〈卸任總統後：六十七年增額中央民代選舉〉,《嚴家淦總統文物》,國史館藏,典藏號：006-010901-00001-006。

〈前在大陸被迫附匪份子辦理登記辦法及總登記實施綱要〉,《國防部軍法局》,國家發展委員會檔案管理局藏,檔號：B3750347701/0045/3131331/31/1/001。

〈革命文獻 —— 雅爾達密約有關交涉及中蘇協定〉,《蔣中正總統文物》,國史館藏,典藏號：002-020300-00048-101。

〈匪共在日活動〉,《外交部》,國家發展委員會檔案管理局藏,檔號：A303000000B/0044/5.21/24。

〈海外反滲透案〉,《法務部調查局》,國家發展委員會檔案管理局藏,檔號:AA11010000F/0077/3/73869。

〈湯守仁等〉,《國防部後備司令部》,國家發展委員會檔案管理局藏,檔號:A305440000C/0045/276.11/9122.92。

〈駐橫濱總領事館僑務〉(1956/7/9~1968/12/30),《外交部》,國家發展委員會檔案管理局藏,檔號:A303000000B/0045/61/ 33。

〈蕭參請轉讓礦區〉,《臺灣省政府》,國家發展委員會檔案管理局藏,檔號:A375000000A/0038/0475/0007。

〈賴正山案〉,《法務部調查局》,國家發展委員會檔案管理局藏,檔號:AA11010000F/0046/301/04238。

〈關東、關西地區僑情匪情親華團體等〉,《外交部》,國史館藏,典藏號:020-190500-0010。

〈警總防諜案〉,《國防部》,國家發展委員會檔案管理局藏,檔號:A305000000C/0053/378.7/8890。

《世界日報(The Sekai Nippo)》,東京,1988/1/30(4)。出處:〈日本報刊發行蔣經國追思特集〉,《蔣經國總統文物》,國史館藏,典藏號:005-010401-00083-004。

「日方將臺胞徵用服軍役者迅造名簿呈報」(1945年10月30日),〈臺灣區日俘(僑)處理案〉,《國防部史政編譯局》,國家發展委員會檔案管理局藏,檔號:B5018230601/0034/545/4010/12/009。

「日戰俘歸國請願團代表十九人為蘇匪區內日俘事來團請願」(1951年08月02日),〈遣返日僑俘問題〉,《外交部》,國家發展委員會檔案管理局藏,檔號:A303000000B/0038/075.1/002/1/027。

「有關戡亂時期預防匪諜與叛亂犯再犯管教辦法辦理案」(1968年4月9日),〈保防安全維護事項〉,《臺中市政府警察局》,國家發展委員會檔案管理局藏,檔號:A387130000C/0057/B001811/2/0001/005。

「吳正男案」,〈海外反滲透案〉,《法務部調查局》,國家發展委員會檔案管理局藏,檔號:AA11010000F/0074/3/55229。

「俞濟時呈蔣中正據鄭介民呈報蘇俄控制下之日俘現狀」,〈革命文獻──處置日本〉,《蔣中正總統文物》,國史館藏,典藏號:002-020400-00052-089。

「政治檔案 林慶雲」,〈可疑分子考管——共黨武裝組織愛國青年會案〉,《內政部警政署》,國家發展委員會檔案管理局藏,檔號:AA01010000C/0037/306.7/0141。

「陸軍特別志願兵令中改正(號外)」,《臺灣總督府報》,昭和17年3月10日,國史館藏,典藏號0071034436e001。

「戡亂時期共匪及附匪份子自首辦法」,〈釋字第129號〉,《司法院》,國家發展委員會檔案管理局藏,檔號:A500000000F/0057/13-0-2/1/0001/004。

「盟委會寅東開108次例會繼續討論日僑俘問題英代表與主席答辯程序問題等」(1950年3月3日),〈遣返日僑俘問題〉,《外交部》,國家發展委員會檔案管理局藏,檔號:A303000000B/0038/075.1/002/1/011。

「賴英書」,〈軍事委員會委員長侍從室 系列二十三〉,國史館藏,典藏號:129-230000-2147。

「檢呈寄往蔣代表資料副本」(1950年10月2日),〈遣返日僑俘問題〉,《外交部》,國家發展委員會檔案管理局藏,檔號:A303000000B/0038/075.1/002/1/020。

「關於蘇境日俘案之說明」(1950年9月4日),〈遣返日僑俘問題〉,《外交部》,國家發展委員會檔案管理局藏,檔號:A303000000B/0038/075.1/002/1/016。

「22・陸密第598号 昭和20年2月19日 整備関係少年飛行兵等ノ修業期間短縮ニ関スル件達」JACAR(アジア歴史資料センター)Ref.C12120511100、陸密綴 昭和20年(防衛省防衛研究所)。

「菊水作戦(1号〜4号)夜戦隊綜合戦訓 昭和20年5月」JACAR(アジア歴史資料センター)Ref.C13120524300、大東亜戦争戦時日誌戦闘詳報 芙蓉部隊ほか 自昭20年4月至20年5月(防衛省防衛研究所)。

「御署名原本・昭和十九年・勅令第三二七号・陸軍兵科及経理部予備役将校補充及服役臨時特例」JACAR(アジア歴史資料センター)Ref.A03022287500(国立公文書館)。

「御署名原本・昭和十八年・勅令第九二二号・陸軍現役下士官補充及服役臨時特例」JACAR(アジア歴史資料センター)Ref.A03022881500(国立公文書館)。

「御署名原本・昭和十八年・勅令第七五五号・在学徴集延期臨時特例」JACAR(アジア歴史資料センター)Ref.A03022864800(国立公文書館)。

「御署名原本・昭和十八年・勅令第六〇八号・海軍特別志願兵令」JACAR（アジア歴史資料センター）Ref.A03022850100（国立公文書館）。

「御署名原本・昭和二十一年・詔書一月一日・新日本建設ニ関スル詔書」JACAR（アジア歴史資料センター）Ref.A04017784700（国立公文書館）。

「御署名原本・明治二十二年・憲法二月十一日・大日本帝国憲法」JACAR（アジア歴史資料センター）Ref.A03020029600（国立公文書館）。

「航空総軍戦闘序列 20 年 4 月 8 日」JACAR（アジア歴史資料センター）Ref.C14110525200、航空総軍戦闘序列綴（附表は別冊とす）（防衛省防衛研究所）。

「資料通報 E 第 10 号 航空士官学校満洲派遣隊（満第 125 部隊 羽第 25214 部隊）行動概見表 留 4 航 昭和 26 年 11 月 20 日」JACAR（アジア歴史資料センター）Ref.C16120601800、部隊行動概見表（其の 1）資料通報 E 号 昭和 26・10（防衛省防衛研究所）。

「昭和十八年臨時徴兵検査規則制定の件」，昭和 18 年 10 月 2 日，國立公文書館藏，典藏號：昭 59 文部 02456100。

「臺湾人方面別（部隊別）人員統計表 昭和 28 年 1 月 留守業務部」JACAR（アジア歴史資料センター）Ref.C11110411300、臺湾人人員統計表 昭和 20 年 8 月 1 日（防衛省防衛研究所）。

「第 15 篇 雇員、傭人、工員ノ人事取扱及服務」JACAR（アジア歴史資料センター）Ref.C12120414900、陸軍技術本部諸規程 昭和 16 年 6 月（防衛省防衛研究所）。

「第 1 総軍戦闘序列 昭和 20 年 4 月 8 日」JACAR（アジア歴史資料センター）Ref.C14110523000、戦闘序列綴 巻 1（本土各軍）昭和 20・4・15（防衛省防衛研究所）。

「第 1 挺進飛行団」JACAR（アジア歴史資料センター）Ref.C12121028100、航空総軍編制人員表（防衛省防衛研究所）。

「第 2 航空軍隷下 鮮臺人所属部隊行動表 第 4 課航空班」JACAR（アジア歴史資料センター）Ref.C16120617300、第 2 航空軍隷下 鮮臺人所属部隊行動表（防衛省防衛研究所）。

「第 2 総軍戦闘序列 昭和 20 年 4 月 8 日」JACAR（アジア歴史資料センター）Ref.C14110523100、戦闘序列綴 巻 1（本土各軍）昭和 20・4・15（防衛省防衛研究所）。

「第 38 回遞信省年報」JACAR（アジア歴史資料センター）Ref.A09050723500、自第 36 回至第 40 回・遞信省年報（国立公文書館）。

「第 901 海軍航空隊高雄派遣隊戦時日誌 自昭和 20 年 2 月 1 日至昭和 20 年 2 月 28 日」JACAR（アジア歴史資料センター）Ref.C13120392800、第 901 海軍航空隊戦時日誌 大村、館山、ミリ、小禄、高雄、馬公、淡水、三亜、龍華派遣隊 昭 19・8・1～20・3・31（防衛省防衛研究所）。

「第五編 養成及試験／第一類 養成／第四款 通信講習所～第五款 事務修習」JACAR（アジア歴史資料センター）Ref.C18010048000、通信法規類集 昭 16・7・19（防衛省防衛研究所）。

「独『ソ』開戦後ノ管内正面『ソ』軍ノ状況」JACAR（アジア歴史資料センター）Ref.A06030172600、独「ソ」開戦後ノ管内正面「ソ」軍ノ状況（国立公文書館）。

「表紙『陸軍航空部隊略歴（その 6）付・航空部隊の隷指揮下にあったその他の部隊』」JACAR（アジア歴史資料センター）Ref.C12122423600（防衛省防衛研究所）。

「浜松航空教育隊新設工事実施の件」JACAR（アジア歴史資料センター）Ref.C01002344500、永存書類乙集第 2 類第 1 冊 昭和 15 年「建物」（防衛省防衛研究所）。

「別紙第 5 其 1 乃至其 4 昭和 20 年 7 月末に於ける 2FA 全部隊配置表」JACAR（アジア歴史資料センター）Ref.C16120496900、関東軍航空作戦記録案 大東亜戦争（満洲方面）（防衛省防衛研究所）。

「方面軍軍管区諸部隊通称号所在地一覧 軍事機密 整理番号 50 部之内第 2 号 昭和 20 年 7 月 10 日現在 第 17 方面軍朝鮮軍管区 参謀部」JACAR（アジア歴史資料センター）Ref.C12121093300（防衛省防衛研究所）。

「満洲方面部隊略歴（二）（1）」JACAR（アジア歴史資料センター）Ref.C12122502300、満洲方面部隊略歴(二)（防衛省防衛研究所）。

「陸軍技術候補生召募」（1940-12-26），〈昭和 15 年 12 月臺灣總督府報第 4076 期〉,《臺灣總督府（官）報》,國史館臺灣文獻館,典藏號：0071034076a009。

「陸軍航空士官学校の分教所の名称及位置の件達」JACAR（アジア歴史資料センター）Ref.C01007864800、陸密綴 昭和 20 年（防衛省防衛研究所）。

「陸軍航空部隊略歷（その2）付・航空部隊の隸指揮下にあったその他の部隊／分割6」JACAR（アジア歷史資料センター）Ref.C12122420500（防衛省防衛研究所）。

「陸軍航空部隊略歷（その5）付・航空部隊の隸指揮下にあったその他の部隊／分割4」JACAR（アジア歷史資料センター）Ref.C12122423100（防衛省防衛研究所）。

「陸軍航空部隊略歷（その6）付・航空部隊の隸指揮下にあったその他の部隊／分割5」JACAR（アジア歷史資料センター）Ref.C12122424100（防衛省防衛研究所）。

「陸軍省告示第32号 昭和20年度採用スベキ特別幹部候補生ヲ左ノ各号ニ依リ召募ス 細部ニ付テハ 昭和18年陸軍省令第63号陸軍現役下士官補充及服役臨時特例ニ関スル件ニ依ル但シ本告示中同省令ト異ナル事項ニ付テハ本告示ニ依ルモノトス 昭和19年7月29日」JACAR（アジア歷史資料センター）Ref.C12120476800、陸軍省令 告示綴 昭和19年〜20年（防衛省防衛研究所）。

「陸軍平時傭人の定員並に囑託雇員及傭人の雇傭に関する件中改正の件達」JACAR（アジア歷史資料センター）Ref.C01007818300、陸密綴 昭和18年（防衛省防衛研究所）。

「臺灣總督府陸軍兵志願者訓練所規程（號外）」（1942-03-10），〈昭和17年3月臺灣總督府報第4436期〉，《臺灣總督府（官）報》，國史館臺灣文獻館藏，典藏號：0071034436e003。

（二）史料彙編、辭典

《反共自覺運動文獻》。臺北：臺灣警備司令部，1963年。

《臺灣總督府及所屬官員職員錄》。臺北：臺灣時報發行所，昭和5年（1930）。

加藤聖文監修・編集，《海外関係史料集成（国内篇）第4卷「舞鶴地方引揚援護局史」》。東京：株式會社紀伊國屋，2001年。

何鳳嬌編輯，《戰後臺灣政治案件：湯守仁案史料彙編（一）、（二）》。臺北：文建會，2008年。

許雪姬總策畫，《臺灣歷史辭典》。臺北：文建會，2004年。

新村出編,《広辞苑》。東京:株式會社岩波書店,2018年第七版。

(三) 口述歷史、日記

許明淳訪問、記錄,〈吳正男訪談記錄〉,未刊稿。訪問日期:2022年12月1、2日,2023年2月10日、11月24日、26日。訪問地點:日本橫濱臺灣同鄉會、minato view 會議室(横浜市中区山下町26-6)、吳宅。

許明淳訪問、記錄,〈吳正男筆答傳真稿〉,未刊稿,傳真日期2024年3月18日。

許明淳訪問、記錄,〈吳照訪談記錄〉,未刊稿。訪問日期:2024年8月14日。訪問地點:臺北市大安區吳照宅。

許明淳訪問、記錄,〈許瑛子口述訪談記錄〉,未刊稿。訪問日期:2023年2月8日、2024年2月4日。訪問地點:東京許瑛子自宅。

許明淳訪問、記錄,〈許嘉宏訪談記錄〉,未刊稿。訪問日期:2022年9月27日。訪問地點:臺北市復興南路一段323號(星巴克咖啡興南門市)。

許明淳訪問、記錄,〈陳力航訪談記錄〉,未刊稿。訪問日期:2024年1月18日。訪問地點:新北市永和區住處。

許明淳訪問、記錄,〈陳明亮訪談記錄〉,未刊稿。訪問日期:2024年7月30日、8月8日、8月14日。訪問地點:宜蘭市陳宅。

許明淳訪問、記錄,〈陳淑娃訪談記錄〉,未刊稿。訪問日期:2024年1月14日、7月15日。訪問地點:彰化縣田中鎮陳淑娃母親自宅、日本千葉縣陳淑娃自宅。

許雪姬、黃子寧、林丁國等訪問,藍瑩如等記錄,《日治時期臺灣人在滿洲的生活經驗》。臺北:中研院臺史所,2014年。

陳力航,〈陳以文先生訪談紀錄〉,《宜蘭文獻雜誌》,第87、88期(2011年6月),頁137-168。

陳力航訪問、記錄,〈景山洋志訪談記錄〉,未刊稿。訪問日期(通訊軟體):2024年9年26日。

《許敏信日記》,未出版,1969年、1972年、1978至1980年、1981年、1993至1995年、1996年、1997至1999年、2000年,許瑛子提供。

（四）報紙、雜誌

《日本新聞》，伯力（ハバロフスク市），1945/9/15 — 1949/12/30。收入朝日新聞社編，《復刻日本新聞 I — III》。東京：朝日新聞社，1991 年。

《興南新聞》第 4589 號，昭和 18 年（1943）10 月 25 日，國立臺灣圖書館藏。

〈興南新聞第 4494 號（1943/7/22）〉，《臺灣新民報社報刊史料》(T1119)，中研院臺史所檔案館數位典藏。

《每日新聞》，京都，1949（昭和 24 年）/7/1(3)。国立国会図書館蔵。

《每日新聞》，京都，1949（昭和 24 年）/7/2(3)、7/5(3)。国立国会図書館蔵。

《東亞日報》，首爾，1949/2/8，第 7819 號，版 2。

《東亞日報》，首爾，1949/3/26，第 7858 號，版 2。

《臺灣日日新報 夕刊》，15540 期，昭和 18 年（1943）5 月 13 日，第一版。

〈戰後補償アレコレ〉，《臺湾協会報》，第 671 期（2010 年 8 月 15 日）。

《基中校訊》，第 19 期（2010 年 6 月），第四版。

〈記錄聲音的歷史〉，《臺灣口述歷史學會會刊》，第 7 期（改版第 1 期），2016 年 12 月，頁 223-240。

《友愛——第 9 號》。臺北：友愛会誌編集委員会，2008 年。

《特攻》會報。東京：公益財団法人特攻隊戰没者慰霊顕彰会，第 102 號（2014 年 11 月）。

《臺湾研究資料》。東京：東京臺湾の会，57 號（2011 年 1 月）、63 號（2013 年 8 月）。

《地平》。大連高等商業学校星浦会本部，第 15 號（昭和 57 年〔1982〕12 月）。

元 臺北州立基隆中學校《堵南會報》。臺北：堵南會本部，第三號（2000 年 10 月）、第四號（2001 年 11 月）、第五號（2002 年 11 月）、第六號（2003 年 11 月）、第七號（2004 年 11 月）、第九號（2006 年 11 月）。

〈文部省告示第 630 號〉,《官報》,1941 年 4 月 30 日,国立国会図書館藏。

早川征一郎,〈上杉捨彦先生のご逝去を悼む〉,《大原社会問題研究所雜誌》,480 號(1998 年 11 月)。

〈藏前懇話会報告(1999 年 3 月)〉,《東京工業大学同窓会誌》,第 940 期(1999 年 6 月)。

二、專書與專書論文

小熊英二著,黃耀進譯,《活著回來的男人:一個普通日本兵的二戰與戰後生命史》。臺北:聯經,2015 年。

中華民國醫師名鑑編輯委員會編輯,《中華民國醫師名鑑》。臺北:廬山,1971 年。

戈寶權譯,《高爾基文集第五卷 短篇 小說 散文 童話(1901-1912)》。北京:人民文學出版社,1983 年。

日本防衛廳戰防衛研修所戰史部編撰、賴德修譯,《(43)日軍對華作戰紀要叢書 陸海軍年表 大事年表與軍語》。臺北:國防部史政編譯局,1991 年。

汪宏倫主編,《戰爭與社會:理論、歷史、主體經驗》。臺北:聯經,2014 年。

周婉窈,〈日本在臺軍事動員與臺灣人的海外參戰經驗〉,收入周婉窈,《海行兮的年代──日本殖民統治末期臺灣史論集》。臺北:允晨文化,2009 年。

周婉窈主編,《臺籍日本兵座談會記錄并相關資料》。臺北市:中央研究院臺灣史研究所籌備處,1997 年。

東方書店出版部譯,《ソ連共產党(ボリシェビキ)歷史小教程》。東京:東方書店,1971 年 6 月 5 日初版,1975 年 8 月 15 日初版第 4 刷。

張子涇著,天江喜久、林子淳、謝明諭譯,《再見海南島:臺籍日本兵張子涇太平洋終戰回憶錄》。新北市:遠足文化,2017 年。

許丙、許伯埏原稿,許直樹、許瑞暖編譯,《閱讀許丙、許伯埏回想錄:與父親的時空對談》。臺北:蒼璧,2020 年。

許雪姬,《離散與回歸:在滿洲的臺灣人(1905-1948)》(下冊)。新北市:左岸文化,2023 年。

許雪姬主編，《臺灣口述歷史的理論實務與案例》。臺北市：臺灣口述歷史學會，2014 年。

許雪姬主編，許伯埏著，《中央研究院近代史研究所 史料叢刊（31） 許丙・許伯埏回想錄》。臺北：中央研究院近代史研究所，1996 年 9 月。

陳力航，《零下六十八度：二戰後臺灣人的西伯利亞戰俘經驗》。臺北：前衛出版社，2021 年。

華樂瑞（Lori Watt）著，黃煜文譯，《當帝國回到家》。新北市：遠足文化，2018。

楊孟哲，《有一天我會回家 —— 賴興煬在西伯利亞勞改的故事》。臺北：五南，2023 年。

蔡慧玉編著，吳玲青整理，《走過兩個時代的人：臺籍日本兵》。臺北：中研院臺史所籌備處，1997 年。

薛化元編著，國立編譯館主編，《臺灣地位關係文書》。臺北：日創社文化事業公司，2007 年。

鍾逸人，《辛酸六十年（上）—— 狂風暴雨一小舟》。臺北：前衛，2009 年。

鍾謙順，《煉獄餘生錄》。臺北：前衛出版社，1999。

「二人区の二名連記制」，參見稻田雅洋，《総選挙はこのようにして始まった：第一回衆議院議員選挙の真実》（東京：有志舎），2018 年。

ソ連における日本人捕虜の生活体験を記録する会編，《捕虜体験記》。東京：ソ連における日本人捕虜の生活体験を記録する会，1998 年。

ヴィクトル・カルポフ著，長勢了治譯，《[シベリア抑留] スターリンの捕虜たち —— ソ連機密資料が語る全容 ——》。札幌：北海道新聞社，2001 年。

安木由美子編，牛窪剛、大島満吉、吳正男、柴垣直行、高橋章、西倉勝、日比野靖、柳橋晃一郎著，《境界 BORDER vol.1 大東亜戦争の記憶》。東京：ユニコ舎，2022 年。

金孝淳著，渡辺直紀譯，《朝鮮人シベリア抑留　私は日本軍・人民軍・国軍だった》。東京：東京外国語大学出版会，2023 年。

建国大学編，《建国大学要覧 建国大学研究院要覧（康徳 9 年度〔1942〕）》。新京：建国大学，康徳 9 年 7 月 25 日。

厚生省社会・援護局援護 50 年史編集委員会監修,《援護 50 年史》。東京：厚生省社会援護局,1997 年。

山根幸夫,《建国大学の研究：日本帝国主義の一断面》。東京：汲古書院,2003 年。

小林昭菜,《シベリア抑留――米ソ関係の中での変容》。東京：岩波書店,2018 年。

戦後強制抑留史編纂委員会編,《戦後強制抑留史 第 7 巻（資料編）》。東京：平和祈念事業特別基金,2005 年。

臺湾人元日本兵士の補償問題を考える会 ―― 社団法人自由人権協会,《問われている戦後に人道的解決を ―― 臺湾人元日本兵士特別援護法要綱と解説》。東京：臺湾人元日本兵士の補償問題を考える会 ―― 社団法人自由人権協会,1982 年第二刷。

長勢了治,《シベリア抑留全史》。東京：株式會社原書房,2013 年。

東京工業大学編,《東京工業大学一覧》。東京：東京工業大学,昭和 17 年。

富田武、岩田悟編,《語り継ぐシベリア抑留 ―― 体験者から子と孫の世代へ》。横濱：群像社,2016 年。

富田武,《シベリア抑留者たちの戦後――冷戦下の世論と運動　1945-56 年》。京都：人文書院,2014 年初版第二刷。

防衛庁防衛研修所戦史室,《戦史叢書 海軍軍戦備〈2〉開戦以後》。東京：朝雲新聞社,1975 年。

防衛庁防衛研修所戦史室,《戦史叢書 大本営陸軍部〈10〉》。東京：朝雲新聞社,1975 年。

防衛庁防衛研修所戦史室,《戦史叢書 満州方面陸軍航空作戦》。東京：朝雲新聞社,1972 年。

防衛庁防衛研修所戦史室,《戦史叢書 本土決戦準備〈1〉関東の防衛》。東京：朝雲新聞社,1971 年。

防衛庁防衛研修所戦史室,《戰史叢書 大本營海軍部・聯合艦隊〈7〉戦争最終期 ――》。東京：朝雲新聞社,1976 年。

防衛庁防衛研修所戦史室著,《戰史叢書 海上護衛戰》。東京：朝雲新聞社,1971 年。

防衛庁防衛研修所戦史部，《戦史叢書 沖縄方面陸軍作戦》。東京：朝雲新聞社，1968 年。

防衛庁防衛研修所戦史部，《戦史叢書 大本営陸軍部〈7〉》。東京：朝雲新聞社，1973 年。

牧野鐵五郎，《私の航空 70 年史：瑞雲に向かって飛べ》。西宮：牧野鐵五郎，2007 年。

林えいだい，《臺灣の大和魂》。大阪市：東方出版，2000 年。

Orlando Figes and Boris Kolonitsk, *Interpreting the Russian Revolution: The Language and Symbols of 1917*. New Haven and London: Yale University Press, 1999.

Sherzod Muminov, *Eleven Winters of Discontent: The Siberian Internment and the Making of a New Japan.* Cambridge: Harvard University Press, 2022.

James E. Maddux, June Price Tangney (eds.), *Social psychology of stigma for mental illness: Public stigma and self-stigma*. New York, London: The Guilford Press, 2010.

三、期刊論文

大田英昭，〈「社會主義」概念在日本的傳播與展開〉，《人間思想》，第 20 期專號「馬克思主義在東亞」（2019 年 10 月）。

王惠珍，〈戰後在日臺籍日本兵的戰爭記憶敘事 —— 以磯村生得的相關文本為例〉，《臺灣文學研究學報》，第 37 期（2023 年 10 月）。

李禎祥，〈白恐時期的特殊份子與考管〉，《臺灣史研究》，第 30 卷第 3 期（2023 年 9 月）。

林東璟、曾冠傑、周維朋編，《記錄聲音的歷史：臺灣口述歷史學會會刊》，第 7 期（改版第 1 期，2016 年 12 月）。

洪致文，〈二戰時期日本海陸軍在臺灣之飛行場〉，《臺灣學研究》，第 12 期（2011 年 12 月）。

許文堂，〈君在何方？—— 太平洋終戰時期臺籍日本軍人軍屬的分布〉，《臺灣風物》，第 71 卷第 2 期（2021 年 6 月）。

四、學位論文

王學禮,〈在蘇戰俘問題研究（1941-1956）〉。長春：吉林大學博士論文,2012 年。

王蕾,〈在蘇聯日本戰俘問題研究（1945-1956）〉。長春：吉林大學博士論文,2013 年。

江嬿乙,〈日治時期臺灣桃竹苗地區的客家教育（1895-1945）〉。臺北：國立臺灣師範大學教育學系博士論文,2013。

陳柏棕,〈血旗揚帆：臺灣海軍特別志願兵的從軍始末（1943-1945）〉。臺北：國立政治大學臺灣史研究所碩士,2010 年。

彭子瑄,〈日帝時期臺灣籍日本兵創意插畫表現之研究──以賴興煬在西伯利亞勞改為例──〉。臺北：國立臺北教育大學數位科技設計學系碩士論文,2020 年。

蔣尚彤,〈自首與自新──1962 年反共自覺運動之研究〉。臺北：國立東華大學歷史學系碩士論文,2022 年。

蘇詠瀅,〈日帝軍國主義下臺灣兵在西伯利亞勞改口述歷史之研究──以臺籍日本兵賴興煬為例──〉。臺北：國立臺北教育大學臺灣文化研究所碩士論文,2018 年。

五、調查報告

《華僑の研究》,第 1 集 特別調查 No.2（1973 年 8 月）。

《戦後強制抑留者に係る労苦調査研究受託業務結果報告書 平成 15 年度》（出版地不明：全国強制抑留者協会,2003 年）。

梅野正信編,〈戦時期における植民地住民子女の学校教育体験〉,《調査研究報告》,第 73 期（2023 年 9 月）。

総務委員会調査室 廣松彰彦,〈シベリア抑留者に特別給付金〜議員立法の戦後強制抑留者法が成立〜〉,《立法と調査》,No.308（2010 年 9 月）。

総務省自治行政局選挙部,〈衆議院議員総選挙──最高裁判所裁判官国民審査 結果調〉,平成 31 年（2019）3 月。

KERMIT G. STEWART, "*RUSSIAN METHODS OF INDOCTRINATING CAPTURED PERSONNEL*", General CIA Records, April 1, 1952. Document Number: CIA-RDP65-00756R000400030003-2, pp.5, 9.

MAJ Michael J. O`Grady, "*The Political Officer in the Soviet Army: His Role, Influence and Duties*", U.S. ARMY Russian Institute Student Research Report (May 5, 1980), pp.3-5.

六、影視資料

シベリア抑留者支援・記録,《DVD特典映像 —— 戦後70年「シベリア抑留とは何だったのか」を知る》。

酒井充子導演,《臺湾アイデンティティー》,2013年。

〈「解放区」祖国と母国 —— 忘れられた臺湾籍日本兵〉,TBS (Tokyo Broadcasting System Television),2023/12/4播出。

《二戰浮世錄》第二集（2015年）,公共電視,2015年。

七、網路資料

教育部重編國語辭典修訂本：https://dict.revised.moe.edu.tw/dictView.jsp?ID=13009&la=0&powerMode=0。

Sherzod Muminov: https://muminov.net/。

聯共（布）中央特設委員會編,《聯共（布）黨史簡明教程》。上海：時代,1949年再版。收於國家圖書館臺灣華文電子書庫：https://taiwanebook.ncl.edu.tw/zh-tw/book/NCL-9900009788/reader。

蕭文哲,《法西斯蒂及其政治》。上海：神州國光社,1933年。收入國家圖書館臺灣華文電子書庫：https://taiwanebook.ncl.edu.tw/zh-tw/book/NCL-9910017460/reader。

MAKI OKUBO, "Ex-soldier wants memorial erected for Taiwanese war dead"（2020/9/12）,收入《朝日新聞》：https://www.asahi.com/ajw/articles/13681384。

〈一個曾為日本兵的臺灣人〉（2017/5/27），收入「nippon.com」：https://www.nippon.com/hk/features/c03305/?pnum=1。

「小林秀雄賞 受賞作一覽」：https://prizesworld.com/prizes/etc/khid.htm。

〈引き裂かれた歲月 証言記錄 シベリア抑留〉，收入「ＮＨＫアーカイブス」：https://www2.nhk.or.jp/archives/movies/?id=D0001230001_00000。

《不毛地帶》全劇簡介：http://japan.videoland.com.tw/channel/1103a/default_002.asp。

〈ロシア連邦政府等から提供された資料の寫しの申請について〉,《厚生勞働省》：https://www.mhlw.go.jp/topics/bukyoku/syakai/soren/b22.html。

〈Hsu 的部落格〉：https://hsu042.pixnet.net/blog/post/95034673。

〈溪湖鎮公所〉：https://town.chcg.gov.tw/xihu/01local/local01.aspx。

〈雲林縣斗六市戶政事務所日據時期住所番地與現行行政區域對照表〉：https://www.ris.gov.tw/documents/data/8/1/cc84e9a9-41ce-452e-a6d0-545658cfb939.pdf。

Date-SKN,〈多摩陸軍飛行場（橫田基地）の格納庫〉，https://senseki-kikou.net/?p=23727&amp=1。

「ある臺灣人元日本兵の戰爭・ソ連（シベリア）抑留體驗」，2022 年 10 月 1 日，收入〈MEMORIES OF WAR〉：https://memories-of-war.jimdofree.com/event-report-2022-08-07-go-masao/。

〈宜蘭縣史館〉：https://yihistory.e-land.gov.tw/cp.aspx?n=67F2DB5FC007AB41&s=2D58889BB41F75D7。

〈人口推計／長期時系列データ 我が国の推計人口（大正 9 年～平成 12 年）〉，收入「政府統計の總合窗口」：https://www.e-stat.go.jp/stat-search/files?page=1&layout=datalist&toukei=00200524&tstat=000000090001&cycle=0&tclass1=000000090004&tclass2=000000090005&stat_infid=000000090265&tclass3val=0。

〈シベリア抑留中死亡者に関する資料の調查について〉，收入「厚生勞働省」：https://www.mhlw.go.jp/seisaku/2009/11/01.html。

〈日本政府、シベリア抑留韓人に謝罪〉（2001/1/30），收入《東亞日報》：https://www.donga.com/jp/article/all/20010130/210967/1。

「對日抗爭期間強制動員受害調查及國外強制動員犧牲者等支援委員會沿革・概要」：https://pasthistory.go.kr/cms/CmsPageLink.do?link=/jiwon/about/about_02.do。

許嘉宏，〈老爸的童年回憶──62. 西伯利亞戰俘營（三）〉（2015/12/22），收入「Hsu 的部落格」：https://hsu042.pixnet.net/blog/post/95031355。

「舞鶴引揚記念館」：https://m-hikiage-museum.jp/about-us.html#。

「法令全書」明治 15 年，內閣官報局，明 20-45。國立国会図書館デジタルコレクション：https://dl.ndl.go.jp/pid/787962（參照 2024-03-10），頁 528-535。

国立国会図書館，日本国憲法の誕生，3-1 天皇「人間宣言」：https://www.ndl.go.jp/constitution/shiryo/03/056shoshi.html。

〈徳田球一〉，收入「国立国会図書館 近代日本人の肖像」：https://www.ndl.go.jp/portrait/datas/407/。

CE SOIR OF PARIS, RED PAPER, TO QUIT, *THE NEW YORK TIMES*. Feb. 22, 1953, p.21. https://www.nytimes.com/1953/02/22/archives/ce-soir-of-paris-red-paper-to-quit-publisher-sets-march-1-date.html。

教育部《重編國語辭典修訂本》：http://dict.revised.moe.edu.tw/dictView.jsp?ID=72189&word=國際歌#searchL。

「引揚者の秩序保持に関する政令（厚生省）」JACAR（アジア歴史資料センター）Ref.A17111637100、第 3 次吉田内閣次官会議書類綴（その 10）昭和 24 年 8 月中（昭和 24 年 8 月 1 日〜8 月 18 日）（国立公文書館）：https://www.digital.archives.go.jp/img.pdf/2820779。

「舞鶴引揚記念館」X：https://x.com/maizuru_hikiage/status/1591952750950371328。

《労苦体験手記 シベリア強制抑留者が語り継ぐ労苦（抑留編）第 5 巻》（東京：平和祈念事業特別基金，1991 年），頁 41。https://www.heiwakinen.go.jp/wp-content/uploads/archive/library/roukunote/yokuryu/05/S_05_035_1.pdf。

〈問卷調查（アンケート）結果〉，收入「平和祈念展示資料館 労苦体験手記

シベリア強制抑留者が語り継ぐ労苦（抑留編）第 4 巻」：https://www.heiwakinen.go.jp/library/shiryokan-yokuryu04/。

〈問卷調查（アンケート）結果 3. 抑留者の管理の実態〉，頁 66-67。https://www.heiwakinen.go.jp/wp-content/uploads/archive/library/roukunote/yokuryu/04/S_04_038_1.pdf。

〈問卷調查（アンケート）結果 5. その他〉，頁 78。https://www.heiwakinen.go.jp/wp-content/uploads/archive/library/roukunote/yokuryu/04/S_04_076_1.pdf。

〈日本国とアメリカ合衆国との間の相互協力及び安全保障条約〉，收入「外務省」：https://www.mofa.go.jp/mofaj/area/usa/hosho/jyoyaku.html。

「学習院大学の歴史」：https://www.univ.gakushuin.ac.jp/about/history/。

「日本共産党中央委員会第一書記野坂参三外 2 名の中共渡航について（外務省）」（1956 年 08 月 30 日），国立公文書館デジタルアーカイブ，請求番号：平 14 内閣 00666100。https://www.digital.archives.go.jp/item/3274600。

〈昭和 24 年（1949）はっきりした 政界の新分野〉，收入「NHK アーカイブズ 時代」：https://www.nhk.or.jp/archives/jidai/special/today/0123/。

〈もめる社会党大会〉，收入「NHK アーカイブズ ニュース」：https://www2.nhk.or.jp/archives/movies/?id=D0009182552_00000。

〈The Red Purge〉，收入「日本国立国会図書館 Modern Japan in archives」：https://www.ndl.go.jp/modern/e/cha5/description12.html。

衆議院，《衆議院議員総選挙一覽 第 24 回》（東京：衆議院事務局，1949 年），頁 249、251。国立国会図書館デジタルコレクション：https://dl.ndl.go.jp/pid/1350470/1/129、https://dl.ndl.go.jp/pid/1350470/1/130。

「臺灣特搜百貨店 片倉佳史の臺灣体験」：http://www.katakura.net/xoops/html/modules/wordpress/index.php?p=2156。

中華民國政府官職資料庫：https://gpost.lib.nccu.edu.tw/display.php?&q=%E9%99%B3%E8%82%87%E6%95%8F。

〈昔奪 264 命⋯華航名古屋空難 30 周年 日罹難者家屬追憶至親〉，《聯合新聞網》，臺北，2024 年 4 月 26 日。https://udn.com/news/story/6809/7925974。

「千葉県中華総会」：https://cscp.mmweb.tw/?ptype= info#menu_rwd。

〈第 4 収容所・タランジャ医院付属墓地〉，收入「厚生労働省」：https://www.mhlw.go.jp/topics/bukyoku/syakai/soren/chihou/habarrofusuku/html1/2026.html。

〈第 7 収容所・第 23 支部〉，收入「厚生労働省」：https://www.mhlw.go.jp/topics/bukyoku/syakai/soren/chihou/irukutuku/html/4025.html。

「旧ソ連邦抑留中死亡者名簿 50 音別索引 あ」：https://www.mhlw.go.jp/topics/bukyoku/syakai/soren/50onjun/h03/html/a.html。

「蕭氏族譜查詢系統」：http://www.xiao.idv.tw/search_ info.php?genno=151111112112112213&root_table_name=root1&x_rootname=%E6%9B%8%E5%B1%B1。

蕭參先生，收入「中研院臺灣史研究所臺灣史檔案資源系統」，識別號：T1067_02_09_0018：https://tais.ith.sinica.edu.tw/sinicafrsFront/search/search_detail.jsp?xmlId=0000336718&checked=&unchecked=0000323232, 0000323292, 0000327371, 0000327372, 0000327404, 0000327296, 0000336922, 0000336718。

張偉郎，〈永安煤礦〉，收入「國家文化記憶庫收存系統」：https://cmsdb.culture.tw/place/0CB13404-D7FB-41E9-A278-DEB2719E9D46。

《懲治叛亂條例》，收入法務部「全國法規資料庫」：https://law.moj.gov.tw/LawClass/LawAll.aspx?pcode=C0000010。

《戡亂時期檢肅匪諜條例》，收入法務部「全國法規資料庫」：https://law.moj.gov.tw/LawClass/LawAll.aspx?pcode=C0000012。

〈行政院《「二二八事件」研究報告》摘要〉，收入「二二八事件紀念基金會」：https://www.228.org.tw/incident-research1。

《新民報（南京）》，南京，1947 年 3 月 11 日，第一版，收入 Internet Archive：https://archive.org/details/xinminbao-nanjing-1947.03.11/mode/2up。

《大公報（上海）》，上海，1947 年 3 月 14 日，第二版，收入 Internet Archive：https://archive.org/details/dagongbao-shanghai-

1947.03.14/page/n1/mode/1up。

〈尋找二戰後有蘇聯戰俘營經驗的臺灣人／シベリア抑留經驗者だった臺湾人を探しています〉，收入「冰封的記憶」：https://www.facebook.com/share/96jH1DAmUCBsganP/。

「舞鶴引揚記念館」X 貼文（2023/5/18）：https://x.com/maizuru_hikiage/status/1662610560951926784。

〈11 月の定期語り部お話し会〉，收入「帰還者たちの記憶ミュージアム平和祈念展示資料館【総務省委託】」：https://www.heiwakinen.go.jp/kataribe/20231015-1500/。

〈戦後強制抑留者に係る問題に関する特別措置法〉，收入「衆議院」：https://www.shugiin.go.jp/internet/itdb_housei.nsf/html/housei/17420100616045.htm。

「Exchange-Rates.org」：https://www.exchange-rates.org/zh-hant/exchange-rate-history/jpy-usd-2010。

〈新臺幣對美元銀行間成交之收盤匯率（資料來源：臺北外匯經紀股份有限公司）──年資料〉，收入【中央銀行】：https://www.cbc.gov.tw/tw/cp-2151-27029-FFC31-1.html。

侯坤宏，〈反共抗俄〉，收入「國家人權記憶庫」：https://memory.nhrm.gov.tw/NormalNode/Detail/82?MenuNode=14。

李力泉、程其恆編，《反共抗俄歌曲一百首》（臺北：臺灣省新聞處，1953 年再版），頁 15，收入「臺灣記憶」：https://tm.ncl.edu.tw/article?u=007_104_000109。

〈世界上最長的鐵路線之一：貝加爾─阿穆爾鐵路〉，收入「SPUTNIK 俄羅斯衛星通訊社」：https://big5.sputniknews.cn/20240531/1059441322.html。

〈昭和六十二年法律第百五号 臺湾住民である戰没者の遺族等に対する弔慰金等に関する法律〉。收入「衆議院」：https://www.shugiin.go.jp/internet/itdb_housei.nsf/html/houritsu/10919870929105.htm。

〈法律第三十一号（昭六三・五・六） 特定弔慰金等の支給の実施に関する法律〉。收入「衆議院」：https://www.shugiin.go.jp/internet/itdb_housei.nsf/html/houritsu/11219880506031.htm。

八、外文資料

（一）史料彙編

Загорулько М.М., ВОЕННОПЛЕННЫЕ В СССР, 1939–1956. Москва: Логос, 2000.

Загорулько М.М., Главное управление по делам военнопленных интернированных НКВД-МВД СССР. 1941–1952. Том4. Волгоград: Волгоградское научное издательство, 2004.

（二）專書、專書論文

Е.Л. Последние пленники второй мировой войны: малоизвестные страницы российско-япoнски отношений. Москва: ИВРАН, 2005.

대일항쟁기강제동원피해조사및국외강제동원희생자등지원위원회, 시베리아 억류 조선인 포로문제 진상조사 : 중국 동북지역 강제동원 조선인을 중심으로, 서울 : 대일항쟁기강제동원피해조사및국외강제동원희생자등지원위원회, 2011.

（三）期刊論文

Полковник А.В. КОЗЛОВ, "СОВЕТСКИЕ ГАЗЕТЫ ДЛЯ ВОЕННОПЛЕННЫХ ОРИЕНТИРОВАЛИ ИНОСТРАННЫХ ГРАЖДАН НА ЛОЯЛЬНОЕ ОТНОШЕНИЕ К СОВЕТСКОМУ СОЮЗУ. 1945–1956 ГГ." *ВОЕННО-ИСТОРИЧЕСКИЙ ЖУРНАЛ*, № 11 (2007).

（四）網路資料

「俄羅斯國家社會政治史檔案館」，《蘇聯的日本戰俘》檔案文獻集：https://

rusarchives.ru/online-project/yaponskie-voennoplennye-v-sssr。

Приказ НКВД СССР № 001067 с объявлением инструкций о порядке содержания и учета военнопленных в лагерях НКВД. Москва. 7 августа 1941 г., с.2. 出處：https://docs.historyrussia.org/ru/nodes/170847-prikaz-nkvd-sssr-001067-s-obyavleniem-instruktsiy-o-poryadke-soderzhaniya-i-ucheta-voennoplennyh-v-lageryah-nkvd-moskva-7-avgusta-1941-g#mode/inspect/page/2/zoom/4。

「對日抗爭期間強制動員受害調查及國外強制動員犧牲者等支援委員會沿革・概要」：https://pasthistory.go.kr/cms/CmsPageLink.do?link=/jiwon/about/about_02.do。

Постановление ГКО СССР № 9898（蘇聯國防委員會第9898號決議，1945年8月23日），俄羅斯國家社會政治史檔案館藏，檔案編號644，文件編號2，卷宗編號533，頁II2-II8。出處：https://docs.historyrussia.org/ru/nodes/282812-postanovlenie-gko-sssr-locale-nil-9898-locale-nil-o-prieme-razmeschenii-i-trudovom-ispolzovanii-500-000-voennoplennyh-yaponskoy-armii-locale-nil-23-avgusta-1945-g。

「대일항쟁기 강제동원 피해조사 및 국외강제동원 희생자 등 지원에 관한 특별법」，收入국가법령정보센터（Korean Law Information Center）：https://reurl.cc/Dln5xO。

Центр поддержки и развития кино Приморского края（濱海邊疆區電影支持與發展中心）：http://www.primoryefilm.ru/。

【附錄】

臺籍日本兵的西伯利亞戰俘經驗歷史年表

歷史背景與相關事件	已知臺籍日本兵的處境	備註
1937年7月7日,日本發動盧溝橋事變。 1941年12月8日,太平洋戰爭爆發。[1]	1938年以後,臺灣人開始以軍夫、軍屬身分投入中國大陸戰場。	
1942年4月1日,臺灣實施「陸軍特別志願兵制度」。		
1943年8月1日,臺灣、朝鮮同時實施「海軍特別志願兵制度」。	1943年10月1日起,賴興煬等9人以「海軍特別志願兵」身分在臺灣入伍。	羅阿貴、陳越峰(第一期,1943年10月)。陳忠華、蕭冬、邱華忠、葉海森、唐中山、龔新登、賴興煬(第三期,1944年7月)。
1944年9月,日本政府宣布從1945年起在臺灣全面實施徵兵。	1944年4月,吳正男以「陸軍特別幹部候補生」身分在日本入伍。 1944年,鄭慕鐘以「陸軍特別甲種幹部候補生」身分在日本入伍。 1944年7月,陳旺以學徒兵身分在日本入伍。 1944年9月,許敏信以「陸軍技術候補生」身分在日本入伍。	

1944年11月起,美軍對日本關東地區全面空襲。		
1945年1月1日,原隸屬海上護衛總司令部的第901海軍航空隊,在戰時編制改定時,被編入第一護衛艦隊。日本海軍計畫於6月30日發動「日号作戰」,要在日本本土的港口和海上交通被封鎖前,從朝鮮和滿洲緊急運送重要物資。	葉海森、唐中山、賴興煬等8人被派往北朝鮮。	
1945年4月1日,美軍登陸沖繩。		
1945年4月5日,蘇聯宣告不延長「日蘇中立條約」,5月8日,德國向同盟國投降,歐洲戰場結束,蘇聯在歐洲的兵力大量往東移動。[2] 1945年7月26日,中、美、英三國在波茨坦會議中發表「波茨坦宣言」(或稱為「波茨坦公告」)。	美軍對日本本土密集轟炸,滿洲成為培養航空兵力的重要一環。 美軍登陸沖繩後,日軍為了加強本土防衛,1945年4月,第二航空軍(羽)派出陸軍航空士官學校滿洲派遣隊,陳以文隸屬的第22中隊是其中一支。 1945年5月,滑空飛行第一戰隊(吳正男所屬部隊)從茨城縣的西筑波飛行場,移駐北朝鮮宣德。	「波茨坦宣言」第九條:「日本軍隊在完全解除武裝以後,將被允許返其家鄉,得有和平及生產生活之機會。」

1945年8月8日，蘇聯向日本宣戰，開始進攻滿洲及樺太。[3]		1945年8月6日，美軍在廣島投下原子彈。 1945年8月9日，美軍在長崎投下第二顆原子彈。
1945年8月15日，日本裕仁天皇發表「終戰詔書」廣播。	1945年8月12、13日，陳以文看到蘇聯兩架飛機在上空徘徊，15日接到由飛機灑下的投降命令。[4]	
1945年8月23日，蘇聯發布「蘇聯國防委員會第9898號決議 關於接收、安置和使用50萬名日本軍隊戰俘的決議」。[5]		
1945年9月2日，「聯合國最高統帥第一號命令」發布，位於滿洲、北緯三十八度以北之朝鮮半島部分、庫頁島及千島群島等地區之日軍部隊，向蘇維埃遠東軍最高總司令官投降。 1945年9月15日，《日本新聞》第一期發行。 1945年10月25日，中國戰區臺灣受降典禮在臺北市中山堂舉行，同日陳儀領導的臺灣省行政長官公署正式成立。[6] 1945年11月3日，《日本新聞》刊出相關報導。[7]	約60萬名日軍向蘇軍投降，被解除武裝後，依據「第9898號決議」，陸續被帶往西伯利亞，其中包括人數不明的臺籍日本兵。 武裝解除—— 陳旺：1945/8/15 陳以文：1945/8/22 許敏信：1945/8/28 吳正男：1945/9/16 進入蘇聯或其加盟共和國—— 陳旺：10月 陳以文：10/27左右 許敏信：11/1 吳正男：估計11月中（哈薩克）	

附錄

1946年5月,「日本新聞友之會(友の會)」創立,主導「民主運動」推行。	思想教育方式:研究會、講座、壁報(壁新聞)、文化活動(例如話劇)。	
1946年10月,蘇聯政府決議開始遣返日本戰俘,第一艘從納霍德卡出發的遣返船「大久丸」,於1946年12月8日抵達日本舞鶴。	抵達舞鶴—— 吳正男:1947/7/12,第一大拓丸 陳旺:1947/7/24,永祿丸 陳以文:1948/6/20,遠州丸 鄭慕鐘:1948/8/27,信濃丸	
1947年,「民主運動」改由各地區戰俘營成立的「民主團體」主導,開始定義及批判「反動」及「反動分子」,任務是將「民主運動大眾化」。	思想教育方式:驅逐反動分子、生產競賽、感謝史達林集會。	
1947年4月15日,《日本新聞》報導二二八事件。[8]		1947年4月,日本舉行眾議院議員選舉,臺灣人被視為非日本人。
1948年1月,舉行戰俘代表大會,選出反法西斯委員會,成為後續「民主運動」主導者,將所有戰俘納入反法西斯工作中。	思想教育方式:批鬥大會(吊し上げ)。	

	陳以文等8人，於1948年9月7日乘海遼輪從佐世保出發，9月10日抵達上海。	
	陳以文等9人，乘海黔輪從上海出發，於1948年10月1日抵達基隆，之後被警政署列為「可疑分子」。	
「共黨武裝組織愛國青年會案」	1948年11月20日，賴英書被臺灣省警務處刑事警察總隊逮捕，之後被警政署列為「可疑分子」。	
1949年5月20日起，臺灣實施戒嚴。		
1949年7月，乘高砂丸、永德丸的歸國者，列隊「敵前登陸、歌舞示威」。		1949年7月，中華民國駐日代表團將此事件寫入「日本政情週報」。
1949年12月30日，《日本新聞》最終期發行。	抵達舞鶴—— 許敏信：1950/1/21，高砂丸	1951年9月，同盟國對日舊金山和約簽訂。 1952年4月，日本與中華民國在臺北簽訂和約。
1962年3月1日起，臺灣實施「反共自覺運動」。	彭武進、賴英書名列「反共自覺表白人簡冊」中。	

附錄 259

		1972年，日本與中華民國斷交。
		1974年，印尼發現原住民出身臺籍日本兵中村輝夫（李光輝）。
		1975年2月，王育德等人在日本成立協助臺灣原日本軍人軍屬和遺族向日本政府求償的組織。[9]
1987年7月15日，臺灣解除戒嚴。		1987年，日本國會通過針對臺灣人原日本兵死亡及重傷者遺族的《特別弔慰金支給法》，發放每位陣亡者遺族「弔慰金」200萬日圓。[10]
1995年3月11日，中央研究院舉辦「臺籍日本兵歷史經驗」座談會。	與會者中，沒有從西伯利亞戰俘營遣返的臺籍日本兵。	
	陳以文向日本政府提出申請，希望領回在八戶教育隊、滿洲時期未領的薪水。1998年1月，厚生勞動省回覆：「未見未付薪資之有關記錄」。[11]	
	賴興煬認為賠償金的計算方式並不公平，因此未參加任何索賠團體。[12]	

1995年12月，日本作家林榮代訪談唐中山、葉海森、陳以文，將他們的經歷寫成〈西伯利亞抑留〉一文，收入專書《臺灣的大和魂》，於2000年在日本出版。	〈西伯利亞抑留〉，應是從西伯利亞戰俘營遣返的臺籍日本兵，首次接受訪談。 臺籍日本兵西伯利亞戰俘經驗相關研究陸續發表： 〈賴興煬先生訪問記錄〉，1997年 〈陳以文先生訪談紀錄〉，2011年 〈日帝軍國主義下臺灣兵在西伯利亞勞改口述歷史之研究——以臺籍日本兵賴興煬為例——〉，2018年 〈日帝時期臺灣籍日本兵創意插畫表現之研究——以賴興煬在西伯利亞勞改為例——〉，2020年 《零下六十八度：二戰後臺灣人的西伯利亞戰俘經驗》，2021年 《有一天我會回家——賴興煬在西伯利亞勞改的故事》，2023年	

許明淳製表

附註：2010年，日本眾議院針對西伯利亞戰俘制定「戰後強制抑留者相關問題特別措施法」，但該法將補償金發放對象限制為具有日本國籍者。

註

1. 日本稱「大東亞戦争」。防衛庁防衛研修所戦史室，《戦史叢書 本土決戦準備〈1〉関東の防衛》(東京：朝雲新聞社，1971年)，頁31。
2. 「日ソ中立条約」。防衛庁防衛研修所戦史室，《戦史叢書 満州方面陸軍航空作戦》，頁575。
3. 防衛庁防衛研修所戦史室，《戦史叢書 本土決戦準備〈1〉関東の防衛》，頁573。
4. 陳力航，〈陳以文先生訪談紀錄〉，頁155。
5. Постановление ГКО СССР № 9898（蘇聯國防委員會第9898號決議，1945年8月23日）。
6. 許雪姬總策畫，《臺灣歷史辭典》，頁1112。
7. 「新臺灣 着々建設」。《日本新聞》，1945/11/3(2)，22期。
8. 「臺灣民族の解放要求 國民黨獨裁打倒! 島内各地に暴動勃發」。《日本新聞》，1947/4/15(1)，245期。
9. 該組織名稱為：「臺湾人元日本兵士の補償問題を考える会」。
10. 〈昭和六十二年法律第百五号 臺湾住民である戦没者の遺族等に対する弔慰金等に関する法律〉。收入「衆議院」：https://www.shugiin.go.jp/internet/itdb_housei.nsf/html/houritsu/10919870929105.htm。〈法律第三十一号（昭六三・五・六）特定弔慰金等の支給の実施に関する法律〉。收入「衆議院」：https://www.shugiin.go.jp/internet/itdb_housei.nsf/html/houritsu/11219880506031.htm。
11. 陳力航，《零下六十八度：二戰後臺灣人的西伯利亞戰俘經驗》，頁143-146。
12. 蔡慧玉編著，吳玲青整理，《走過兩個時代的人：臺籍日本兵》，頁171。

編修後記

陳力航

　　我和許明淳導演是因某個紀錄片拍攝計畫認識，那時我擔任紀錄片的研究員，負責查找中日文的學術研究和歷史文獻。從剛開始合作，我就感受到明淳導演認真但卻不偏執的個性，非常適合從事歷史研究，比如說，他學習運用歷史相關資料庫的速度非常快，甚至自行找資料與我討論或提供回饋，每次合作過程都非常難忘。

　　也許冥冥之中自有安排，幾年前某一天，明淳導演突然告訴我，他即將就讀國北教大臺文所碩士班，我驚訝之餘，也為他感到高興。某次與導演討論他研究所的學習計畫時，有鑑於該所可以拍攝紀錄片代替學位論文，因此我建議他可以西伯利亞的臺籍日本兵為題，拍攝紀錄片，並答應全力協助。

　　原先，明淳導演是以拍攝紀錄片為目標，但是何義麟老師認為導演有寫碩士論文的潛質，因此鼓勵他改以論文畢業。最後，明淳導演不僅寫出十幾萬字篇幅的碩士論文，還高分通過口試，擔任口委的老師們一致讚賞，並認為他的碩士論文可改寫出版。試想，對一般文科的研究生來說，論文所花的時間、精力非同小可，但明淳導演在有正職工作的情況下，不僅三年內完成論文，紀錄片的工作也持續，可說是「三刀流」。

我因爲曾經出版《零下六十八度：二戰後臺灣人的西伯利亞戰俘經驗》，加上與明淳導演熟識，因此很榮幸參與這本書的製作。我的做法是調整架構，將內文與註腳去蕪存菁，整個編修過程充滿快樂與成就感。原本我們只是因爲紀錄片而認識的夥伴，但是在因緣際會之下，成爲研究西伯利亞臺灣戰俘的同儕。

我認爲在終戰八十年的此刻，出版《冰封的記憶》這本書非常有意義，我的《零下六十八度》是我祖父陳以文個人的故事，然而，《冰封的記憶》卻是以宏觀的角度來介紹臺灣的西伯利亞戰俘，探討他們如何成爲戰俘、以及戰俘營之中的思想改造訓練等。總之，《冰封的記憶》這本書的出版，希望能讓更多人知道這段複雜且充滿苦難的歷史，並爲那些已逝去的前輩們喉舌。

國家圖書館出版品預行編目 (CIP) 資料

冰封的記憶：尋找西伯利亞戰俘營的臺籍日本兵 /
許明淳著. -- 初版. -- 臺北市：前衛出版社, 2025.08
296 面；15×21 公分
ISBN 978-626-7727-16-4(平裝)

1.CST: 第二次世界大戰 2.CST: 戰俘 3.CST: 集中營
4.CST: 史料 5.CST: 西伯利亞

712.847　　　　　　　　　　　　　　　　　114008204

冰封的記憶
尋找西伯利亞戰俘營的臺籍日本兵

作　　者	許明淳
審　　定	何義麟
編　　修	陳力航
選書策畫	林君亭
文字編輯	周俊男
美術編輯	Nico

出 版 者　前衛出版社
10468 台北市中山區農安街153號4樓之3
電話：02-25865708｜傳真：02-25863758
郵撥帳號：05625551
購書‧業務信箱：a4791@ms15.hinet.net
投稿‧編輯信箱：avanguardbook@gmail.com
官方網站：http://www.avanguard.com.tw

出版總監　林文欽
法律顧問　陽光百合律師事務所
總 經 銷　紅螞蟻圖書有限公司
11494 台北市內湖區舊宗路二段121巷19號
電話：02-27953656｜傳真：02-27954100

出版日期　2025年8月初版一刷
定　　價　新臺幣420元

Ｉ Ｓ Ｂ Ｎ：978-626-7727-16-4
E-ISBN：978-626-7727-18-8 (PDF)
E-ISBN：978-626-7727-17-1 (EPUB)

©Avanguard Publishing House 2025
Printed in Taiwan
＊請上『前衛出版社』臉書專頁按讚，獲得更多書籍、活動訊息